全国高等教育自学考试指定教材

消防管理专业（专科）

危险化学品储运防火

（2013 年版）

（含:危险化学品储运防火自学考试大纲）

全国高等教育自学考试指导委员会　组编

主　编　舒中俊

副主编　杨守生　李　蕾

机　械　工　业　出　版　社

本书包含危险化学品概述、危险化学品的危险特性、危险化学品储存防火、危险化学品运输防火、常见易燃易爆危险场所防火和危险化学品事故应急处置等六章内容。在介绍危险化学品概念、分类和安全管理要求的基础上，详细阐述了各类危险化学品的危险特性，重点分析了危险化学品储存和运输环节的防火、防爆和防泄漏的基本要求和技术措施；运用危险化学品储运防火的基本理论和基本方法，分析了常见易燃易爆危险场所的火灾爆炸危险性和防火防爆的技术措施及要求；并简要介绍了常见危险化学品事故的应急处置程序和方法。

本着理论联系实际的原则，本书在做到内容丰富、难度适当的同时，力求增强教材的可读性、实用性和可操作性。

本书可作为全国高等教育自学考试消防管理专业指定教材，适合于参加全国高等教育自学考试消防管理专业的学生和指导教师学习使用，也可供高等院校相关专业师生参考，还可供消防安全相关人员阅读。

图书在版编目(CIP)数据

危险化学品储运防火/舒中俊主编. —北京：机械工业出版社，2013.8
全国高等教育自学考试指定教材. 消防管理专业（专科）
ISBN 978-7-111-44004-8

Ⅰ.①危… Ⅱ.①舒… Ⅲ.①化学工业－危险品－贮运－防火－高等教育－自学考试－教材 Ⅳ.①TQ086.5

中国版本图书馆CIP数据核字(2013)第214932号

机械工业出版社(北京市百万庄大街22号 邮政编码100037)
策划编辑：何文军 责任编辑：何文军 程足芬
责任校对：申春香
北京市荣盛彩色印刷有限公司印刷
2013年9月第1版第1次印刷
184mm×260mm·14.75印张·363千字
标准书号：ISBN 978-7-111-44004-8
定价：27.00元

组 编 前 言

21 世纪是一个变幻难测的世纪，是一个催人奋进的时代，科学技术飞速发展，知识更替日新月异。希望、困惑、机遇、挑战随时随地都有可能出现在每一个社会成员的生活之中。抓住机遇，寻求发展，迎接挑战，适应变化的制胜法宝就是学习——依靠自己学习，终生学习。

作为我国高等教育组成部分的自学考试，其职责就是在高等教育这个水平上倡导自学、鼓励自学、帮助自学、推动自学，为每一个自学者铺就成才之路。组织编写供读者学习的教材就是履行这个职责的重要环节。毫无疑问，这种教材应当适合自学，应当有利于学习者掌握、了解新知识、新信息，有利于学习者增强创新意识、培养实践能力、形成自学能力，也有利于学习者学以致用，解决实际工作中所遇到的问题。具有如此特点的书，我们虽然沿用了“教材”这个概念，但它与那种仅供教师讲、学生听，教师不讲、学生不懂，以“教”为中心的教科书相比，已经在内容安排、编写体例、行文风格等方面都大不相同了。希望读者对此有所了解，以便从一开始就树立起依靠自己学习的坚定信念，不断探索适合自己的学习方法，充分利用已有的知识基础和实际工作经验，最大限度地发挥自己的潜能，以达到学习的目标。

欢迎读者提出意见和建议。

祝每一位读者自学成功！

全国高等教育自学考试指导委员会

2013 年 3 月

目　录

全国高等教育自学考试
消防管理专业(专科)

危险化学品储运防火
自学考试大纲

(含考核目标)

全国高等教育自学考试指导委员会　制定

出版前言

为了适应社会主义现代化建设事业的需要，鼓励自学成才，我国在20世纪80年代初建立了高等教育自学考试制度。高等教育自学考试是个人自学、社会助学和国家考试相结合的一种高等教育形式。应考者通过规定的专业课程考试并经思想品德鉴定达到毕业要求的，可获得毕业证书；国家承认学历并按照规定享有与普通高等学校毕业生同等的有关待遇。经过30多年的发展，高等教育自学考试为国家培养造就了大批专门人才。

课程自学考试大纲是国家规范自学者学习范围、要求和考试标准的文件。它是按照专业考试计划的要求，具体指导个人自学、社会助学、国家考试、编写教材及自学辅导书的依据。

为更新教育观念，深化教学内容方式、考试制度、质量评价制度改革，更好地提高自学考试人才培养的质量，全国考委各专业委员会按照专业考试计划的要求，组织编写了课程自学考试大纲。

新编写的大纲，在层次上，专科参照一般普通高校专科或高职院校的水平，本科参照一般普通高校本科水平；在内容上，力图反映学科的发展变化以及自然科学和社会科学近年来研究的成果。

全国高等教育自学考试指导委员会电子电工与信息类专业委员会参照普通高等学校危险化学品储运防火课程的教学基本要求，结合自学考试消防管理专业（专科）的实际情况，组织编写的《危险化学品储运防火自学考试大纲》，经教育部批准，现颁发施行。各地教育部门、考试机构应认真贯彻执行。

全国高等教育自学考试指导委员会

2013年6月

Ⅰ　课程性质与课程目标

一、课程性质和特点

危险化学品储运防火课程，是全国高等教育自学考试消防管理专业（专科）的必修课程，是为培养和检验自考学生的基本理论和应用能力而开设的一门专业课。

危险化学品储运防火是一门理论性和实践性很强的课程。主要讲授危险化学品基本知识和危险特性，分析危险化学品在储存、运输和经营等方面的防火要求和基本措施，使自学者掌握危险化学品的基本知识和基本理论，熟悉危险化学品的危险特性及其在储运过程中的防火要求和措施，培养自考学生初步解决涉及危险化学品储运防火实际问题的能力。

二、课程目标

课程设置的目标是使得考生能够：

1. 掌握危险化学品的基本知识和各类危险化学品的危险特性。
2. 熟悉危险化学品储运中的防火要求。
3. 理解常见危险化学品储存场所的火灾危险性，能够针对其危险采取相应的措施。
4. 综合运用所学知识解决危险化学品储运防火中的实际问题。
5. 为自考学生从事与危险化学品储存、运输和经营相关的消防安全管理工作打下理论基础，并提供实践指导。

三、与相关课程的联系与区别

危险化学品储运防火与防火工程和消防安全管理等课程具有密切的联系。三者均为消防管理专业的必修专业课程，也都与化工企业的安全生产有紧密的关系，但是三者的侧重点各不相同。防火工程的研究对象比较宽泛，与人民群众生产、生活相关的各类建筑、场所都是其研究对象，并且其偏重于建筑防火的工程方法和工业企业生产的防火防爆。消防安全管理则侧重于消防安全管理的概念、工作方针和原则；消防安全管理的管辖与组织、制度建设；消防安全教育；消防安全检查与火灾隐患整改等内容，其研究对象是管理本身。尽管三者在内容上有一定的相关性，但是危险化学品储运防火的研究对象是危险化学品，研究对象更为具体，也更具有针对性。本课程通过讲授危险化学品防火的基本理论，分析危险化学品储运防火的基本要求，介绍常见危险化学品事故的应急处置方法，为自考学生在将来从事相关工作打牢基础，并提供实践指导。

四、本课程的重点、次重点和难点

本课程的重点内容是：危险化学品的分类和分项；危险化学品的包装标志和标签；危险化学品的危险特性；危险化学品仓储防火要求；危险化学品运输的防火防爆措施；常见易燃易爆危险场所的防火防爆措施；危险化学品事故的处置技术。本课程的次重点是：危险化学品包装的分类；危险化学品的安全管理；危险化学品分类储存原则；危险化学品运输的火灾危险性；危险化学品事故的处置程序。其他内容为一般内容。本课程的难点是：危险化学品的危险特性；危险化学品储存和运输的防火措施。

Ⅱ 考核目标

本大纲在考核目标中，按照识记、领会、应用三个层次规定其应达到的能力层次要求。三个能力层次是递进关系，各能力层次的含义是：

识记：要求考生能够识别和记忆本课程大纲中的各知识点，如危险化学品的概念、分类和分项，危险化学品包装的分类，安全标签，气瓶的颜色标志，危险化学品的储存方式、储存原则，仓储的消防安全管理，危险化学品运输方式，石油库的分区、油罐类型，汽车加油站的等级划分，警戒区的划分等。

领会：要求考生能够领悟和理解本课程中的危险化学品安全标签和象形图的使用要求和原则；危险化学品安全管理的法律责任；各类危险化学品的危险特性；危险化学品储存防火措施和要求；危险化学品运输的安全要求；石油及其制品的火灾危险性，汽车加油站的火灾成因；危险化学品现场警戒的类型；常见危险化学品泄漏事故的处置要点等。

应用：要求考生能够根据所学的危险化学品储运防火的基本知识，对危险化学品的储存经营场所进行消防安全检查，对危险化学品运输进行消防安全管理；正确评价常见易燃易爆危险场所的火灾危险性，并制订相应的防火防爆技术措施；针对不同类型的危险化学品泄漏火灾事故，选择适用的灭火剂，并采取恰当的应急处置措施，正确处置常见危险化学品安全事故。

Ⅲ 课程内容与考核要求

第一章 危险化学品概述

一、学习目的与要求

1. 了解我国危险化学品包装的基本要求；了解危险化学品包装标记；了解危险化学品安全管理的法律法规；了解危险化学品安全管理的法律责任；了解危险化学品的联合国编号及作用。

2. 熟悉危险化学品包装的标记代号；熟悉控制危险化学品危害的管理方法；熟悉危险化学品从业人员个体防护的基本原则；熟悉危险化学品安全技术说明书的内容。

3. 掌握危险化学品的分类；掌握危险化学品包装的分类；掌握象形图的概念、种类和使用原则；掌握危险化学品包装标志的种类；掌握危险化学品安全标签的概念、内容和要求。

二、课程内容

第一节 引言

第二节 危险化学品概念及分类

一、危险化学品的概念

三、考核知识点与考核要求

（一）危险化学品概念及分类

识记：①危险化学品的概念；②分类。

（二）危险化学品品名编号、包装标志和标签

识记：①危险化学品包装的分类；②包装的标记代号；③包装标志种类；④安全标签；⑤象形图的概念、种类。

领会：①危险化学品包装的基本要求和性能试验种类；②象形图的使用原则；③安全技术说明书的基本内容。

应用：①安全标签使用的一般要求；②包装标记的一般要求。

（三）危险化学品危害及控制一般原则

领会：危险化学品工程技术控制的基本方法。

应用：个人卫生防护的基本原则。

（四）危险化学品安全管理与法律责任

领会：①危险化学品安全监督管理的职责分工；②违反危险化学品安全管理的刑事责任；③危险化学品安全管理监督部门及其管理人员应承担的责任；④危险化学品单位的法律责任。

第二章　危险化学品的危险特性

一、学习目的与要求

1. 了解殉爆的基本知识；了解放射性物质的分类；了解放射性物质的危险特性和泄漏着火应急处置措施。

2. 熟悉影响爆炸品敏感性的因素；熟悉影响气体易燃性的因素；熟悉影响易燃液体易燃性的因素；熟悉各种危险化学品的包装类别。

3. 掌握危险化学品的分项和基本定义；掌握爆炸品的危险特性和泄漏着火应急处置措施；掌握气体的危险特性和泄漏着火应急处置措施；掌握易燃液体的危险特性和泄漏着火应急处置措施；掌握易燃固体的危险特性和着火应急处置措施；掌握易于自燃的物质的危险特性和着火应急处置措施；掌握遇水放出易燃气体的物质的危险特性和着火应急处置措施；掌握氧化性物质和有机过氧化物的危险特性和泄漏着火应急处置措施；掌握毒性物质的危险特性和泄漏着火应急处置措施；掌握腐蚀性物质的危险特性和泄漏着火应急处置措施。

二、课程内容

第一节　爆炸品

一、爆炸品的定义与分项

二、爆炸品的危险特性

（一）强烈的爆炸性

（二）敏感度高

1. 化学组成和化学结构对敏感度的影响

2. 温度对敏感度的影响
3. 杂质对敏感度的影响
4. 结晶对敏感度的影响
5. 密度对敏感度的影响
（三）自燃危险性
（四）静电危险性
（五）毒害性
（六）殉爆
三、泄漏着火应急措施
（一）泄漏处置
（二）着火处置
四、几种典型的爆炸品
第二节　气体
一、气体的定义与分项
二、气体的危险特性
（一）易燃易爆性
（二）扩散性
（三）可压缩性和膨胀性
（四）带电性
（五）腐蚀性、毒害性和窒息性
（六）氧化性
三、几种典型的气体
第三节　易燃液体
一、易燃液体的定义与分级
二、易燃液体的危险特性
（一）高度易燃性
（二）蒸气易爆性
（三）受热膨胀性
（四）流动性
（五）静电性
（六）毒害性、麻醉性与腐蚀性
（七）忌氧化性物质和酸
（八）液体喷雾危险与喷雾爆炸
三、泄漏着火应急措施
（一）泄漏处置
（二）着火处置
四、几种典型的易燃液体
第四节　易燃固体、易于自燃的物质、遇水放出易燃气体的物质
一、易燃固体、易于自燃的物质、遇水放出易燃气体的物质的定义

（一）易燃固体、自反应物质和固态退敏爆炸品
（二）易于自燃的物质
（三）遇水放出易燃气体的物质
二、危险特性
（一）易燃固体、自反应物质和固态退敏爆炸品
1. 易燃性
2. 遇酸、氧化性物质易燃易爆性
3. 自反应性
4. 毒害性
5. 兼有遇湿易燃性
6. 自燃危险性
7. 阴燃性
（二）易于自燃的物质
1. 遇空气自燃性
2. 遇湿易燃易爆性
3. 积热自燃性
（三）遇水放出易燃气体的物质
1. 遇水易燃易爆性
2. 遇氧化性物质和酸燃烧爆炸性
3. 毒害性和腐蚀性
三、着火应急措施
（一）易燃固体、自反应物质、固态退敏爆炸品
（二）易于自燃的物质
（三）遇水放出易燃气体的物质
四、几种典型的易燃固体、易于自燃的物质、遇水放出易燃气体的物质
第五节　氧化性物质和有机过氧化物
一、氧化性物质和有机过氧化物的定义、分项和分级
（一）氧化性物质
（二）有机过氧化物
二、氧化性物质和有机过氧化物的危险特性
（一）氧化性物质
1. 强烈的氧化性
2. 受热撞击分解性
3. 可燃性
4. 与酸作用的分解性
5. 与水作用的分解性
6. 强氧化性物质和弱氧化性物质的反应性
7. 腐蚀毒害性
（二）有机过氧化物

1. 分解爆炸性
2. 易燃性
3. 人身伤害性
三、泄漏着火应急措施
（一）泄漏处置
（二）着火处置
四、几种典型的氧化性物质和有机过氧化物
第六节　毒性物质
一、毒性物质的定义与分类
二、毒性物质的危险特性
（一）毒害性
1. 中毒途径
2. 影响毒性物质毒害性的因素
（二）火灾危险性
1. 氧化性
2. 遇水、遇酸分解性
3. 易燃性
4. 易爆性
三、泄漏着火应急措施
（一）泄漏处置
（二）着火处置
四、几种典型的毒性物质
第七节　放射性物质
一、放射性物质的定义与分类
（一）按物理形态分类
（二）按放出射线种类分类
（三）按放射性的大小分类
（四）按运输安全要求的不同分类
二、放射性物质的危险特性
（一）放射性
（二）毒害性
（三）不可抑制性
（四）易燃性
（五）氧化性
三、着火应急措施
第八节　腐蚀性物质
一、腐蚀性物质的定义与分类
二、腐蚀性物质的危险特性
（一）强烈的腐蚀性

1. 对人体有腐蚀作用，造成化学灼伤
2. 对金属有腐蚀作用
3. 对有机物质有腐蚀作用
（二）毒害性
（三）火灾危险性
1. 氧化性
2. 易燃性
3. 遇水分解性
三、泄漏着火应急措施
（一）泄漏处置
（二）着火处置
四、几种典型的腐蚀性物质

三、考核知识点与考核要求

（一）爆炸品

识记：①爆炸品的分项；②殉爆；③殉爆距离；④殉爆安全距离。

领会：①爆炸品的危险特性；②影响殉爆距离的因素；③影响爆炸品敏感度的因素。

应用：能够正确选择扑救爆炸品火灾的灭火剂，采取适当的泄漏着火应急措施。

（二）气体

识记：①气体的定义和分项；②压缩气体的定义；③液化气体的定义。

领会：气体的危险特性。

应用：能够根据气体的危险特性选择气体火灾的灭火剂，并采取恰当的泄漏着火应急措施。

（三）易燃液体

识记：①易燃液体的定义；②液态退敏爆炸品的定义；③易燃液体的分级和包装类别划分。

领会：①易燃液体的危险特性；②影响易燃液体易燃性的因素；③影响易燃液体挥发性的因素。

应用：能够根据易燃液体的危险特性选择适合的灭火剂，采取恰当的泄漏着火应急措施。

（四）易燃固体、易于自燃的物质、遇水放出易燃气体的物质

识记：①易燃固体的定义；②自反应物质；③固态退敏爆炸品；④发火物质；⑤自热物质；⑥易燃固体的分级及其包装类别划分；⑦易于自燃的物质的定义和分级及其包装类别划分；⑧遇水放出易燃气体的物质的定义和分级及其包装类别划分。

领会：①易燃固体的危险特性；②易于自燃的物质的危险特性；③遇水放出易燃气体的物质的危险特性。

应用：能够运用所学的知识正确选择灭火剂，并对易燃固体、易于自燃的物质、遇水放出易燃气体的物质的着火采取正确的应急措施。

（五）氧化性物质和有机过氧化物

识记：①氧化性物质的定义；②氧化性物质的分级以及包装类别划分；③有机过氧化物的定义；④有机过氧化物的分类。

领会：①氧化性物质的危险特性；②影响氧化性物质氧化能力的因素；③有机过氧化物的危险特性。

应用：能够运用所学知识选择适合的灭火剂，对氧化性物质和有机过氧化物的泄漏着火采取正确的应急措施。

（六）毒性物质

识记：①毒性物质的定义；②毒性物质包装类别划分；③毒性物质的中毒途径。

领会：①毒性物质的危险特性；②影响毒性物质毒害性的因素。

（七）放射性物质

识记：①放射性物质的分类；②低弥散放射性物质的定义；③表面污染物体的定义；④可裂变物质的定义。

领会：放射性物质的危险特性。

（八）腐蚀性物质

识记：①腐蚀性物质的定义；②腐蚀性物质的分类及包装类别的划分。

领会：腐蚀性物质的危险特性。

第三章　危险化学品储存防火

一、学习目的与要求

1. 了解危险化学品储存火灾原因；了解危险化学品储存方式；了解国家对危险化学品储存数量构成重大危险源的危险化学品储存设施的规定。

2. 熟悉危险化学品储存消防安全要求及消防安全操作条件。

3. 掌握危险化学品分类储存原则；掌握分类储存要求。

二、课程内容

第一节　危险化学品储存火灾原因分析

一、危险化学品发生火灾的防火技术措施缺陷

（一）建筑不符合存放要求

（二）防雷、防静电措施不力

（三）危险化学品包装不符合要求

二、危险化学品发生火灾的安全管理措施缺陷

（一）火源管理制度不落实，火源控制不严

（二）养护管理不善

三、危险化学品发生火灾的安全教育措施缺陷

（一）违反操作规程

（二）扑救不当

（三）混放性质相抵触的物品

第二节　危险化学品储存方式、原则和要求

一、危险化学品的储存方式
1. 隔离储存
2. 隔开储存
3. 分离储存
二、危险化学品储存原则
三、储存安排及储存量限制
四、各类危险化学品之间分类储存要求
（一）气体
（二）易燃液体
（三）易燃固体
（四）易于自燃的物质
（五）遇水放出易燃气体的物质
（六）氧化性物质和有机过氧化物
（七）毒性物质
（八）腐蚀性物质
第三节　危险化学品仓储防火
一、危险化学品储存监督管理
（一）规划与建设
（二）安全生产许可
（三）提供《化学品安全技术说明书》与《化学品安全标签》
（四）生产与储存安全管理
（五）其他要求
二、危险化学品储存建筑防火要求
（一）储存物品的火灾危险性分类
（二）库房的耐火等级、层数和占地面积
（三）库房结构的防火要求
（四）库房的通风和隔热降温设计
（五）库房电气照明设备的防火设计要求
（六）防雷
三、危险化学品仓库布局要求
（一）甲、乙类危险化学品的化工、试剂仓库的布置
（二）易燃液体储罐的布置
（三）气体储罐的布置
四、危险化学品仓库的防火管理
（一）组织领导
（二）火源管理
（三）检查管理
（四）消防设施管理
（五）出入库管理

（六）日常防护管理
1. 日常管理要求
2. 日常管理内容
3. 温度与湿度控制管理
（七）消防安全操作
1. 严禁将明火、火种带入危险化学品储存场所，严格贯彻动火管理制度
2. 操作危险化学品必须消除电气火花、工具火花和控制静电放电
3. 危险化学品的入库、发货和运输，要防止高温日晒
4. 搬运装卸各类危险化学品要规范操作
5. 放射性物质的安全操作
（八）夏季储存要求
1. 从操作时间上加以控制
2. 从控制库房温度来加以防护
第四节　危险气体气瓶储存防火
一、气瓶的分类
（一）按工作压力分类
（二）按容积分类
（三）按盛装介质的物理状态分类
（四）按制造方法不同分类
二、安全充装
（一）永久气体的充装
（二）液化气体的充装
（三）乙炔的充装
三、气瓶的颜色标志
四、气瓶火灾的主要原因
五、气瓶的安全使用
（一）专瓶专用
（二）加强维护
（三）防止气瓶受热
（四）正确操作
（五）保留余气
六、泄漏着火应急措施
（一）泄漏处置
（二）着火处置
第五节　危险化学品仓储经营的安全管理
一、危险化学品经营企业应当具备的一般条件
二、构成重大危险源的经营企业应当具备的条件
三、申请经营许可证的材料
（一）不带储存经营的企业

（二）带储存经营的企业、仓储经营企业

（三）企业申请变更经营许可证应提供的材料

四、实施程序

五、审批期限

三、考核知识点与考核要求

（一）危险化学品储存火灾原因分析

领会：危险化学品储存火灾原因。

（二）危险化学品储存方式、原则和要求

识记：危险化学品储存方式。

领会：①危险化学品储存原则；②危险化学品分类储存要求。

应用：能够运用所学知识结合相关技术标准规范，分析判断危险化学品储存的火灾隐患，并提出整改建议。

（三）危险化学品仓储防火

识记：①危险化学品储存危险性分类；②储存的基本要求；③危险化学品储存场所管理要求；④危险化学品日常养护方法；⑤危险化学品的出入库管理内容和方法；⑥危险化学品夏季储存的特殊要求。

领会：①危险化学品储存的建筑防火要求；②危险化学品仓库的布置要求；③危险化学品的消防安全操作要求和方法。

应用：能够运用所学知识结合相关技术标准规范，对危险化学品库房开展消防安全监督和管理。

（四）危险气体气瓶储存防火

识记：①气瓶的分类；②气瓶的颜色标志。

领会：①气体安全充装要求；②气瓶的安全使用要求。

应用：能够运用所学的知识对气瓶泄漏着火进行正确的应急处理。

第四章　危险化学品运输防火

一、学习目的和要求

1. 了解危险化学品运输资质认定方式、管理机构和申请审批程序。
2. 熟悉危险化学品管道、公路、铁路和水路四种运输方式的特点。
3. 理解四种主要运输方式在交通工具、装卸作业和运输过程中的火灾危险性。
4. 掌握四种主要运输方式防火防爆措施和消防安全管理要求。

二、课程内容

第一节　危险化学品运输安全要求

一、危险化学品运输资质认定

二、危险化学品运输基本安全要求

三、剧毒品运输安全要求

一、运输工具的消防安全技术条件

二、装卸作业区的防火措施

（一）铁路危险化学品装卸线

（二）装卸栈桥

（三）电气防爆

（四）防雷、防静电

（五）消防车道的布置

（六）消防设施和灭火器材的设置

三、铁路罐车装卸作业的防火措施

四、铁路槽车运输气体防火

（一）铁路槽车运输的特点

（二）铁路槽车运输的基本条件

（三）铁路槽车运输的消防安全管理

五、危险化学品列车运行中的防火措施

六、其他注意事项

七、消防安全管理

第五节　危险化学品水路运输防火

一、运输工具的消防安全技术条件

（一）安全航行条件

（二）危险化学品货舱设置条件

（三）轮驳安全拖带条件

（四）火源消除条件

（五）防晒降温条件

（六）消防应急救援条件

二、轮船装卸作业的防火措施

三、轮船航行中的防火措施

四、气体危险化学品的槽船运输防火

（一）槽船的种类

（二）槽船运输的特点

（三）槽船配置的安全设施

（四）槽船运输的消防安全

五、消防安全管理

三、考核知识点与考核要求

（一）危险化学品运输安全要求

识记：①危险化学品运输资质认定机构；②危险化学品公路运输企业的资格；③危险化学品运输资质申请与审批程序。

领会：危险化学品安全运输基本要求。

应用：能够运用所学知识完成危险化学品运输资质的申请，并能检查危险化学品安全运输的基本要求。

（二）危险化学品管道输送防火

识记：①输液管道消防安全管理的一般要求；②气体危险化学品输送管道工程的基本防火措施。

领会：①危险化学品管道输送的爆炸危险区域的成因及范围；②输液管道的防火措施；③气体危险化学品输送管道工程的消防安全管理要求。

应用：能够运用所学知识对液体、气体危险化学品输送管道工程开展消防安全监督和管理。

（三）危险化学品公路运输防火

识记：①运输工具防静电积聚方法；②液体危险化学品装卸车场的防火措施。

领会：①汽车罐车的基本组成；②液体危险化学品装卸作业的防火措施；③气体危险化学品瓶装运输的消防安全管理要求；④运输车辆行驶中的防火措施。

应用：能够运用所学知识对液体、气体危险化学品公路运输开展消防安全监督和管理。

（四）危险化学品铁路运输防火

识记：①危险化学品铁路运输装卸作业区消防设施和灭火器材的设置要求；②铁路槽车的安全设施。

领会：①运输工具的消防安全技术条件；②铁路罐车装卸作业的防火措施；③铁路槽车运输的消防安全管理。

应用：能够运用所学知识对液态、气态危险化学品铁路运输开展消防安全监督和管理。

（五）危险化学品水路运输防火

识记：①危险化学品水路运输工具的消防安全技术条件；②气体危险化学品槽船的种类；③槽船配置的安全设施。

领会：①轮船装卸作业的防火措施；②轮船航行中的防火措施；③槽船运输的消防安全条件。

应用：能够运用所学知识对液态、气态危险化学品水路运输开展消防安全监督和管理。

第五章　常见易燃易爆危险场所防火

一、学习目的和要求

1. 了解常见易燃易爆危险场所生产的基本工艺过程和设施。
2. 理解常见易燃易爆危险场所火灾爆炸危险性特点。
3. 掌握常见易燃易爆危险场所防火防爆主要技术措施。
4. 掌握常见易燃易爆危险场所消防安全管理要求。

二、课程内容

第一节　石油库防火

一、石油及其产品的组成

二、石油及其产品的火灾危险性

1. 易燃性

2. 蒸气的易爆性
3. 易积聚静电
4. 易扩散、易流淌
5. 受热膨胀性
6. 沸溢喷溅性
三、石油库的分类和分级
四、石油库储油罐的类型
（一）固定顶油罐
（二）浮顶油罐
（三）内浮顶油罐
（四）卧式油罐
五、石油库的防火防爆措施
（一）库址选择
（二）石油库总平面布局
六、石油库的消防设施
（一）泡沫灭火系统
（二）消防冷却水系统
（三）消防车的配置
（四）火灾报警系统
七、石油库的消防安全管理
第二节　汽车加油站防火
一、汽车加油站的组成和分级
（一）汽车加油站的组成
（二）汽车加油站的分级
二、汽车加油站的火灾危险性
（一）油品的火灾危险性
（二）作业原因
（三）非作业原因
三、汽车加油站的防火防爆措施
（一）站址选择
（二）站内平面布置
（三）加油工艺及设施
四、加油站消防设施
五、加油站的消防安全管理
第三节　液化石油气加气站防火
一、液化石油气
（一）基本理化性质
（二）火灾危险特性
二、液化石油气加气站的基本组成及分级

（一）液化石油气加气站的基本组成
（二）主要设备
（三）工艺过程
（四）液化石油气加气站的分级
三、液化石油气加气站的防火防爆措施
（一）站址选择
（二）站内平面布局
（三）LPG 加气工艺及设施
四、液化石油气加气站消防设施
（一）灭火器材配置
（二）消防给水
（三）火灾报警系统
五、液化石油气加气站的消防安全管理
第四节　轻烃储配站防火
一、压缩天然气储配站防火
（一）压缩天然气
（二）压缩天然气储配站
（三）压缩天然气储配站工艺流程及主要设备
（四）压缩天然气储配站防火防爆措施
（五）压缩天然气储配站的消防安全管理
二、液化天然气气化站防火
（一）液化天然气
（二）液化天然气气化站
（三）液化天然气气化站防火防爆措施
（四）液化天然气气化站的消防安全管理

三、考核知识点与考核要求

（一）石油库防火

识记：①石油库储油罐的类型；②石油库的分区；③石油库的消防设施。

领会：石油及其制品的火灾危险性。

应用：能够运用所学知识对石油库的火灾危险性进行分析评价，并对石油库开展消防安全监督管理。

（二）汽车加油站防火

识记：①汽车加油站的等级划分；②汽车加油站管线布置的防火防爆要求。

领会：汽车加油站火灾的成因。

应用：能够运用所学知识对汽车加油站开展消防安全监督管理。

（三）液化石油气加气站防火

识记：液化石油气加气站主要的防火防爆用阀门。

领会：液化石油气加气站工艺过程。

应用：能够运用所学知识对液化石油气加气站开展消防安全监督管理。

（四）轻烃储配站防火

识记：①压缩天然气储配站的防火防爆措施；②液化天然气气化站的消防设施。

领会：压缩天然气和液化天然气火灾危险性的相同点和不同点。

应用：能够运用所学知识对压缩天然气储配站和液化天然气气化站开展消防安全监督管理。

第六章　危险化学品事故应急处置

一、学习目的与要求

1. 了解危险化学品事故处置的防护装备；事故现场警戒的类型；稀释驱散的实施；堵漏技术；实施洗消的任务。

2. 熟悉危险化学品现场警戒的类型；确定现场警戒范围的依据；现场控制措施；堵漏技术；理解液化石油气、氯气、液化天然气、氨气泄漏事故的处置要点。

3. 掌握危险化学品事故处置的一般程序；防护标准；警戒区的划分；引火点燃的必备条件；常用的洗消剂；掌握液化石油气、氯气和氨气的危险特性。

二、课程内容

第一节　危险化学品事故应急处置程序和技术

一、防护

（一）防护标准

（二）防护装备

二、撤离疏散

三、侦检

（一）侦察

（二）仪器检测

四、警戒

（一）现场警戒的类型

（二）警戒区的划分

（三）确定现场警戒范围的依据

（四）确定现场警戒范围的参考值

五、救生

六、现场控制

（一）关阀断料

（二）稀释驱散

（三）倒罐输转

（四）引火点燃

七、堵漏

（一）堵漏方法

(二) 堵漏技术
八、灭火
(一) 灭火条件
(二) 灭火方法
九、救护
十、洗消
(一) 洗消在危险化学品事故处置中的作用
(二) 实施洗消的任务
(三) 常用的洗消剂
(四) 洗消剂的选择
十一、清理
十二、警示
第二节 常见危险化学品事故应急处置
一、液化石油气泄漏事故处置
(一) 基本特性
(二) 危险特性
(三) 疏散距离
(四) 处置要点
(五) 行动要求
二、氯气泄漏事故处置
(一) 基本特性
(二) 危险特性
(三) 疏散距离
(四) 处置要点
(五) 行动要求
三、液化天然气泄漏事故处置
(一) 基本特性
(二) 危险特性
(三) 疏散距离
(四) 处置要点
(五) 行动要求
四、氨气泄漏事故处置
(一) 基本特性
(二) 危险特性
(三) 疏散距离
(四) 处置要点
(五) 行动要求

三、考核知识点与考核要求

(一) 危险化学品事故应急处置程序和技术

识记：①危险化学品事故处置的一般程序；②防护标准；③警戒区的划分；④引火点燃的必备条件；⑤常用的洗消剂。

领会：①现场警戒的类型；②确定现场警戒范围的依据；③现场控制措施；④堵漏技术。

应用：能够运用所学知识对危险化学品进行识别，并能正确选用灭火剂和洗消剂。

（二）常见危险化学品事故应急处置

识记：液化石油气、氯气和氨气的危险特性。

领会：液化石油气、氯气、液化天然气泄漏事故的处置要点。

应用：能够运用所学知识对常见危险化学品泄漏着火事故进行正确的应急处置。

Ⅳ　关于大纲的说明与考核实施要求

一、自学考试大纲的目的和作用

《危险化学品储运防火》自学考试大纲是根据专业自学考试计划的要求，结合自学考试的特点确定的。其目的是对个人自学、社会助学和课程考试命题进行指导和规定。

《危险化学品储运防火》自学考试大纲明确了课程学习的内容以及深广度，规定了课程自学考试的范围和标准。因此它是编写自学考试教材和辅导书的依据，是社会助学组织进行自学辅导的依据，也是进行自学考试命题的依据。

二、课程自学考试大纲与教材的关系

《危险化学品储运防火》自学考试大纲是进行学习和考核的依据，教材是学习掌握课程知识的基本内容与范围，教材的内容是大纲规定的课程知识和内容的扩展与发挥。

三、关于自学教材

《危险化学品储运防火》，全国高等教育自学考试指导委员会组编，舒中俊主编，机械工业出版社出版，2013 年版。

四、关于自学要求和自学方法的指导

本课程共 5 学分。

本大纲的课程基本要求是依据专业考试计划和专业培养目标而确定的。课程基本要求还明确了课程的基本内容，以及对基本内容掌握的程度。基本要求中的知识点构成了课程内容的主体部分。

为有效地指导个人自学和社会助学，本大纲已指明了课程的重点和难点，在章节的基本要求中也指明了章节内容的重点和难点。

1. 在全面、系统学习的基础上掌握基础知识、基本原理。本课程涉及的内容，既有理论又有应用，因此，自学应考者应首先系统地理解和掌握有关危险化学品储运防火的基本知识和基本理论，在此基础上才能更好地对后续章节进行学习。同时本课程内容涉及的国家规范标准很多，这些标准规范随着社会经济的发展，也在不断修订变化，所以，考生还应关注相关标准规范的现行版本。

2. 危险化学品储运防火是一门理论性和实践性都很强的应用型课程。本课程所述危险化学品广泛存在于社会生产和生活的各个方面，应用性很强，自学应考者应注意将理论学习与实践（实地参观、模拟检查等）相结合，把所学知识转化为分析问题、解决问题的能力，为从业履职打下坚实的基础。

五、对社会助学的要求

助学者在辅导时，应能帮助自学者梳理重点内容和一般内容之间的关系，在全面熟悉全部考试内容的基础上，帮助自学者重点掌握危险化学品的危险特性，储运中的火灾危险性，以及储运防火防爆的技术措施和消防安全管理要求。

助学者应注意培养自学者应用知识的能力。危险化学品储运防火的实践性很强，助学者应帮助自学者发现实践中有关危险化学品储运的消防安全问题，并运用所学知识加以解决。

建议总助学 60 学时。

六、对考核内容的说明

1. 本课程要求考生学习和掌握的知识点都作为考核的内容。课程中各章的内容均由若干知识点组成，在自学考试中成为考核知识点。因此课程自学考试大纲中所规定的考试内容是以分解为考核知识点的方式给出的。由于各知识点在课程中地位、作用以及知识自身的特点不同，自学考试将对各知识点按三个认知（或叫能力）层次确定其考核要求。

2. 随着社会经济的发展，部分有关危险化学品安全管理的法律、法规和技术标准会作出相应的调整和改变，在命题时要将考试之日起六个月前由消防主管部门颁布的法律法规列入考试范围。凡大纲、教材内容与现行法律、法规和标准不符的，以现行法律、法规和标准为准。

3. 按照重要程度不同，考核内容分为重点内容、次重点内容、一般内容，在本课程试卷中对不同考核内容要求的分数比例大致为：重点内容 60%，次重点内容 30%，一般内容 10%。

七、关于考试命题的若干规定

1. 本课程为闭卷笔试。满分 100 分，60 分为及格线。考试时间为 150min。除规定用笔外，不需要携带其他工具。

2. 本大纲各章规定的基本要求、知识点及知识点下的知识细目，都属于考核的内容。考试命题既要覆盖到章，又要避免面面俱到。要注意突出课程的重点、章节重点，加大重点内容的覆盖度。

3. 命题不应有超出大纲中考核知识点范围的题，考核目标不得高于大纲中所规定的相应的最高能力层次要求。命题应着重考核自学者对基本概念、基本知识和基本理论是否了解或掌握，对基本方法是否会用或熟练。不应出与基本要求不符的偏题或怪题。

4. 本课程在试卷中对不同能力层次要求的分数比例大致为：识记占 20%，领会占 40%，应用占 40%。

5. 要合理安排试题的难易程度，试题的难度可分为：易、较易、较难和难四个等级。

每份试卷中不同难度试题的分数比例一般为2:3:3:2。

必须注意的是，试题的难易程度与能力层次有一定的联系，但二者不是等同的概念。在各个能力层次中对于不同的考生都存在着不同的难度。

6. 本课程考试命题的主要题型有单项选择题、填空题、简答题和案例分析题等。各种题型的具体形式，可参见本大纲的题型举例。

V 题型举例

一、填空题（请在每小题的空格中填上正确答案。错填、不填均不得分。）

1. 液体危险化学品公路运输装卸车鹤与管之间的距离，一般不小于________m。

2. 装卸车鹤管与缓冲罐之间的距离，一般不小于________m。

二、单项选择题（在每小题列出的四个备选项中只有一个是符合题目要求的，请将其代码填写在题后的括号内。错选、多选、少选或未选均不得分。）

1. 下列部门中负责危险化学品公共安全管理的是（　　）。

A. 公安机关　B. 环境保护主管部门　C. 卫生主管部门　D. 安全生产监督管理部门

三、简答题

简述危险化学品铁路运输装卸作业区消防设施和灭火器材的设置要求。

四、案例分析题

某化工厂有一批货物需要临时储存在仓库中，该仓库同时储有黄磷和一些软质聚氨酯泡沫塑料，因存放地点狭小，需要挪动仓库中的一些铁架，摆放到另外一个地方。领导指派电焊工将一铁架割开，在切割过程中，火星溅到软质聚氨酯泡沫塑料上引起软质聚氨酯泡沫塑料着火。厂消防队的消防员立刻用水枪灭火，为了防止相邻的黄磷发生爆炸，厂领导要求同时对密封的黄磷桶进行喷淋降温。

请运用所学知识对案例中所述的有关危险化学品的储存和灭火扑救方法进行分析，并归纳总结应吸取的经验教训。

后　记

本大纲是根据全国高等教育自学考试指导委员会电子电工与信息类专业委员会制定的《高等教育自学考试消防管理专业（专科）考试计划》和全国高等教育自学考试指导委员会《关于修订高等教育自学考试课程自学考试大纲的几点意见》的精神制定的。

本大纲提出初稿后，曾聘请专家通审，并由电子电工与信息类专业委员会在廊坊组织召开审稿会进行审稿，根据审稿会意见由编者作了修改。最后由电子电工与信息类专业委员会定稿。

本大纲由舒中俊教授负责编写。参加审稿并提出修改意见的有马良教授（中国人民武装警察部队学院，主审），李建春高级工程师（北京市公安消防总队）。

对参与本大纲编写和审稿的各位专家表示感谢。

全国高等教育自学考试指导委员会
电子电工与信息类专业委员会
2013 年 6 月

全国高等教育自学考试指定教材

消防管理专业(专科)

危险化学品储运防火

全国高等教育自学考试指导委员会　组编

编者的话

随着我国社会经济的快速发展，各种化学品的生产、储存、运输和经营数量也在不断增加。在各种各样的化学品中危险化学品占有很大比例。由于危险化学品具有易燃、易爆、有毒、有害等危险特性，在生产、储存、运输和经营过程中容易发生火灾、爆炸和毒害等灾难性事故，从而给人民群众生命、财产造成严重损失。为此，《中华人民共和国消防法》对生产、储存、运输和经营易燃易爆危险品的消防安全作出了明确规定。危险化学品在储存和运输（以下简称储运）过程中，由于量多面广、条件复杂，消防安全事故的风险尤其突出，因此，加强危险化学品储运过程中的消防安全管理对预防和控制危险化学品事故的发生及其危害具有十分重要的意义。

危险化学品储运防火课程是全国高等教育自学考试消防管理专业（专科）的核心课程之一。目的是培养自学考试人员掌握危险化学品防火的基本理论、基本方法和基本技能，初步具备分析与解决危险化学品储运防火中的实际问题的应用能力。本书包含危险化学品概述、危险化学品的危险特性、危险化学品储存防火、危险化学品运输防火、常见易燃易爆危险场所防火和危险化学品事故应急处置等六章内容。在介绍危险化学品概念、分类和安全管理要求的基础上，详细阐述了各类危险化学品的危险特性，重点分析了危险化学品储存和运输环节的防火、防爆和防泄漏的基本要求和技术措施；运用危险化学品储运防火的基本理论和基本方法，分析了常见易燃易爆危险场所的火灾爆炸危险性和防火防爆的技术措施及要求；并简要介绍了常见危险化学品事故的应急处置程序和方法。

本着理论联系实际的原则，在做到内容丰富、难度适当的同时，本书力求增强可读性、实用性和可操作性。由于编写时间短促，书中难免存在不足之处，欢迎读者批评指正！

本书由中国人民武装警察部队学院消防工程系舒中俊教授担任主编，李蕾讲师和杨守生教授为副主编，参编人员有杨永斌讲师、邵建章教授，以及安徽省铜陵市公安消防支队操基连高级工程师和云南省昆明市公安消防支队戴睿工程师。具体撰稿分工如下：第一章危险化学品概述（舒中俊，戴睿）；第二章危险化学品的危险特性（李蕾）；第三章危险化学品储存防火（杨守生）；第四章危险化学品运输防火（操基连）；第五章常见易燃易爆危险场所防火（杨永斌）；第六章危险化学品事故应急处置（邵建章）。

编　者

2013 年 6 月

第一章 危险化学品概述

学习目标

1. 应了解、知道的内容：

危险化学品包装的基本要求和性能试验种类；

危险化学品包装标记；

危险化学品安全管理的基本分工；

危险化学品安全管理的法律责任。

2. 应理解、清楚的内容：

联合国编号的作用和编号方法；

危险化学品包装的标记代号；

危险化学品从业人员个体防护的基本原则。

3. 应掌握、会用的内容：

控制危险化学品危害的工程方法；

控制危险化学品危害的管理方法；

象形图的概念、种类和使用原则；

危险化学品安全技术说明书的内容。

4. 应熟练掌握的内容：

危险化学品的分类；

危险化学品包装的分类；

危险化学品包装标志的种类；

危险化学品安全标签的概念、内容和使用要求。

自学时数 8 学时

老师导学

本章主要介绍危险化学品的基本概念和分类，危险化学品包装的基本要求、包装标志和安全标签，危险化学品的主要危害和控制原则以及我国有关危险化学品安全管理的主要法律法规。本章内容是全书的基础，通过对本章的学习，要求掌握危险化学品的基本知识，对危险化学品的安全管理有总体的认识。本章很多内容是以危险化学品的相关标准和规范为依据的，因此，在学习本章内容时，可查阅文中提及的标准、规范，并随时关注其最新版本，以便更新所学知识。

第一节 引 言

化学品是人类生产和生活不可缺少的物品，随着科技的进步，人们使用化学品的种类和数量也在不断增加，其中有相当多的化学品具有易燃、易爆、有毒、有害的危险特性，它们就是通常所说的危险化学品。危险化学品的生产、储存、运输、经营、使用和废弃处置过程中，如果管理防护不当，就会引发火灾、爆炸、中毒等恶性事故，造成人员伤亡、财产损毁和环境污染等灾难性后果。随着我国经济的快速发展，危险化学品储运数量也在不断增加，2012 年列入我国危险化学品名录的危险化学品多达 3800 余种。据不完全统计，近几年来，仅公路运输的危险货物每年都达到 2 亿 t 左右，其中剧毒的氰化物达数十万吨，易燃易爆油品达 1 亿 t 左右。与此同时，危险化学品在储运过程的火灾、爆炸、泄漏事故也时有发生，给人民生命财产造成了严重损失。以下三起危险化学品储运中的典型事故就给我们带来了惨痛的经验教训。

【案例一】 1993 年 8 月 5 日 13 时 26 分，深圳市安贸危险物品储运公司清水河危险化学品 4 号仓库发生特大火灾爆炸事故，该库储存了 1000 多吨硫化碱、硝酸铵和 1000 多箱火柴，爆炸释放出巨大的能量，出现闪光和火球。1h 后着火区又发生第二次强烈爆炸，第二次爆炸的是上千吨硫黄、硫化碱和甲苯、二甲苯等物品，这次更猛烈的爆炸形成了蘑菇云，造成更大范围的破坏和火灾。这是一起典型的危险化学品储存过程中的特大事故，共造成 15 人死亡，200 多人受伤，其中重伤 25 人，直接经济损失 2.5 亿元。经专家调查认定，清水河的干杂仓库被违章改为危险化学品仓库及危险化学品储存严重违章是事故的主要原因，4 号仓内混存的过硫酸铵和硫化碱接触发生剧烈反应，则是事故的直接原因。

【案例二】 2010 年 7 月 16 日 18 时 10 分，辽宁省大连市开发区新港镇输油管道在油轮卸油作业时发生闪爆，引发管线内原油起火，造成部分输油管道、附近储罐阀门、输油泵房和电力系统损坏，大量原油泄漏，事故导致储罐阀门无法及时关闭，火灾不断扩大，原油顺地下管沟流淌，形成地面流淌火，并致使 103 号罐和周边泵房及港区主要输油管道严重损坏，爆炸造成部分原油泄漏入海，形成一定程度的海域污染。4200 名参战消防官兵和公安民警经过 15 个小时的奋力扑救，才将该起大火扑灭。事故造成作业人员 1 人轻伤、1 人失踪；在灭火过程中，消防战士 1 人牺牲、1 人重伤，直接财产损失达 2.2 亿元。经调查表明，该起事故的直接原因是：中石油国际事业有限公司（中国联合石油有限责任公司）下属的大连中石油国际储运公司同意中油燃料油股份有限公司委托上海祥诚公司使用天津辉盛达公司生产的含有强氧化剂过氧化氢的“脱硫化氢剂”，违规在原油库输油管道上进行加注“脱硫化氢剂”作业，并在油轮停止卸油的情况下继续加注，造成“脱硫化氢剂”在输油管道内局部富集，发生强氧化反应，导致输油管道发生爆炸，引发火灾和原油泄漏。

【案例三】 2005 年 3 月 29 日 18 时 50 分，京沪高速公路江苏淮安段上行线（淮安市淮阴区境内）发生一起重大交通事故，一辆载有 30 余吨液氯的槽罐车鲁 HO0099 液氯槽车由北向南，冲出隔离带到逆向车道，与鲁 QA938 货车（运输液化气空钢瓶）相撞，致使鲁 QA938 货车翻入路边沟中，鲁 HO0099 车侧翻在逆向车道，车身与槽罐脱离，并导致液氯大量泄漏。该事故造成 29 人死亡，400 多名村民和抢救人员中毒住院治疗，1 万余名村民被迫疏散转移，大量家畜（家禽）、农作物死亡，直接经济损失 1700 余万元。京沪高速公路宿迁至宝应段（约 110km）关闭 20h。经专家确认，这是一起由于使用报废轮胎、严重超载，由交通事故导致的液氯泄漏特大责任事故，而事发后肇事人逃逸，延误了抢险救援的实施，导致灾害扩大。

危险化学品本身具有的易燃易爆和有毒有害性，决定了危险化学品在储存运输过程中具有很高的火灾、爆炸和泄漏毒害的危险性。从事故致因理论分析，人的不安全行为和物的不安全状态是事故发生的直接原因；而控制人的不安全行为和物的不安全状态主要靠管理，管理缺陷是事故发生的根本原因。上述三起典型事故也印证了事故致因理论的分析。例如，在本节【案例一】中，如果没有混存混放（人的不安全行为）、没有氧化性物质与还原剂的接触（物的不安全状态），就不会发生氧化放热（直接原因）引起燃烧爆炸；但是，在直接原因的背后，则是管理不到位。如果落实了危险化学品仓库管理制度，坚持分类储存原则，就不会出现混存混放的不安全行为，也不会出现氧化性物质与还原剂接触的不安全状态。所以，加强安全管理是预防危险化学品储运中火灾、爆炸和泄漏毒害事故的根本所在。

鉴于危险化学品在储运过程具有很高的火灾、爆炸、腐蚀、毒害等危险性，加之当前我国危险化学品储运数量巨大，物流经营企业规模小、数量大，安全储运条件差，从业人员安全教育不够，安全监管力量薄弱等诸多因素的限制，在今后一个时期内，我国危险化学品储运仍将面临相对较为严峻的消防安全形势。因此，必须从教育着手，培养大批具有较高专业素质的从业人员和监督管理人员，不断提高危险化学品安全储运的技术条件和管理水平，才能有效预防和控制危险化学品在储运过程的火灾、爆炸和腐蚀毒害事故。

第二节 危险化学品概念及分类

一、危险化学品的概念

（一）化学品与危险货物

化学品是指化学单质、化合物和混合物，包括天然的以及合成的物品。化学品的组成和结构决定了其性质和用途。如果对化学品，特别是新合成化学品的性质缺乏充分了解，就容易导致在生产、储存和运输中引发安全事故。因此，熟悉化学品的基本组成和结构，了解其理化性质，对化学品的安全生产、储存和运输具有重要作用。

危险货物也称危险物品或危险品，最早出现于1929年修订的《国际海上人命安全公约》（International Convention for the Safety of Life at Sea，简称SOLAS公约），其内容主要是对可能危及乘客和船舶安全的货物禁止运输。按照现行国家标准《危险货物分类和品名编号》（GB 6944—2012）的定义，危险货物是指具有爆炸、易燃、毒害、感染、腐蚀、放射性等危险特性，在运输、储存、生产、经营、使用和处置中，容易造成人身伤亡、财产损毁或环境污染而需要特别防护的物质和物品。

因此，危险货物是化学品中具有危险特性而需要特别防护的一类物质和物品。

（二）危险化学品

按照现行《危险化学品安全管理条例》（国务院令第591号）中的定义，危险化学品是指具有毒害、腐蚀、爆炸、燃烧、助燃等性质，对人体、设施、环境具有危害的剧毒化学品和其他物品。具体而言，危险化学品就是指属于爆炸品，气体，易燃液体，易燃固体、易于自燃的物质、遇水放出易燃气体的物质，氧化性物质和有机过氧化物，毒性物质，放射性物质和腐蚀性物质的危险货物。

（三）易燃易爆危险品

《中华人民共和国消防法》中提及的易燃易爆危险品包括易燃易爆化学物品和民用爆炸物品。易燃易爆化学物品是指现行国家标准《危险货物品名表》（GB 12268—2012）中以燃烧和爆炸为主要特征的气体，易燃液体，易燃固体、易于自燃的物质和遇水放出易燃气体的物质，氧化性物质和有机过氧化物以及部分具有易燃易爆性的毒性物质和腐蚀性物质。

本书中主要讨论易燃易爆化学物品的储运防火及其事故的应急救援。

二、危险化学品的分类

根据现行国家标准《危险货物分类和品名编号》（GB 6944—2012）的规定，危险化学品分为如下九大类：

第 1 类：爆炸品。

第 2 类：气体。

第 3 类：易燃液体。

第 4 类：易燃固体、易于自燃的物质、遇水放出易燃气体的物质。

第 5 类：氧化性物质和有机过氧化物。

第 6 类：毒性物质和感染性物质。

第 7 类：放射性物质。

第 8 类：腐蚀性物质。

第 9 类：杂项危险物质和物品，包括危害环境物质。

其中第 1 类、第 2 类、第 4 类、第 5 类和第 6 类又细分成若干项别，具体在第二章中详述。

第三节　危险化学品品名编号、包装标志和标签

一、危险化学品品名编号

国家标准《危险货物分类和品名编号》（GB 6944—2012）规定，危险货物品名编号采用联合国编号，通常每一种危险化学品对应一个编号，但对性质基本相同，运输、储存条件和灭火、急救、处置方法相同的危险化学品，也可使用同一编号。

联合国编号是由联合国危险货物运输专家委员会编制的 4 位阿拉伯数字编号，用以识别一种物质或一类特定物质。这种数字架构在国际贸易当中被广泛使用，用于标注货运容器的内容。

现行国家标准《危险货物品名表》（GB 12268—2012）的每个条目都对应一个编号，其条目包括以下四类：

(1)“单一”条目　适用于意义明确的物质或物品。如 UN 1090 丙酮；UN 1194 亚硝酸乙酯溶液。

(2)“类属”条目　适用于意义明确的一组物质或物品。如 UN 1133 黏合剂，含易燃液体；UN 1266 香料制品，含易燃溶剂；UN 2757 固态氨基甲酸酯农药，有毒；UN 3101 液态 B 型有机过氧化物。

(3)“未另作规定的”特定条目　适用于一组有特定化学物质或特定技术性质的物质或物品。如 UN 1477 无机硝酸盐，未另作规定的；UN 1987 醇类，未另作规定的。

(4)“未另作规定的”一般条目　适用于一组符合一个或多个类别或项别标准的物质或物品。如 UN 1325 有机易燃固体，未另作规定的；UN 1993 易燃液体，未另作规定的。

二、危险化学品包装标志

（一）危险化学品的包装

1. 危险化学品包装的作用

危险化学品的包装不仅能保护产品质量不发生变化，数量完整，而且也是防止在储存和运输过程中发生着火、爆炸、中毒、腐蚀和放射性污染等灾害性事故的重要措施之一，是保证安全运输的基础。具体来说危险化学品包装的作用主要有以下四个方面：

1）防止物品因接触雨、雪、阳光、潮湿空气和杂质，使物品变质或发生剧烈的化学变化而造成事故。

2）减少物品在储存和运输过程中所受的撞击、摩擦和挤压，使其在包装的保护下处于完整和相对稳定的状态。

3）防止撒漏、挥发及与性质相互抵触的物品直接接触而发生事故。

4）便于装卸、搬运和储存保管，从而保证安全储存和运输。

2. 危险化学品包装的基本要求

危险化学品的品种很多，性能、状态等方面都各有差别，在流通中的实际需求也有区别，所以对包装的要求各不相同。由于包装伴随危险化学品运输的全程，情况复杂，直接关系到危险化学品运输的安全，因此各国对于危险化学品包装的生产和使用都做了明确的规定。具体要求如下：

1）包装应具有足够的强度，防护性能好。包装的材质、形式、规格、方法和单件质量，应与危险化学品的性质和用途相适应，并便于装卸、运输和储存。

2）包装的构造和封闭形式应能承受正常运输条件下的各种作业风险，不应因温度、湿度或压力的变化而发生任何渗（撒）漏，包装表面应清洁，不允许黏附有害的危险物质。

3）包装与内装物直接接触部分，必要时应有内涂层或进行防护处理，包装材质不应与内装物发生化学反应而形成危险产物或削弱包装强度。

4）内容器应予固定。如内容器易碎且承装易撒漏货物，应使用与内装物性质相适应的衬垫材料或吸附材料衬垫妥实。

5）盛装液体的容器，应能经受在正常运输条件下产生的内部压力。灌装时应留有足够的膨胀余量（预留容积），除另有规定外，应保证在温度达到55℃时，内装液体不致完全充满容器。

6）包装封口应根据内装物性质采用严密封口、液密封口或气密封口。

7）盛装需浸湿或加有稳定剂的物质时，其容器封闭形式应能有效地保证内装液体（水、溶剂和稳定剂）的百分比在储运期间保持在规定的范围内。

8）有降压装置的包装，其排气孔设计和安装应能防止内装物泄漏和外界杂质进入，排出的气体不得造成危险和污染环境。

9）复合包装的内容器和外包装应紧密贴合，外包装不得有擦伤内容器的凸出物。

10）盛装爆炸品的包装另有附加要求：盛装液体爆炸品容器的密封形式，应具有防止渗漏的双重保护；除内包装能充分防止爆炸品与金属物接触外，铁钉和其他没有防护涂料的金属部件不得穿透外包装；双重卷边接合的钢桶、金属桶或以金属做衬里的包装箱，应能防止爆炸物进入隙缝，钢桶或铝桶的封闭装置应配有合适的垫圈；包装内的爆炸物质和物品，包括内容器，应衬垫妥实，在运输中不得发生危险性移动；盛装有对外部电磁辐射敏感的电引发装置的爆炸物品，包装应具备防止所装物品受外部电磁辐射源影响的功能。

另外，危险化学品包装容器的基本结构应符合《一般货物运输包装通用技术条件》（GB/T 9174—2008）的规定。

3. 危险化学品包装的分类

（1）按盛装内装物的危险程度分类　各种危险化学品的包装，除了爆炸品、气体、放射性物质、有机过氧化物和感染性物质以及自反应物质的包装另有专门的规定外，其余均可按盛装内装物的危险程度分成三类：

Ⅰ类包装：盛装具有高度危险性的物质。

Ⅱ类包装：盛装具有中等危险性的物质。

Ⅲ类包装：盛装具有轻度危险性的物质。

（2）按制作形式分类　按照制作形式的不同，危险化学品的包装有桶、箱、袋、罐、坛、瓶等。桶是由金属、纤维板、塑料、胶合板或其他适当材料制成的两端为平面或凸面的圆柱形容器，还包括其他形状的容器，例如圆锥形容器或提桶形容器。木制琵琶桶或罐不属于此范围。罐是横截面呈矩形或多角形的金属或塑料容器。袋是由纸、塑料薄膜、纺织品、编织材料或其他适当材料制作的柔性容器。箱是由金属、木材、胶合板、再生木、纤维板、塑料或其他适当材料制作的完整矩形或多角形容器；为了满足搬动、开启的要求，或为了满足分类的要求，允许有小的洞口，但洞口不能损害容器在运输时的完整性。

4. 危险化学品包装的标记代号

（1）表示方法　危险化学品包装的标记代号中小写的英文字母表示包装的级别：

x——表示包装符合Ⅰ、Ⅱ、Ⅲ类包装的要求。

y——表示包装符合Ⅱ、Ⅲ类包装的要求。

z——表示包装符合Ⅲ类包装的要求。

用阿拉伯数字表示容器的种类，如桶、罐等；用大写英文字母表示材料的性质，如钢、木等。包装容器形式和包装材质的表示见表1-1和表1-2。

表1-1　包装容器形式的表示

表示数字	包装类型	表示数字	包装类型
1	桶	6	复合包装
2	琵琶桶	7	压力容器
3	罐	8	筐、篓
4	箱、盒	9	瓶、坛
5	袋、软管		

表1-2　包装材质的表示

表示字母	包装材质	表示字母	包装材质
A	钢	H	塑料材料
B	铝	L	编织材料
C	天然木	M	多层纸
D	胶合板	N	金属（钢、铝除外）
F	再生木板（锯末板）	P	玻璃、陶瓷
G	硬质纤维板、硬纸板、瓦楞纸板、钙塑板	K	柳条、荆条、藤条及竹篾

如果是单一包装，其包装型号由一个阿拉伯数字和一个英文字母组成，英文字母表示包装容器的材质，其左边的阿拉伯数字表示包装容器的类型。如1A是指钢桶，2C是指木制琵琶桶，4H为塑料箱。英文字母右下方的阿拉伯数字，代表同一类型包装容器不同的型号。如$1A_1$表示闭口钢桶，$1A_2$表示中开口钢桶，$1A_3$表示全开口钢桶；$5M_1$表示普通型纸袋，$5M_3$表示防水型纸袋；$4G_1$表示瓦楞纸板箱，$4G_2$表示硬纸板箱，$4G_3$表示钙塑板箱等。具体可见《危险货物运输包装通用技术条件》（GB 12463—2009）的附录。

如果是复合包装，由一个表示复合包装的阿拉伯数字“6”和一组表示包装材质和包装形式的字符组成。这组符号为两个大写英文字母和一个阿拉伯数字。第一个英文字母表示内包装的材料，第二个英文字母表示外包装的材料。如6HA1表示内包装为塑料容器，外包装为钢桶的复合包装。

（2）其他标记代号　危险化学品的包装还会用到其他一些标记代号，如S表示拟装固体的包装标记；L表示拟装液体的包装标记；R表示修复后的包装标记；GB表示符合国家标准要求，un表示符合联合国规定的要求。

5. 危险化学品包装的性能试验

每一容器的设计型号，都必须按规定进行试验。每一容器在投入使用之前，其设计型号必须成功地通过试验。《危险货物运输包装通用技术条件》（GB 12463—2009）规定了危险货物包装的试验方法，即跌落试验、密封试验、液压试验和堆码试验。

盛装固体的包装件可采用与拟装货物物理性质（如质量、粒径等）近似的其他物品代替，盛装液体的包装件，可采用与拟装货物物理性质（如密度、黏度）近似的其他物品代替，一般可用水代替。在进行试验之前，应按照国家标准对纸质和硬质纤维板的包装进行温度、湿度预处理，以符合流通环境条件。塑料包装在进行跌落试验前，应将温度降至-18℃及其以下，如内装物为液体，降温后仍应为液态，必要时可加防冻剂。有关试验的具体要求参见《危险货物运输包装通用技术条件》（GB 12463—2009）的具体规定。

（二）危险化学品的包装标志

1. 危险货物包装标志的种类

危险货物的包装标志分为标记和标签，其中标记4个，标签26个，其图形分别标示了9类危险货物的主要特性，具体标记和标签见表1-3和表1-4。

表1-3　危险货物包装标记

标记名称	标记图形
危害环境物质和物品标记	（符号:黑色,底色:白色）
方向标记	（符号:黑色或正红色,底色:白色）　（符号:黑色或正红色,底色:白色）

（续）

标记名称	标记图形
高温运输标记	（符号：正红色，底色：白色）

表 1-4　危险货物包装标签

序号	标签名称	标签图形以及对应的危险货物类项号
1	爆炸品	（符号：黑色，底色：橙红色）1.1，1.2，1.3 （符号：黑色，底色：橙红色）1.4 （符号：黑色，底色：橙红色）1.5 （符号：黑色，底色：橙红色）1.6
2	气体	（符号：黑色，底色：正红色） （符号：黑色，底色：绿色） （符号：黑色，底色：白色）2.3 毒性气体 （符号：白色，底色：正红色）2.1 易燃气体 （符号：白色，底色：绿色）2.2 非易燃无毒气体
3	易燃液体	（符号：黑色，底色：正红色）3 （符号：白色，底色：正红色）3
4	易燃固体、易于自燃的物质、遇水放出易燃气体的物质	（符号：黑色，底色：白色红条）4.1 易燃固体 （符号：黑色，底色：上白下红）4.2 易于自燃的物质 （符号：黑色，底色：蓝色） （符号：白色，底色：蓝色）4.3 遇水放出易燃气体的物质

（续）

序号	标签名称	标签图形以及对应的危险货物类项号
5	氧化性物质和有机过氧化物	（符号：黑色，底色：柠檬黄色） 5.1 氧化性物质 （符号：黑色，底色：红色和柠檬黄色） （符号：白色，底色：红色和柠檬黄色） 5.2 有机过氧化物
6	毒性物质和感染性物质	（符号：黑色，底色：白色） 6.1 毒性物质 （符号：黑色，底色：白色） 6.2 感染性物质
7	放射性物质	（符号：黑色，底色：白色，附一条红竖条） 黑色文字，在标签下半部分写上： “放射性” “内装物____” “放射性强度____” 在“放射性”字样之后应有一条红竖条 7A 一级放射性物质 （符号：黑色，底色：上黄下白，附两条红竖条） 黑色文字，在标签下半部分写上： “放射性” “内装物____” “放射性强度____” 在一个黑边框格内写上：“运输指数” 在“放射性”字样之后应有两条红竖条 7B 二级放射性物质 （符号：黑色，底色：上黄下白，附三条红竖条） 黑色文字，在标签下半部分写上： “放射性” “内装物____” “放射性强度____” 在一个黑边框格内写上：“运输指数” 在“放射性”字样之后应有三条红竖条 7C 三级放射性物质 （符号：黑色，底色：白色） 黑色文字，在标签上半部分写上：“易裂变” 在标签下半部分的一个黑边框格内写上： “临界安全指数” 7E 裂变性物质
8	腐蚀性物质	（符号：上黑下白，底色：上白下黑） 8

（续）

序号	标签名称	标签图形以及对应的危险货物类项号
9	杂项危险物质和物品	9 （符号：黑色，底色：白色） 9

2. 危险化学品包装标记的一般要求

除另有规定外，根据《危险货物品名表》（GB 12268—2012）确定的危险化学品正式运输名称及相应编号，应标示在每个包装件上。如果是无包装物品，标记应标示在物品上、其托架上或其装卸、储存或发射装置上。所有包装件标记都应满足以下基本要求：应明显可见而且易读；应能够经受日晒雨淋而不显著减弱其效果；应标示在包装件外表面的反衬底色上；不得与可能大大降低其效果的其他包装件标记放在一起。救助容器应另外标明“救助”一词。容量超过 $0.450m^3$ 的中型散货集装箱和大型容器，应在相对的两面做标记。对于危害环境物质的包装件，应耐久性地标上危害环境物质标记，但是当单容器或组合容器的容量符合以下条件时无需标记：装载液体的容量小于等于 $0.005m^3$，装载固体的容量小于等于5kg。放射性物品还应符合《危险货物包装标志》（GB 190—2009）的特殊规定。

对于内容器装有液态危险化学品的组合容器、配有通风口的单一容器、拟装运冷冻液化气体的开口低温贮器，应清楚地标上方向箭头。方向箭头应标在包装件相对的两个垂直面上，箭头显示正确的朝上方向。标识应是长方形的，大小应与包装件的大小相适应，清晰可见。下列包装件不需要标方向箭头：压力贮器；危险化学品装在容积不超过 $1.2\times10^{-4}m^3$ 的内容器中，内容器与外容器之间有足够的吸收材料，能够吸收全部液体内装物；《危险货物品名表》（GB 12268—2012）表 A.1 的第 6.2 项感染性物质装在容积不超过 $5\times10^{-5}m^3$ 的主贮器内；第 7 类放射性物质装在 B（U）型、B（M）型或 C 型包装件内；任何放置方向都不漏的物品（如装入温度计、喷雾器等的酒精或汞）。用于表明包装件正确放置方向以外的箭头，不应标示在按照《危险货物品名表》（GB 12268—2012）规定做标记的包装件上。

运输装置运输或提交运输时，如装有温度不低于 100℃ 的液态物质或者温度不低于 240℃ 的固态物质，应在其每一侧面和每一端面上贴有高温运输标记。高温运输标记为三角形，每边应有至少 250mm，并且应为红色。

3. 危险化学品包装标签的一般要求

危险货物一览表具体列出的物质或物品，应贴有其标示的危险性的类别标签。同时，对于其以类号或项号表示的任何危险性都要贴次要危险性标签，标签的样式应与表 1-4 中的样式相符。如果某物质符合几个类别的定义，则需要根据《危险货物分类和品名编号》（GB 6944—2012）来确定物质的主要危险性和次要危险性，同时贴对应的标签。如果腐蚀性物质的毒性仅仅是由于对生物组织的破坏作用引起的，则装有腐蚀性物质的包装件，不需要贴表示毒害性的次要危险性标签；装有易于自燃物质的包装件，也不需要贴表示易燃性的次要危险性标签。以第 2 类气体为例，如具有一种或多种次要危险性，应根据表 1-5 使用标签。

表 1-5　具有次要危险性的气体的标签

项别	《危险货物分类和品名编号》（GB 6944—2012）规定的次要危险性	主要危险性标签	次要危险性标签
2.1	无	2.1	无
2.2	无	2.2	无
	5.1	2.2	5.1
2.3	无	2.3	无
	2.1	2.3	2.1
	5.1	2.3	5.1
	5.1,8	2.3	5.1,8
	8	2.3	8
	2.1,8	2.3	2.1,8

对于《危险化学品自反应物质包装规范》（GB 27834—2011）规定的B型自反应物质应贴有“爆炸品”次要危险性标志，即表1-4中的序号为1的第一个标签，若运输主管部门已准许具体容器免贴此种标签可不贴。装有《危险货物品名表》（GB 12268—2012）危险货物一览表中规定的B、C、D、E或F型有机过氧化物的包装件应贴有表示5.2项的标签，此标签意味着物质可能易燃，因此不需再贴“易燃液体”次要危险性的标签，但是B型有机过氧化物还应贴“爆炸品”次要危险性的标签，若运输主管部门已准许具体容器免贴此种标签可不贴；若有机过氧化物符合腐蚀性物质的Ⅰ类或Ⅱ类包装标准时，需要贴表明“腐蚀性”的次要危险性标签。感染性物质除了主要危险性标签（6.2样式）外，还应贴其内装物的性质所要求的其他标签。放射性物质应满足《危险货物包装标志》（GB 190—2009）的特殊规定。

标签形状为呈45°角的菱形，尺寸应符合表1-6的规定，但包装件的尺寸只能贴更小的标签的情况除外。标签上沿着边缘有一条颜色与符号相同、距边缘5mm的线。标签应贴在反衬底色上，或者用虚线或实线标出外缘。标志的颜色按表1-3和表1-4中规定。所有标记应经受得住风吹雨打日晒，且不明显降低其效果。

表 1-6　危险化学品包装标签尺寸

尺寸号别	长/mm	宽/mm	尺寸号别	长/mm	宽/mm
1	50	50	3	150	150
2	100	100	4	250	250

注：如遇特大或特小的运输包装件，标签的尺寸可按规定适当扩大或缩小。

一般情况下，危险化学品包装标签应满足以下要求：在包装件尺寸够大的情况下，与正式运输名称贴在包装件的同一表面与之靠近的地方；贴在容器上不会被容器任何部分或容器配件或者任何其他标签或标记盖住或遮住的地方；当主要危险性标签和次要危险性标签都需要时，彼此紧挨着贴；包装件形状不规则或尺寸太小时，标签可用结牢的签条或其他装置挂在包装件上。容量超过0.45m^3的中型散货集装箱和大型容器，应在相对的两面贴标签。标签应贴在反衬颜色的表面上。

三、危险化学品的安全标签

危险化学品的安全标签是指用于标示危险化学品所具有的危险性和安全注意事项的一组文字、象形图和编码组合，它可粘贴、挂拴或喷印在化学品的外包装或容器上。安全标签要素是指表示危险化学品危险性的一类信息，包括化学品标识、象形图、信号词、危险性说明、防范说明、应急咨询电话、供应商标识和资料参阅提示语等。

（一）危险化学品安全标签的内容

1. 化学品标识

用中文和英文分别标明化学品的化学名称或通用名称。名称要求醒目清晰，位于标签的上方，名称应与化学品安全技术说明书中的名称一致。对混合物应标出对其危险性分类有贡献的主要组分的化学名称或通用名、浓度或浓度范围。当需要标出的组分较多时，组分个数以不超过 5 个为宜。对于属于商业机密的成分可以不标明，但应列出其危险性。

2. 象形图

危险性象形图是一种图形构成，它包括一个符号加上其他图形要素，如边界、背景图样和颜色，意在传达具体的信息。如表示有爆炸危险、燃烧危险、腐蚀危险、对水生环境的危害、毒害性、对人体有害等。危险性象形图的形状呈 45°角菱形，一般最小尺寸为 100mm × 100mm，但非常小的包装和高压气瓶可以例外。象形图应使用黑色符号加白色背景，菱形红框要足够宽，以便醒目。象形图共有 9 种，具体可参照《化学品分类和危险性象形图标识通则》（GB/T 24774—2009）、《基于 GHS 的化学品标签规范》（GB/T 22234—2008）选取，见表 1-7。

表 1-7　危险化学品的危险性象形图

名称（符号）	象形图	使用这种图形表示的危害性类别
火焰		易燃气体 易燃性压力下气体 易燃液体 易燃固体，自反应物质，易于自燃的物质，遇水放出易燃气体的物质 有机过氧化物
圆圈上的火焰		氧化性气体 氧化性液体 氧化性固体
炸弹爆炸		火药类 自反应性化学品 有机过氧化物（B 型）
腐蚀性		金属腐蚀物 皮肤腐蚀/刺激 对眼有严重的损伤、刺激性

（续）

名称（符号）	象形图	使用这种图形表示的危害性类别
气体罐		压力下气体
骷髅		急性毒性/剧毒
感叹号		急性毒性/剧毒 皮肤腐蚀性、刺激性 严重眼睛损伤/眼睛刺激性 引起皮肤过敏 对靶器官、全身有毒害性
环境		对水生环境有害性
健康有害性		引起呼吸器官过敏 引起生殖细胞突变 致癌性 对生殖毒性 对靶器官、全身有毒害性 对吸入性呼吸器官有害

3. 信号词

根据危险化学品的危险程度和类别，用“危险”和“警告”两个词分别进行危害程度的警示。信号词位于危险化学品名称的下方，要求醒目、清晰。根据相关标准要求，选择不同类别危险化学品的信号词。如爆炸品第1.1～1.3项的信号词为“危险”，第1.4项的信号词为“警告”；液化气体和溶解气体的信号词为“警告”，冷冻液化气体无信号词。

4. 危险性说明

简要说明危险化学品的危险特性，居于信号词下方。根据相关标准，选择不同类别危险化学品的危险性说明。其危险性包括物理危险（危险化学品所具有的爆炸性、燃烧性、自反应性、氧化性、高压气体危险性、金属腐蚀性等危险性）、健康危害（根据已确定的方法进行研究，由得到的统计资料证实，接触某种危险化学品对人员健康造成的急性或慢性危害）、环境危害（危险化学品进入环境后通过环境蓄积、生物积累、生物转化或化学反应等方式，对环境产生的危害）。

5. 防范说明

表述危险化学品在处置、搬运、储存和使用作业中所必须注意的事项和发生意外时简单有效的救护措施等，要求内容简明扼要、重点突出。该部分应包括安全预防措施、意外情况

（如泄漏、人员接触或火灾等）的处理、安全储存措施及废弃处置等内容。具体可参考《化学品安全标签编写规定》（GB 15258—2009）附录 C 的内容。

6. 供应商标识

供应商的名称、地址、邮编和电话等。

7. 应急咨询电话

此项应填写危险化学品生产商或生产商委托的 24h 化学事故应急咨询电话。如果是国外进口危险化学品则安全标签上至少有一家中国境内的 24h 化学事故应急咨询电话。

8. 资料参阅提示语

提示应参阅化学品安全技术说明书。

当某种危险化学品具有两种及两种以上危险性时，安全标签的象形图、信号词、危险性说明的先后顺序应按规定排列。表示物理危险的象形图的先后，以物质的主次危险性确定。表示健康危害的象形图的顺序为：若使用骷髅和交叉骨图形符号，则不应出现感叹号图形符号；若使用腐蚀性图形符号，则不应出现感叹号来表示皮肤或眼睛刺激；若使用呼吸致敏物的图形符号，则不应出现感叹号来表示皮肤致敏物或者皮肤/眼睛致敏。当存在多种危险时，如果使用了“危险”作为信号词，则不应再出现信号词“警告”。所有的危险性说明都应当出现在安全标签上，并按物理危险、健康危害、环境危害的顺序排列。具体参见化学品安全标签样例，如图 1-1 所示。

化学品名称　A 组分：40%；B 组分：60%

危 险

极易燃液体和蒸气，食入致死，对水生生物毒性非常大

【预防措施】
· 远离热源、火花、明火、热表面。使用不产生火花的工具作业。
· 保持容器密闭。
· 采取防止静电措施，容器和接收设备接地、连接。
· 使用防爆电器、通风、照明及其他设备。
· 戴防护手套、防护眼镜、防护面罩。
· 操作后彻底清洗身体接触部位。
· 作业场所不得进食、饮水或吸烟。
· 禁止排入环境。

【事故响应】
· 如皮肤（或头发）接触：立即脱掉所有被污染的衣服。用水冲洗皮肤、淋浴。
· 食入：催吐，立即就医。
· 收集泄漏物。
· 火灾时，使用干粉、泡沫、二氧化碳灭火。

【安全储存】
· 在阴凉、通风良好处储存。
· 上锁保管

【废弃处置】
· 本品或其容器采用焚烧法处置。

请参阅化学品安全技术说明书

供应商：××××××××××××××××××××××　　电话：××××××
地　址：××××××××××××××××××××××　　邮编：××××××
化学事故应急咨询电话：××××××

图 1-1　化学品安全标签样例

若危险化学品包装小于或等于 $1\times10^{-4}m^3$，安全标签可以简化，包括化学品标识、象形图、信号词、危险性说明、应急咨询电话、供应商名称及联系电话、资料参阅提示语等，如图 1-2 所示。

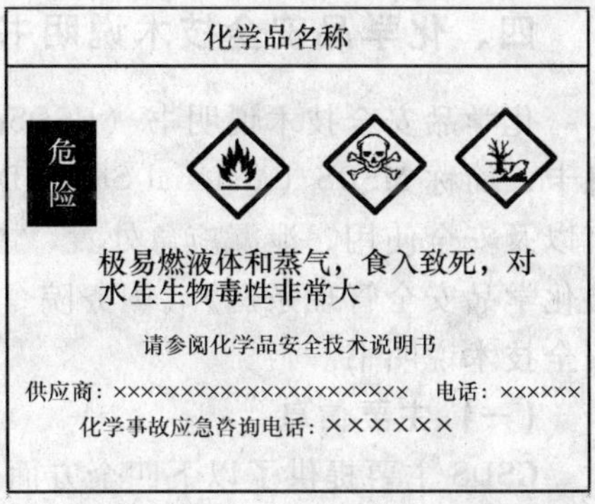

化学品名称

危险

极易燃液体和蒸气，食入致死，对水生生物毒性非常大

请参阅化学品安全技术说明书

供应商：×××××××××××××××××××× 电话：××××××

化学事故应急咨询电话：××××××

图 1-2 简化安全标签样例

（二）危险化学品安全标签的制作

1. 编写

编写标签应做到简捷、明了，使用易于理解、规范的汉字表述标签正文，也可以同时使用少数民族文字或外文，但意义必须与汉字相对应，字形小于汉字。相同的含义应用相同的文字或图形表示。

2. 颜色

标签内象形图的颜色按照相关标准规定执行，一般使用黑色图形符号加白色背景，方块边框为红色。正文应使用与底色反差明显的颜色，一般采用黑白色，若在国内使用，方块边框可以为黑色。

3. 尺寸

对于不同容量的容器或包装，标签最低尺寸见表 1-8。

表 1-8 标签最低尺寸

容器或包装容积/m^3	标签尺寸/mm×mm	容器或包装容积/m^3	标签尺寸/mm×mm
$\leqslant 1\times10^{-4}$	使用简化标签	$>5\times10^{-2}\leqslant 0.5$	100×150
$>1\times10^{-4}\leqslant 3\times10^{-4}$	50×75	$>0.5\leqslant 1$	150×200
$>3\times10^{-4}\leqslant 5\times10^{-2}$	75×100	>1	200×300

4. 印刷

标签的印刷应清晰，所使用的印刷材料和胶黏材料应具有耐用性和防水性。象形图必须保证从较远的距离以及烟雾条件下或容器部分模糊不清的条件下也能看到。标签的边缘要加一个黑色边框，边框外应留有大于或等于 3mm 的空白，边框宽度大于或等于 1mm。

（三）危险化学品安全标签的使用

安全标签应粘贴、挂拴或喷印在危险化学品包装或容器的明显位置，如桶、瓶形包装的侧身；箱形包装的端面或侧面明显处；袋、捆包装的明显处。当安全标签与运输标志组合使用时，运输标志可以放在安全标签的另一面，将之与其他信息分开，也可放在包装上靠近安全标签的位置；当两者靠近时，若安全标签中的象形图与运输标志重复，应将安全标签中的象形图删掉。对于组合容器，要求内包装加贴（挂）安全标签，外包装上加贴运输象形图；如果不需要运输标志可以加贴安全标签。

使用安全标签时还应注意：①安全标签的粘贴、挂拴或喷印应牢固，保证在运输、储存期间不脱落，不损坏；②安全标签应由生产企业在货物出厂前粘贴、挂拴或喷印，若要改换包装，则由改换包装单位重新粘贴、挂拴或喷印；③ 盛装危险化学品的容器或包装，在经过处理并确认其危险性完全消除之后，方可撕下安全标签，否则不应撕下相应的标签。

四、化学品安全技术说明书

化学品安全技术说明书（CSDS，Chemical Safety Data Sheet）国际上称为化学品安全信息卡，简称 MSDS（Material Safety Data Sheet），是一份关于危险化学品燃爆、毒性和环境危害以及安全使用、泄漏应急处置、主要理化参数、法律法规等方面信息的综合性文件。《危险化学品安全管理条例》（国务院令第 591 号）和相关规定明确要求化学品的流通必须提供安全技术说明书。

（一）主要信息

CSDS 主要提供了以下四个方面的信息：

1）是什么物质，有什么危害？

2）如果危险情形已经发生，应该怎么做？

3）如何预防和控制危险发生？

4）其他一些关于危险化学品安全的主要信息。

（二）内容和项目设置

化学品安全技术说明书的编写项目具体包括化学品及企业标识、成分/组成信息、危险性概述、急救措施、消防措施、泄漏应急处理、操作处置与储存、接触控制/个体防护、理化特性、稳定性和反应活性、毒理学资料、生态学资料、废弃处置、运输信息、法规信息、其他信息等十六个方面的内容。

化学品及企业标识主要标明化学品名称、生产企业名称、地址、邮编、电话、应急电话、传真和电子邮件地址等信息。

成分/组成信息标明该化学品是纯化学品还是混合物。如果是纯化学品，应给出其化学品名称或商品名和通用名；如果是混合物，应给出危害性组分的浓度或浓度范围。无论是纯化学品还是混合物，如果其中包含有害性组分，则应给出化学文摘索引登记号（CAS 号）。

危险性概述简要概述本化学品最重要的危害和效应，主要包括：危害类别、侵入途径、健康危害、环境危害、燃爆危险等信息。

急救措施是指作业人员意外受到伤害时，所需采取的现场自救或互救的简要处理方法，包括：眼睛接触、皮肤接触、吸入、食入的急救措施。

消防措施主要表示化学品的物理和化学特殊危险性，适合的灭火介质，不合适的灭火介质以及消防人员个体防护等方面的信息，包括危险特性、灭火介质和方法、灭火注意事项等。

泄漏应急处理是指化学品泄漏后现场可采用的简单有效的应急措施、注意事项和消除方法，包括：应急行动、应急人员防护、环保措施和消除方法等内容。

操作处置与储存主要是指化学品操作处置和安全储存方面的信息资料，包括：操作处置作业中的安全注意事项、安全储存条件和注意事项。

接触控制/个体防护是指在生产、操作处置、搬运和使用化学品的作业过程中，为保护作业人员免受化学品危害而采取的防护方法和手段。包括化学品的最高容许浓度、工程控制、呼吸系统防护、眼睛防护、身体防护、手防护和其他防护要求。

理化特性主要描述化学品的外观及理化性质等方面的信息，包括外观与性状、pH 值、沸点、熔点、相对密度（水 =1）、相对蒸气密度（空气 =1）、饱和蒸气压、燃烧热、临界温度、临界压力、辛醇/水分配系数、闪点、引燃温度、爆炸极限、溶解性、主要用途和其他一些特殊理化性质。

稳定性和反应活性主要叙述化学品的稳定性和反应活性方面的信息，包括：稳定性、禁配物、应避免接触的条件、聚合危害和分解产物。

毒理学资料提供化学品的毒理学信息，包括：不同接触方式的急性毒性、刺激性、致敏性、亚急性和慢性毒性、致突变性、致畸性和致癌性等。

生态学资料主要陈述化学品的环境生态效应、行为和转归，包括：生物效应、生物降解性、生物富集、环境迁移及其他有害的环境影响等。

废弃处置是指对被化学品污染的包装和无使用价值的化学品的安全处理方法，包括废弃处置方法和注意事项。

运输信息主要是指国内、国际化学品包装、运输的要求及运输规定的分类和编号，包括：危险货物编号、包装类别、包装标志、包装方法、运输注意事项等。

法规信息主要是指化学品管理方面的法律条款和标准。

其他信息主要提供其他对安全有重要意义的信息，包括：参考文献、填表时间、填表部门、数据审核单位等。

（三）格式和填写要求

生产企业在编制安全技术说明书时，应按标准规定的全部内容和格式进行填写，并采用“一物一书”的方式填写，同类物、同系物的 CSDS 不能相互替代，化合物要填写具体成分和含量。标准规定的大项不能随意删除和合并，顺序不可随意变更。对有些特殊物质，应增设相关项目，以说明其特殊性。一种化学品具有一种以上的危害性时，要综合表述其主、次危害性以及急救、防护措施。CSDS 填写的数据和资料应真实可靠，尽可能系统全面，项与项之间的数据不能相互矛盾。选用的参考资料要有权威性，必要时可咨询省级以上职业安全卫生专门机构。

（四）主要作用

安全技术说明书作为最基础的技术文件，主要用途是传递安全信息，其主要作用体现在以下几个方面：①化学品安全生产、安全流通、安全使用的指导性文件；②应急作业人员进行应急作业的技术指南；③为制订危险化学品安全操作规程提供技术信息；④化学品登记管理的重要基础和手段；⑤企业进行安全教育的重要内容。

安全技术说明书不可能将所有可能发生的危险及安全使用的注意事项全部表示出来，加之作业场所情形各异，所以仅用以提供化学品基本的安全信息，并非产品质量的保证。

第四节　危险化学品危害及控制原则

一、危险化学品的危害

由于物质本身复杂多变，其危险性由多种因素决定，所以一种危险化学品的危险性可能是多种多样的，如易燃性、易爆性、氧化性，还可能兼有毒害性、放射性和腐蚀性等。一种物质不会只有一种危险性，如磷化锌既遇水放出易燃气体，又有相当强的毒害性；硝酸既有强烈的腐蚀性，又有很强的氧化性。归纳起来看，危险化学品的主要危害体现在以下几个方面。

（一）安全危害

危险化学品所具有的爆炸性、燃烧性、自反应性、氧化性、高压气体危险性、金属腐蚀性等危险性都属于安全危害。

1. 燃爆性

许多危险化学品都具有燃爆性，如气体、易燃液体、易燃固体、易于自燃的物质、遇水放出易燃气体的物质、有机过氧化物等，当它们所处环境具备燃烧条件时，均有可能发生燃烧而引发火灾或爆炸。石油化工行业由于生产中使用的原料、中间产品及产品多为易燃易爆物，一旦发生火灾爆炸事故，会造成严重后果。

2. 氧化性

危险化学品中的氧化性物质、有机过氧化物、部分腐蚀性物质等，都具有一定的氧化性，会引起还原性物质、易燃物质的燃烧爆炸。

3. 腐蚀性

腐蚀性物质无论是酸性物质，还是碱性物质，或其他腐蚀性物质都具有严重的腐蚀性，与金属接触，会引起金属的腐蚀，导致容器、构件的强度受损，致使容器泄漏、构件倒塌，有引发燃烧爆炸的危险。

（二）健康危害

危险化学品不仅是毒性物质，而且多数爆炸品、易燃气体、易燃液体、易燃固体、氧化性物质和有机过氧化物都能致作业人员发生职业中毒。职业中毒包括急性中毒和慢性中毒，其表现为：对呼吸系统的危害，引起呼吸道炎症或发生化学性肺炎或肺水肿；对神经系统的危害，引起神经衰弱、运动障碍、肌肉萎缩、头痛、头晕、视力模糊等症状；对血液系统的危害，引起溶血、再生障碍性贫血、白血病等；对消化系统的危害，引起出血性胃肠炎、中毒性肝病等；对循环系统的危害，表现为心慌、胸闷、心前区不适等；对泌尿系统的危害，如会引起尿结石等；对骨骼、眼睛、皮肤的损害；引起化学灼伤和职业性肿瘤等。

危险化学品会导致很多职业疾病，有的固体危险化学品形成粉尘并分散于环境空气中时，作业人员长期吸入这些粉尘可以引起尘肺病，如铝尘可引起铝尘肺。放射性物质可导致各种放射性疾病，在《职业病目录》中，列入职业病名单的放射性疾病有11种，都是由放射性射线引起，如放射性皮肤疾病、放射性肿瘤、放射性骨损伤等。危险化学品还会导致职业性皮肤病（包括接触性皮炎、光敏性皮炎等8种）、职业性肿瘤、生物因素所致职业病（如炭疽、森林脑炎、布氏杆菌病，都是由危险化学品第6类的感染性物质所导致）、职业性眼病（化学性眼部灼伤、职业性白内障等）、职业性耳鼻喉口腔疾病（铬鼻病、牙酸蚀病）和其他职业病（如金属烟热、职业性哮喘和职业性变态反应性肺泡炎等）。

（三）环境危害

危险化学品排放到环境中，会对土壤、大气和水体产生危害。一些化学品在土壤中难以降解，有可能使土壤酸化、碱化或使得土壤板结。有些危险化学品对大气产生污染，如破坏臭氧层、导致温室效应、产生酸雨、形成化学烟雾等。有些危险化学品排放到水中，会污染水体，如植物营养素、重金属、农药、氧化物、石油类等物质。酸碱污染会使水体的pH值发生变化，妨碍水体自净作用，还会腐蚀水下建筑和船舶，影响渔业。

二、控制原则

对危险化学品危害的防治单靠某一种措施难以奏效，必须采取一系列的综合措施，多管齐下。总体来说，其一般原则包括工程技术控制、个人防护和管理控制三个方面。

（一）工程技术控制

工程技术控制的目的是通过采取适当的技术措施，消除或降低工作场所的危害，防止作业人员在正常作业时受到有害物质的侵害。工作场所的危害主要取决于化学品的危害及导致危害的制造过程，有的工作场所可能不止一种危害，所以好的控制方法必须是针对具体的加工过程而设计的。

1. 替代

替代就是选用无害或危害性小的化学品替代已有的有毒有害危险化学品，是消除危险化学品危害最根本的方法。控制、预防危险化学品危害最理想的方法是不使用有毒有害和易燃易爆的危险化学品，但这一点并不是总能做到，通常的做法是选用无毒或低毒的化学品替代已有的有毒有害危险化学品，选用可燃化学品替代易燃化学品。例如，用水基涂料或水基黏合剂替代有机溶剂基的涂料或黏合剂；使用水基洗涤剂替代溶剂基洗涤剂；喷漆和除漆用的苯可用毒性小的甲苯替代；用高闪点化学品取代低闪点化学品等。

需要注意的是，比较安全不一定是安全。取代物较被取代物安全，但其本身不一定是绝对安全的，在使用过程中仍需加倍小心。例如，用甲苯替代苯，并不是因为甲苯无害，而是因为甲苯不是致癌物，浓度高的甲苯会伤害肝脏，致人昏眩或昏迷，要求在通风橱中使用。若要达到本质安全，还需要采取其他控制措施。

2. 变更工艺

替代作为操作控制的首选方案效果比较理想，但是目前可供选择的替代品往往有限，特别是因技术和经济方面的原因，仍不可避免地要生产、使用危险化学品，这时可考虑变更工艺。如改喷涂为电涂或浸涂；改人工装料为机械自动装料；改干法粉碎为湿法粉碎等。有时也可以通过设备改造来控制危害。

3. 隔离

隔离是指采用物理的方式将危险化学品暴露源与作业人员隔离开的方式，如设置屏障、封闭设备等。隔离是控制化学危害最彻底、最有效的措施。最常用的隔离方法是将生产或使用的危险化学品用设备完全封闭起来，使作业人员在操作中不接触化学品。如隔离整个机器，封闭加工过程中的扬尘点，都可以有效地限制污染物扩散到作业环境中去。封闭系统一定要认真检查，因为即使很小的泄漏，也可能使工作场所的有害物浓度超标，危及作业人员。设置屏障物，如反射屏可降低靠近熔炉或锅炉操作的作业人员受热程度。

隔离操作是另一种常用的隔离方法，也就是把生产设备与操作室隔离开。最简单的形式就是把生产设备的管线阀门、电控开关放在与生产地点完全隔开的操作室内。

4. 通风

控制作业场所中的有害气体、蒸气或粉尘，通风是最有效的措施。借助于有效的通风，使气体、蒸气或粉尘的浓度低于最高容许浓度，从而保证工人的身体健康，防止火灾、爆炸事故的发生。通风分局部通风和全面通风两种。对于点式扩散源，可使用局部通风。使用局部通风时，污染源应处于通风罩控制范围内。局部通风多为排风，所需风量小，经济有效，便于净化回收。实验室中的通风橱，焊接室或喷漆室可移动的通风管和导管都是局部排风设备。对于面式扩散源，要使用全面通风，也称稀释通风，其原理是向作业场所提供新鲜空气，抽出污染空气，从而降低有害气体、蒸气或粉尘的浓度。全面通风所需风量大，不能净化回收。在冶金厂，熔化的物质从一端流向另一端时散发出有毒的烟和气，两种通风系统都要使用。

（二）个人防护

为了降低中毒风险，操作人员还需从自身进行防护，以作为补救措施。个人防护分使用防护用品和讲究个人卫生两种形式。

1. 个人防护用品

在无法将作业场所中有害化学品的浓度降低到最高容许浓度以下时，作业人员必须使用合适的个人防护用品。值得说明的是，个体防护用品既不能降低工作场所中有害化学品的浓度，也不能消除工作场所的有害化学品，只是一道阻止有害物进入人体的屏障。因此，个人防护是一种辅助性的防护措施。

（1）呼吸防护用品　据统计，职业中毒的95%左右是吸入毒物所致，而预防尘肺、职业中毒、缺氧窒息的关键是防止毒物从呼吸器官侵入。因此工人必须佩戴适当的呼吸防护用品。呼吸防护用品主要分为过滤式（净化式）和隔离式（供气式）两种。

过滤式呼吸器只能在不缺氧的劳动环境（即环境空气中氧的体积分数不低于18%）和低浓度毒污染环境使用，一般不能用于罐、槽等密闭狭小容器中作业人员的防护。防尘口罩、防尘面具、防毒面具和防毒口罩都属于过滤式呼吸器。

隔离式呼吸器能使戴用者的呼吸器官与污染环境隔离，由呼吸器自身供气（空气或氧气），或从清洁环境中引入空气维持人体的正常呼吸。可在缺氧、尘毒严重污染、情况不明有生命危险的作业场所使用，一般不受环境条件限制。

在选择呼吸防护用品时应考虑有害化学品的性质、作业场所污染物可能达到的最高浓度、作业场所的氧含量、使用者的面型和环境条件等因素。需要使用呼吸器的所有人员都必须进行正规培训，以掌握正确的使用、保管和保养方法。

（2）其他个人防护用品　为了防止由于危险化学品的飞溅，以及化学粉尘、烟、雾、蒸气等所导致的眼睛和皮肤伤害，也需要根据具体情况选择相应的防护用品或护具，如手套、护目镜等。

2. 个人卫生

作业人员养成良好的卫生习惯也是消除和降低危险化学品危害的一种有效方法。保持好个人卫生，就可以防止有害物附着在皮肤上，防止有害物通过皮肤渗入体内。基本原则包括：遵守安全操作规程并使用适当的防护用品；不直接接触能引起过敏的化学品；工作结束后、饭前、饮水前、吸烟前以及便后要充分洗净身体的暴露部分；在衣服口袋里不装被污染的东西，如抹布、工具等；勤剪指甲并保持指甲洁净；时刻注意防止自我污染，尤其在清洗或更换工作服时更要注意；防护用品要分放、分洗；定期进行健康检查。

（三）管理控制

管理控制是指按照国家法律和标准建立起来的管理程序和措施，是预防作业场所中危险化学品危害的一个重要方面。

管理控制通过登记注册、分类管理、安全教育、使用安全标签和安全技术说明书等手段对危险化学品实行全过程管理，以杜绝或减少事故的发生。登记注册是化学品安全管理最重要的一个环节，其范围是国家标准《化学品分类和危险性公示　通则》（GB 13690—2009）中所列的常用危险化学品。分类管理实际上就是根据某一化学品的理化、燃爆、毒性、环境影响数据确定其是否是危险化学品，并进行危险性分类，主要依据为《化学品分类和危险性公示　通则》（GB 13690—2009）和《危险货物分类和品名编号》（GB 6944—2012）。安全标签和安全技术说明书的使用具体参见本章第二节内容。

危险化学品从业单位的组织管理也是管理控制的组成部分。危险化学品从业单位必须认真贯彻落实安全生产的法律法规，如《中华人民共和国安全生产法》、《职业病防治法》、《危险化学品安全管理条例》、《使用有毒物品作业场所劳动保护条例》等；应设置安全卫生管理机构或明确对危险化学品进行安全管理的部门，不能对危险化学品的安全管理形成空白；在管理层应配备安全卫生管理人员，对危险化学品从业人员的安全健康进行管理；必须制定安全卫生管理的规章制度，规范从业人员的安全行为和卫生习惯。同时危险化学品从业单位还有责任对员工进行上岗前培训，通过培训使员工能够正确使用安全标签和安全技术说明书，了解所使用的危险化学品的危险特性，掌握必要的应急处理方法和救护措施，掌握个体防护用品的选择、使用、维护和保养等，从而达到安全使用危险化学品的目的。

第五节　危险化学品安全管理与法律责任

一、危险化学品安全管理的基本要求

危险化学品安全管理，应当坚持安全第一、预防为主、综合治理的方针，强化和落实企业的主体责任。生产、储存、运输、经营和使用危险化学品的单位（以下统称危险化学品单位）的主要负责人对本单位的危险化学品安全管理工作全面负责。危险化学品单位应当具备法律、行政法规规定和国家标准、行业标准要求的安全条件，建立、健全安全管理规章制度和岗位安全责任制度，对从业人员进行安全教育、法制教育和岗位技术培训。从业人员应当接受教育和培训，考核合格后上岗作业；对有资格要求的岗位，应当配备依法取得相应资格的人员。任何单位和个人不得生产、经营、使用国家禁止生产、经营、使用的危险化学品。国家对危险化学品的使用有限制性规定的，任何单位和个人不得违反限制性规定使用危险化学品。

二、我国危险化学品安全监督管理的职责分工

安全生产监督管理部门负责危险化学品安全监督管理综合工作，组织确定、公布、调整危险化学品目录，对新建、改建、扩建生产、储存危险化学品（包括使用长输管道输送危险化学品，下同）的建设项目进行安全条件审查，核发危险化学品安全生产许可证、危险化学品安全使用许可证和危险化学品经营许可证，并负责危险化学品登记工作。

公安机关负责危险化学品的公共安全管理，核发剧毒化学品购买许可证、剧毒化学品道路运输通行证，并负责危险化学品运输车辆的道路交通安全管理。

质量监督检验检疫部门负责核发危险化学品及其包装物、容器（不包括储存危险化学品的固定式大型储罐，下同）生产企业的工业产品生产许可证，并依法对其产品质量实施

监督，负责对进出口危险化学品及其包装实施检验。

环境保护主管部门负责废弃危险化学品处置的监督管理，组织危险化学品的环境危害性鉴定和环境风险程度评估，确定实施重点环境管理的危险化学品，负责危险化学品环境管理登记和新化学物质环境管理登记；依照职责分工调查相关危险化学品环境污染事故和生态破坏事件，负责危险化学品事故现场的应急环境监测。

交通运输主管部门负责危险化学品道路运输、水路运输的许可以及运输工具的安全管理，对危险化学品水路运输安全实施监督，负责危险化学品道路运输企业、水路运输企业驾驶人员、船员、装卸管理人员、押运人员、申报人员、集装箱装箱现场检查员的资格认定。危险化学品的铁路运输和航空运输由相关主管部门进行安全监督管理。

卫生主管部门负责危险化学品毒性鉴定的管理，负责组织、协调危险化学品事故受伤人员的医疗卫生救援工作。

工商行政管理部门依据有关部门的许可证件，核发危险化学品生产、储存、经营、运输企业营业执照，查处危险化学品经营企业违法采购危险化学品的行为。

邮政管理部门负责依法查处寄递危险化学品的行为。

三、有关危险化学品安全管理的主要法律、法规

危险化学品的安全管理工作，是关系到保障人民生命、财产安全，保护环境的大事，党和国家历来十分重视，围绕危险化学品的经营，国家先后颁布了有关的法律、法规和标准。

（一）国家法律

国家法律主要包括《中华人民共和国安全生产法》、《中华人民共和国劳动法》、《中华人民共和国消防法》、《中华人民共和国职业病防治法》、《中华人民共和国环境保护法》、《中华人民共和国水污染防治法》、《中华人民共和国大气污染防治法》、《中华人民共和国固体废物污染环境防治法》、《中华人民共和国海洋环境保护法》等。这些法律的颁布和实施促进了危险化学品经营的安全管理，为安全管理人员、安全监督人员开展安全生产、安全经营的监督、监察提供了法律依据。

（二）国家法规与部门规章

国家法规和部门规章主要包括《危险化学品安全管理条例》（国务院令第591号，2011）、《危险化学品登记管理办法》（国家安全生产监督管理总局令第53号，2012）、《危险化学品经营许可证管理办法》（国家安全生产监督管理总局令第55号，2012）、《道路危险货物运输管理规定》（中华人民共和国交通运输部令［2013］2号）、《铁路危险货物运输管理规则》（2008）、《铁路危险货物运输管理细则》（2008）和《水路危险货物运输规则》（交通部令［1996］10号）等。

（三）标准

与危险化学品安全管理有关的标准很多，主要包括《危险货物分类和品名编号》（GB 6944—2012）、《危险货物品名表》（GB 12268—2012）、《化学品安全标签编写规定》（GB 15258—2009）、《危险货物包装标志》（GB 190—2009）、《化学品安全技术说明书　内容和项目顺序》（GB/T 16483—2008）、《危险货物运输包装通用技术条件》（GB 12463—2009）、《化学品分类和危险性公示　通则》（GB 13690—2009）、《危险化学品重大危险源辨识》（GB 18218—2009）和《危险货物运输　爆炸品认可、分项程序及配装要求》（GB 14371—2005）

等。在这些标准中列出的规范性引用文件大多也是和危险化学品安全管理相关的技术标准。

(四)国际公约

国际公约主要包括《作业场所安全使用化学品公约》(170 号公约,1990 年),《国际海上危险货物运输规则》(International Maritime Dangerous Goods Code,简称 IMDG Code,1965 年),《国际民用航空公约》,《联合国危险货物运输建议书》等。《联合国危险货物运输建议书》(也称橙皮书)适用于任何运输形式包装的危险货物,其中规定了危险货物的分类和各类定义、常用危险货物品名表、各类危险货物的包装要求、容器规格和试验方法等。

四、危险化学品安全管理的法律责任

有关危险化学品安全管理的法律法规众多,这里仅以《中华人民共和国安全生产法》、《中华人民共和国刑法》、《危险化学品安全管理条例》为主,介绍危险化学品安全管理过程中的相关法律责任。

(一)违反危险化学品安全管理的刑事责任

《中华人民共和国刑法》中涉及危险化学品的犯罪主要有以下几种:

1. 非法制造、买卖、运输、储存危险物质罪

非法制造、买卖、运输、储存毒害性、放射性、传染病病原体等物质,危害公共安全的,处三年以上十年以下有期徒刑;情节严重的,处十年以上有期徒刑、无期徒刑或者死刑。

单位犯罪的,对单位判处罚金,并对其直接负责的主管人员和其他直接责任人员按前款进行处罚。

2. 非法携带危险物品危及公共安全罪

非法携带爆炸性、易燃性、放射性、毒害性、腐蚀性物品,进入公共场所或者公共交通工具,危及公共安全,情节严重的,处三年以下有期徒刑、拘役或者管制。

3. 危险物品肇事罪

违反爆炸性、易燃性、放射性、毒害性、腐蚀性物品的管理规定,在生产、储存、运输、使用中发生重大事故,造成严重后果的,处三年以下有期徒刑或者拘役;后果特别严重的,处三年以上七年以下有期徒刑。

4. 生产、销售不符合安全标准的产品罪

生产或者销售不符合保障人身、财产安全的国家标准、行业标准的易燃易爆产品,这种行为侵犯的客体是易燃易爆产品生产、销售的管理秩序。在实践中,因易燃易爆产品不合格而造成人身伤亡和财产损失的事件并不少见,如燃气炉具伤人等,因此对此行为应予以惩治。此种行为造成严重后果的,处五年以下有期徒刑,并处销售金额 50% 以上 2 倍以下罚金;后果特别严重的,处五年以上有期徒刑,并处销售金额 50% 以上 2 倍以下罚金。

5. 污染环境罪

违反国家规定,排放、倾倒或者处置有放射性的废物、含传染病病原体的废物、有毒物质或者其他有害物质,严重污染环境的,处三年以下有期徒刑或者拘役,并处或者单处罚金;后果特别严重的,处三年以上七年以下有期徒刑,并处罚金。

另外,《中华人民共和国治安管理处罚法》还有以下规定:①违反国家规定,制造、买卖、储存、运输、邮寄、携带、使用、提供、处置爆炸性、毒害性、放射性、腐蚀性物质或

传染病病原体等危险物质的，处十日以上十五日以下拘留；情节较轻的，处五日以上十日以下拘留；②爆炸性、毒害性、放射性、腐蚀性物质或传染病病原体等危险物质被盗、被抢或者丢失，未按规定报告的，处五日以下拘留，故意隐瞒不报的，处五日以上十日以下拘留。

（二）危险化学品安全管理监督部门及其管理人员应承担的责任

1）对生产、经营、储存、运输、使用危险化学品和处置废弃危险化学品依法实施监督管理的有关部门工作人员，有下列行为之一的，依法给予降级或者撤职的行政处分，构成犯罪的，依照刑法有关规定追究刑事责任：对不符合法定安全生产条件的涉及安全生产的事项予以批准或者验收通过的；发现未依法取得批准、验收的单位擅自从事有关活动或者接到举报后不予取缔或者不依法予以处理的；对已经依法取得批准的单位不履行监督管理职责，发现其不再具备安全生产条件而不撤销原批准或者发现安全生产违法行为不予查处的。

2）负有安全生产监督管理职责的部门，要求被审查、验收的单位购买其指定的安全设备、器材或者其他产品的，在对安全生产事项的审查、验收中收取费用的，由其上级机关或者监察机关责令改正，责令退还收取的费用；情节严重的，对直接负责的主管人员和其他直接责任人员依法给予行政处分。

3）承担安全评价、认证、检测、检验工作的机构，出具虚假证明，构成犯罪的，依照刑法有关规定追究刑事责任；尚不够刑事处罚的，没收违法所得，违法所得在5000元以上的，并处违法所得2倍以上5倍以下的罚款，没有违法所得或者违法所得不足5000元的，单处或者并处5000元以上2万元以下的罚款，对其直接负责的主管人员和其他直接责任人员处5000元以上5万元以下的罚款；给他人造成损害的，与生产经营单位承担连带赔偿责任。

对有以上违法行为的机构，撤销其相应资格。

4）发生危险化学品事故，有关地方人民政府及其有关部门不立即组织实施救援，或者不采取必要的应急处置措施减少事故损失，防止事故蔓延、扩大的，对直接负责的主管人员和其他直接责任人员依法给予处分；构成犯罪的，依法追究刑事责任。

5）负有危险化学品安全监督管理职责的部门的工作人员，在危险化学品安全监督管理工作中滥用职权、玩忽职守、徇私舞弊，构成犯罪的，依法追究刑事责任；尚不构成犯罪的，依法给予处分。

（三）危险化学品单位的法律责任

1. 未取得合法手续从事危险化学品生产经营活动者应承担的责任

1）生产、经营、使用国家禁止生产、经营、使用的危险化学品的，由安全生产监督管理部门责令停止生产、经营、使用活动，处20万元以上50万元以下的罚款，有违法所得的，没收违法所得；构成犯罪的，依法追究刑事责任。同时安全生产监督管理部门还应当责令其对所生产、经营、使用的危险化学品进行无害化处理。

违反国家关于危险化学品使用的限制性规定使用危险化学品的，处20万元以上50万元以下的罚款，有违法所得的，没收违法所得；构成犯罪的，依法追究刑事责任。

2）未经安全条件审查，新建、改建、扩建生产、储存危险化学品的建设项目的，由安全生产监督管理部门责令停止建设，限期改正；逾期不改正的，处50万元以上100万元以下的罚款；构成犯罪的，依法追究刑事责任。

未经安全条件审查，新建、改建、扩建储存、装卸危险化学品的港口建设项目的，由港口行政管理部门依照前款规定予以处罚。

3）未依法取得危险化学品安全生产许可证从事危险化学品生产，或者未依法取得工业产品生产许可证从事危险化学品及其包装物、容器生产的，分别依照《安全生产许可证条例》、《中华人民共和国工业产品生产许可证管理条例》的规定处罚。

化工企业未取得危险化学品安全使用许可证，使用危险化学品从事生产的，由安全生产监督管理部门责令限期改正，处10万元以上20万元以下的罚款；逾期不改正的，责令停产整顿。

未取得危险化学品经营许可证从事危险化学品经营的，由安全生产监督管理部门责令停止经营活动，没收违法经营的危险化学品以及违法所得，并处10万元以上20万元以下的罚款；构成犯罪的，依法追究刑事责任。

4）未依法取得危险货物道路运输许可、危险货物水路运输许可，从事危险化学品道路运输、水路运输的，分别依照有关道路运输、水路运输的法律、行政法规的规定处罚。

2. 生产、经营、储存活动中的法律责任

1）有下列情形之一的，由安全生产监督管理部门责令改正，可以处5万元以下的罚款；拒不改正的，处5万元以上10万元以下的罚款；情节严重的，责令停产停业整顿：

生产、储存单位未对其铺设的危险化学品管道设置明显的标志，或者未对危险化学品管道定期检查、检测的；进行可能危及危险化学品管道安全的施工作业，施工单位未按照规定书面通知管道所属单位，或者未与管道所属单位共同制订应急预案、采取相应的安全防护措施，或者管道所属单位未指派专门人员到现场进行管道安全保护指导的；生产企业未提供化学品安全技术说明书，或者未在包装（包括外包装件）上粘贴、拴挂化学品安全标签的；危险化学品生产企业提供的化学品安全技术说明书与其生产的危险化学品不相符，或者在包装（包括外包装件）粘贴、拴挂的化学品安全标签与包装内危险化学品不相符，或者化学品安全技术说明书、化学品安全标签所载明的内容不符合国家标准要求的；危险化学品生产企业发现其生产的危险化学品有新的危险特性不立即公告，或者不及时修订其化学品安全技术说明书和化学品安全标签的；危险化学品经营企业经营没有化学品安全技术说明书和化学品安全标签的危险化学品的；危险化学品包装物、容器的材质以及包装的形式、规格、方法和单件质量（重量）与所包装的危险化学品的性质和用途不相适应的；生产、储存危险化学品的单位未在作业场所和安全设施、设备上设置明显的安全警示标志，或者未在作业场所设置通信、报警装置的；危险化学品专用仓库未设专人负责管理，或者对储存的剧毒化学品以及储存数量构成重大危险源的其他危险化学品未实行双人收发、双人保管制度的；储存危险化学品的单位未建立危险化学品出入库核查、登记制度的；危险化学品专用仓库未设置明显标志的；危险化学品生产企业、进口企业不办理危险化学品登记，或者发现其生产、进口的危险化学品有新的危险特性不办理危险化学品登记内容变更手续的。

2）危险化学品包装物、容器生产企业销售未经检验或者经检验不合格的危险化学品包装物、容器的，由质量监督检验检疫部门责令改正，处10万元以上20万元以下的罚款，有违法所得的，没收违法所得；拒不改正的，责令停产停业整顿；构成犯罪的，依法追究刑事责任。

将未经检验合格的运输危险化学品的船舶及其配载的容器投入使用的，由海事管理机构依照上述规定予以处罚。

3）生产、储存、使用危险化学品的单位有下列情形之一的，由安全生产监督管理部门责令改正，处5万元以上10万元以下的罚款；拒不改正的，责令停产停业整顿直至由原发证机关吊销其相关许可证件，并由工商行政管理部门责令其办理经营范围变更登记或者吊销其营业执照；有关责任人员构成犯罪的，依法追究刑事责任：

对重复使用的危险化学品包装物、容器，在重复使用前不进行检查的；未根据其生产、储存的危险化学品的种类和危险特性，在作业场所设置相关安全设施、设备，或者未按照国家标准、行业标准或者国家有关规定对安全设施、设备进行经常性维护、保养的；未依照条例规定对其安全生产条件定期进行安全评价的；未将危险化学品储存在专用仓库内，或者未将剧毒化学品以及储存数量构成重大危险源的其他危险化学品在专用仓库内单独存放的；危险化学品的储存方式、方法或者储存数量不符合国家标准或者国家有关规定的；危险化学品专用仓库不符合国家标准、行业标准的要求的；未对危险化学品专用仓库的安全设施、设备定期进行检测、检验的。

从事危险化学品仓储经营的港口经营人有以上行为的，由港口行政管理部门依照上述规定予以处罚。

4）生产、储存危险化学品的企业或者使用危险化学品从事生产的企业未按照条例规定将安全评价报告以及整改方案的落实情况报安全生产监督管理部门或者港口行政管理部门备案，由安全生产监督管理部门或者港口行政管理部门责令改正，可以处1万元以下的罚款；拒不改正的，处1万元以上5万元以下的罚款。

生产实施重点环境管理的危险化学品的企业或者使用实施重点环境管理的危险化学品从事生产的企业未按照规定将相关信息向环境保护主管部门报告的，由环境保护主管部门责令改正，可以处1万元以下的罚款；拒不改正的，处1万元以上5万元以下的罚款。

5）生产、储存、使用危险化学品的单位转产、停产、停业或者解散，未采取有效措施及时、妥善处置其危险化学品生产装置、储存设施以及库存的危险化学品，或者丢弃危险化学品的，由安全生产监督管理部门责令改正，处5万元以上10万元以下的罚款；构成犯罪的，依法追究刑事责任。

生产、储存、使用危险化学品的单位转产、停产、停业或者解散，未按规定将其危险化学品生产装置、储存设施以及库存危险化学品的处置方案报有关部门备案的，分别由有关部门责令改正，可以处1万元以下的罚款；拒不改正的，处1万元以上5万元以下的罚款。

6）危险化学品经营企业向未经许可违法从事危险化学品生产、经营活动的企业采购危险化学品的，由工商行政管理部门责令改正，处10万元以上20万元以下的罚款；拒不改正的，责令停业整顿直至由原发证机关吊销其危险化学品经营许可证，并由工商行政管理部门责令其办理经营范围变更登记或者吊销其营业执照。

7）生产、储存、经营易燃易爆危险品的场所与居住场所设置在同一建筑物内，或者未与居住场所保持安全距离的，责令停产停业，并处5000元以上5万元以下罚款。

3. 运输过程中的法律责任

1）有下列情形之一的，由交通运输主管部门责令改正，处5万元以上10万元以下的罚款；拒不改正的，责令停产停业整顿；构成犯罪的，依法追究刑事责任。

危险化学品道路运输企业、水路运输企业的驾驶人员、船员、装卸管理人员、押运人员、申报人员、集装箱装箱现场检查员未取得从业资格上岗作业的；运输危险化学品，未根据危险化学品的危险特性采取相应的安全防护措施，或者未配备必要的防护用品和应急救援器材的；使用未依法取得危险货物适装证书的船舶，通过内河运输危险化学品的；通过内河运输危险化学品的承运人违反国务院交通运输主管部门对单船运输的危险化学品数量的限制性规定运输危险化学品的；用于危险化学品运输作业的内河码头、泊位不符合国家有关安全规范，或者未与饮用水取水口保持国家规定的安全距离，或者未经交通运输主管部门验收合格投入使用的；托运人不向承运人说明所托运的危险化学品的种类、数量、危险特性以及发生危险情况的应急处置措施，或者未按照国家有关规定对所托运的危险化学品妥善包装并在外包装上设置相应标志的；运输危险化学品需要添加抑制剂或者稳定剂，托运人未添加或者未将有关情况告知承运人的。

2）有下列情形之一的，由交通运输主管部门责令改正，处 10 万元以上 20 万元以下的罚款，有违法所得的，没收违法所得；拒不改正的，责令停产停业整顿；构成犯罪的，依法追究刑事责任：委托未依法取得危险货物道路运输许可、危险货物水路运输许可的企业承运危险化学品的；在托运的普通货物中夹带危险化学品，或者将危险化学品谎报或者匿报为普通货物托运的。

在邮件、快件内夹带危险化学品，或者将危险化学品谎报为普通物品交寄的，依法给予治安管理处罚；构成犯罪的，依法追究刑事责任。邮政企业、快递企业收寄危险化学品的，依照《中华人民共和国邮政法》的规定处罚。

3）有下列情形之一的，由公安机关责令改正，处 5 万元以上 10 万元以下的罚款；构成违反治安管理行为的，依法给予治安管理处罚；构成犯罪的，依法追究刑事责任：超过运输车辆的核定载质量装载危险化学品的；使用安全技术条件不符合国家标准要求的车辆运输危险化学品的；运输危险化学品的车辆未经公安机关批准进入危险化学品运输车辆限制通行区域的。

4）有下列情形之一的，由公安机关责令改正，处 1 万元以上 5 万元以下的罚款；构成违反治安管理行为的，依法给予治安管理处罚：危险化学品运输车辆未悬挂或者喷涂警示标志，或者悬挂或者喷涂的警示标志不符合国家标准要求的；通过道路运输危险化学品，不配备押运人员的。

5）对发生交通事故负有全部责任或者主要责任的危险化学品道路运输企业，由公安机关责令消除安全隐患，未消除安全隐患的危险化学品运输车辆，禁止上道路行驶。

6）有下列情形之一的，由交通运输主管部门责令改正，可以处 1 万元以下的罚款；拒不改正的，处 1 万元以上 5 万元以下的罚款：危险化学品道路运输企业、水路运输企业未配备专职安全管理人员的；用于危险化学品运输作业的内河码头、泊位的管理单位未制定码头、泊位危险化学品事故应急救援预案，或者未为码头、泊位配备充足、有效的应急救援器材和设备的。

7）有下列情形之一的，依照《中华人民共和国内河交通安全管理条例》的规定处罚：通过内河运输危险化学品的水路运输企业未制定运输船舶危险化学品事故应急救援预案，或者未为运输船舶配备充足、有效的应急救援器材和设备的；通过内河运输危险化学品的船舶的所有人或者经营人未取得船舶污染损害责任保险证书或者财务担保证明的；船舶载运危险化学品进出内河港口，未将有关事项事先报告海事管理机构并经其同意的；载运危险化学品的船舶在内河航行、装卸或者停泊，未悬挂专用的警示标志，或者未按照规定显示专用信号，或者未按照规定申请引航的。

未向港口行政管理部门报告并经其同意，在港口内进行危险化学品的装卸、过驳作业的，依照《中华人民共和国港口法》的规定处罚。

4. 其他法律责任

1）伪造、变造或者出租、出借、转让危险化学品安全生产许可证、工业产品生产许可证，或者使用伪造、变造的危险化学品安全生产许可证、工业产品生产许可证的，分别依照《安全生产许可证条例》、《中华人民共和国工业产品生产许可证管理条例》的规定处罚。

伪造、变造或者出租、出借、转让《危险化学品安全管理条例》规定的其他许可证，或者使用伪造、变造的该条例规定的其他许可证的，分别由相关许可证的颁发管理机关处10万元以上20万元以下的罚款，有违法所得的，没收违法所得；构成违反治安管理行为的，依法给予治安管理处罚；构成犯罪的，依法追究刑事责任。

2）危险化学品单位发生危险化学品事故，其主要负责人不立即组织救援或者不立即向有关部门报告的，依照《生产安全事故报告和调查处理条例》的规定处罚。

（四）有关剧毒化学品和易制爆危险化学品的法律责任

剧毒化学品和易制爆危险化学品一旦发生事故，破坏性更大，因此将其安全管理的相关法律责任单独列出：

1. 生产、储存、使用活动中的法律责任

1）有下列情形之一的，由公安机关责令改正，可以处1万元以下的罚款；拒不改正的，处1万元以上5万元以下的罚款：

生产、储存、使用剧毒化学品、易制爆危险化学品的单位不如实记录生产、储存、使用的剧毒化学品、易制爆危险化学品的数量、流向的；生产、储存、使用剧毒化学品、易制爆危险化学品的单位发现剧毒化学品、易制爆危险化学品丢失或者被盗，不立即向公安机关报告的；储存剧毒化学品的单位未将剧毒化学品的储存数量、储存地点以及管理人员的情况报所在地县级人民政府公安机关备案的；使用剧毒化学品、易制爆危险化学品的单位依照条例规定转让其购买的剧毒化学品、易制爆危险化学品，未将有关情况向所在地县级人民政府公安机关报告的。

2）储存危险化学品的单位未将其剧毒化学品以及储存数量，构成重大危险源的其他危险化学品的储存数量、储存地点以及管理人员的情况报安全生产监督管理部门或者港口行政管理部门备案的，分别由安全生产监督管理部门或者港口行政管理部门责令改正，可以处1万元以下的罚款；拒不改正的，处1万元以上5万元以下的罚款。

3）使用剧毒化学品、易制爆危险化学品的单位出借或者向不具有相关许可证件的单位转让其购买的剧毒化学品、易制爆危险化学品，或者向个人转让其购买的剧毒化学品（属于剧毒化学品的农药除外）、易制爆危险化学品的，由公安机关责令改正，处10万元以上20万元以下的罚款；拒不改正的，责令停产停业整顿。

4）生产、储存剧毒化学品、易制爆危险化学品的单位未设置治安保卫机构、配备专职治安保卫人员的，依照《企业事业单位内部治安保卫条例》的规定处罚。

2. 购销过程中的法律责任

1）危险化学品生产、经营企业有下列情形之一的，由安全生产监督管理部门责令改正，没收违法所得，并处10万元以上20万元以下的罚款；拒不改正的，责令停产停业整顿直至吊销其危险化学品安全生产许可证、危险化学品经营许可证，并由工商行政管理部门责令其办理经营范围变更登记或者吊销其营业执照：向不具有《危险化学品安全管理条例》规定的相关许可证件或者证明文件的单位销售剧毒化学品、易制爆危险化学品的；不按照剧毒化学品购买许可证载明的品种、数量销售剧毒化学品的；向个人销售剧毒化学品（属于剧毒化学品的农药除外）、易制爆危险化学品的。

2）不具备相关许可证件或者证明文件的单位购买剧毒化学品、易制爆危险化学品，或者个人购买剧毒化学品（属于剧毒化学品的农药除外）、易制爆危险化学品的，由公安机关没收所购买的剧毒化学品、易制爆危险化学品，可以并处5000元以下的罚款。

3）有下列情形之一的，由公安机关责令改正，可以处1万元以下的罚款；拒不改正的，处1万元以上5万元以下的罚款：危险化学品生产企业、经营企业不如实记录剧毒化学品、易制爆危险化学品购买单位的名称、地址、经办人的姓名、身份证号码以及所购买的剧毒化学品、易制爆危险化学品的品种、数量、用途，或者保存销售记录和相关材料的时间少于1年的；剧毒化学品、易制爆危险化学品的销售企业、购买单位未在规定的时限内将所销售、购买的剧毒化学品、易制爆危险化学品的品种、数量以及流向信息报所在地县级人民政府公安机关备案的。

3. 运输过程中的法律责任

1）通过内河封闭水域运输剧毒化学品以及国家规定禁止通过内河运输的其他危险化学品；或通过内河运输国家规定禁止通过内河运输的剧毒化学品以及其他危险化学品的，由交通运输主管部门责令改正，处10万元以上20万元以下的罚款，有违法所得的，没收违法所得；拒不改正的，责令停产停业整顿；构成犯罪的，依法追究刑事责任。

2）未取得剧毒化学品道路运输通行证，通过道路运输剧毒化学品的，由公安机关责令改正，处5万元以上10万元以下的罚款；构成违反治安管理行为的，依法给予治安管理处罚；构成犯罪的，依法追究刑事责任。

3）运输剧毒化学品或者易制爆危险化学品途中需要较长时间停车，驾驶人员、押运人员不向当地公安机关报告的；剧毒化学品、易制爆危险化学品在道路运输途中丢失、被盗、被抢或者发生流散、泄漏等情况，驾驶人员、押运人员不采取必要的警示措施和安全措施，或者不向当地公安机关报告的，由公安机关责令改正，处1万元以上5万元以下的罚款；构成违反治安管理行为的，依法给予治安管理处罚。

自学指导

本章学习重点：危险化学品的概念和分类；危险化学品包装；危险化学品的安全标签。

1. 危险化学品的概念和分类包含的内容有：危险化学品的概念和危险化学品的分类（分类的顺序不可颠倒）。

2. 危险化学品包装的内容包括：包装的分类，包装标志的种类和使用、制作要求。

3. 危险化学品安全标签的内容包括：安全标签的概念，安全标签所包含的内容，象形图的概念、种类和使用原则，信号词、危险性说明包括的内容。

复习思考题

一、填空题

1. 根据现行国家标准《危险货物分类和品名编号》（GB 6944—2012）的规定，危险物品分为九类，分别为爆炸品，____，____，易燃固体、易于自燃的物质、遇水放出易燃气体的物质，____，____，放射性物质，____，杂项危险物质和物品，包括危害环境物质。

2. 危险化学品安全标签的信号词包括____和____两种。

3. 根据《危险货物运输包装通用技术条件》，包装的性能试验主要包括____、____、液压试验和堆码试验四种。

4. 呼吸防护用品主要分为______和______两种。

5. 危险化学品安全标签是指用于标示危险化学品所具有的____和安全注意事项的一组文字和编码组合，它可粘贴、挂拴或喷印在化学品的外包装或容器上。

6. 安全标签要素是指表示危险化学品危险性的一类信息，包括____、______、信号词、______、防范说明、________、供应商标识、资料参阅提示语等。

7. 根据《刑法》规定，违反爆炸性、易燃性、放射性、毒害性、腐蚀性物品的管理规定，在生产、储存、运输、使用中发生重大事故，造成严重后果的，处______有期徒刑或者____；后果特别严重的，处__________有期徒刑。

8. __________负责依法查处寄递危险化学品的行为。

9. 爆炸性、毒害性、放射性、腐蚀性物质或传染病病原体等危险物质被盗、被抢或者丢失，未按规定报告的，________；________，处五日以上十日以下拘留。

10. 危险性象形图是一种图形构成，它包括一个符号加上其他图形要素，如______、____和颜色，意在传达具体的信息。

二、选择题

1. (　) 部门负责危险化学品的公共安全管理。

A. 公安机关　　B. 环境保护主管部门

C. 卫生主管部门　　D. 安全生产监督管理部门

2. 某危险化学品包装的标记代号为1H，则该容器的材质是（　）。

A. 钢　　B. 玻璃　　C. 塑料　　D. 胶合板

3. 可在缺氧、尘毒严重污染、情况不明有生命危险的作业场所使用的个体防护用品是(　)。

A. 防尘口罩　　B. 防毒面具　　C. 隔离式呼吸器　　D. 防毒口罩

4. (　　) 负责废弃危险化学品处置的监督管理。

A. 环境保护主管部门　　B. 卫生主管部门

C. 质量监督检验检疫部门　　D. 公安机关

5. 危险化学品包装的标记代号中表示修复后的包装标记是（　）。

A. S　　B. L　　C. R　　D. X

三、简答题

1. 危险化学品安全标签都包含哪些内容?

2. 危险化学品安全技术说明书都包括哪些内容?

3. 危险化学品从业人员保持个人卫生要遵循的基本原则是什么?

4. 根据《危险化学品安全管理条例》，当前我国危险化学品安全管理是如何分工的?

第二章　危险化学品的危险特性

学习目标

1. 应了解、知道的内容：

毒性物质的分类；

放射性物质的分类。

2. 应理解、清楚的内容：

爆炸品的殉爆

3. 应掌握会用的内容：

各类危险化学品的定义、分项；

各类危险化学品包装类别的划分。

4. 应熟练掌握的内容：

各类危险化学品的危险特性；

各类危险化学品的泄漏、着火应急措施；

各类危险化学品的灭火剂。

自学时数 12 学时

老师导学

危险化学品的危险特性是本书的重点内容之一，也是后续各章节的理论基础。本章主要讲述了各类危险化学品的定义、分类以及分项，危险化学品的具体危险特性，并介绍了影响其危险特性的各种因素。在此基础上，提出了危险化学品发生泄漏或着火时应采取的应急措施，可选用的灭火剂，并列举了典型的危险化学品。在本章的学习中，要注意抓重点内容，学会归纳总结，将各类危险化学品的主要危险特性和安全防范措施学懂学通。

任何一种物质都不会只有一种特性，对于危险化学品而言，除具有可燃性、氧化性外，往往还兼有毒害性、放射性和腐蚀性，其火灾危险性和危害性会更大。氧气和氯气同是氧化性气体，但氯气的危险性和危害性比氧气要大得多。如氢气在氯气环境中的爆炸极限为3%～97%（体积分数），比氢气在空气中的爆炸极限（体积分数为4.1%～74%）大很多。同时氯气还是一种刺激性的有毒气体，能强烈刺激眼睛黏膜和呼吸道及肺部，人吸入高浓度氯气时几分钟即可死亡，而氧气则不存在这些危险性。而且同一种物质，在不同的状态、温度、压力、浓度下，其危险性的大小也是不同的。当难燃和不燃物质的包装是可燃物质，且包装质量超过保护物品质量的1/4时，其火灾危险性就会增大。

另外，物品的危险性和其与灭火剂的抵触程度也有关。一种物品如果一旦失火且与灭火剂有抵触，尤其是与水相抵触，其火灾危险性要比不与水抵触的物品大。因为水是一种最常用、最普通的灭火剂，如果该物品着火后不能用水或含水的灭火剂扑救，那么就增加了扑救的难度，也就加大了火灾扩大和蔓延的危险性。因此，掌握不同类危险化学品的危险特性，对危险化学品事故的预防与控制至关重要。

第一节　爆　炸　品

一、爆炸品的定义与分项

本节所指爆炸品包括爆炸性物质、爆炸性物品以及导致产生爆炸或烟火效果而制造的前两者未提及的物品。爆炸性物质是指自身能够通过化学反应产生气体，其温度、压力和传播速度高到能对周围造成破坏的固体或液体物质（或这些物质的混合物），包括不放出气体的烟火物质。爆炸性物品是指含有一种或几种爆炸性物质的物品。烟火物质是指能产生热、光、声、气体或烟的效果或这些效果加在一起的一种物质或物质混合物，这些效果是由不起爆的自持发热化学反应产生的。

爆炸性物质不包括那些性质太危险以致不能运输或者其主要危险特性符合其他危险类别的物质；如果在装置中，所含爆炸性物质的数量或特性，不会使其在运输过程中，偶然或意外被点燃或引发后因迸射、发火、冒烟、发热或巨响，而在装置外部产生任何影响，则其不属于爆炸性物品。

爆炸品在危险化学品分类中属第1类，又细分为6项：

第1.1项：有整体爆炸危险的物质和物品。整体爆炸是指瞬间能影响到几乎全部载荷的爆炸。如梯恩梯、黑索金、泰安、鱼雷、水雷、硝铵炸药等。

第1.2项：有迸射危险，但无整体爆炸危险的物质和物品。如装有液体燃料的火箭发动机、武器用弹药、带有抛射药的催泪弹药、空中照明弹等。

第1.3项：有燃烧危险并有局部爆炸危险或局部迸射危险或这两种危险都有，但无整体爆炸危险的物质和物品。本项包括可产生大量热辐射的物质和物品；相继燃烧产生局部爆炸或迸射效应或两种效应兼而有之的物品。如乙醇质量分数超过25%的硝化纤维素、礼花弹、练习用的烟幕弹等。

第1.4项：不呈现重大危险的物质和物品。本项包括运输中万一被点燃或引发时仅造成较小危险的物质和物品；其影响主要限于包件本身，预计射出的碎片不大，射程也不远，外部火烧不会引起包件几乎全部内装物的瞬间爆炸。如安全导火索、信号弹药、火炬信号、烟花、鞭炮等。

第1.5项：有整体爆炸危险的非常不敏感物质。本项包括有整体爆炸危险性，但非常不敏感，以致在正常运输条件下引发或由燃烧转为爆炸的可能性极小的物质。如果在船舱等密闭空间装有大量的本项物质，其由燃烧转为爆炸的可能性较大。如铵油炸药、铵沥蜡炸药等。

第1.6项：无整体爆炸危险的极端不敏感物质。本项包括仅含有极不敏感爆炸物质，并且其意外引发爆炸或传播的概率可忽略不计的物品，其危险仅限于单个物品的爆炸。

爆炸品所使用的包装容器，除另有规定外，其强度应符合Ⅱ类包装要求。

二、爆炸品的危险特性

（一）强烈的爆炸性

爆炸具有强烈的破坏作用，具体体现在以下方面：

（1）爆炸火球对物体的直接作用　爆炸产生的高温、高能量密度的气体最初呈现出火球的状态，它对周围的物体具有灼烧和冲击的作用，可以烧穿钢甲、炸坏建筑物或设备。

（2）冲击波的破坏作用　爆炸产生的冲击波能对人体的内脏器官产生损伤，使邻近的建筑物遭到破坏。

（3）固体飞散物的破坏作用　由于爆炸而抛掷起来的碎片、碎砖瓦等固体飞散物可能击伤人员，砸坏建筑物和设备。

爆炸品都具有化学不稳定性，在一定外因的作用下，能以极快的速度发生猛烈的化学反应，产生的大量气体和热量，在短时间内无法逸散开去，致使周围的温度迅速升高并产生巨大的压力而引起爆炸。例如，黑火药的爆炸反应：

$$2KNO_3 + S + 3C = K_2S + N_2\uparrow + 3CO_2\uparrow + \text{热量}$$

显然，黑火药的爆炸反应就具备化学爆炸的三个特点：①反应速度极快，瞬间进行完毕；②产生大量气体（0.28m^3/kg）；③放出大量的热（3015kJ/kg），火焰温度高达2100℃以上。

煤在空气中点燃后，虽然也能放出大量的热和气体，但由于煤的燃烧速度比较慢，产生的热量和气体逐渐地扩散开去，不能在其周围产生高温和巨大压力，所以只是燃烧而不是爆炸。

（二）敏感度高

各种爆炸品的化学组成和性质决定了它具有发生爆炸的可能性，但如果没有必要的外界作用，爆炸是不会发生的。也就是说，任何一种爆炸品的爆炸都需要外界供给它一定的能量——起爆能。不同的爆炸品所需的起爆能不同，某一爆炸品所需的最小起爆能，即为该爆炸品的敏感度（简称感度）。起爆能与敏感度成反比，起爆能越小，敏感度越高。从储运的角度来讲，希望敏感度低些，但实际上敏感度过低，则需要消耗较大的起爆能，造成使用不便，因而各使用部门对爆炸品的敏感度都有一定的要求。

爆炸品的感度主要包括热感度（加热、火花、火焰）、机械感度（冲击、针刺、摩擦、撞击）、静电感度（静电、电火花）和起爆感度（雷管、炸药）等。不同的爆炸品的各种感度数据是不同的。爆炸品在储运中必须远离火种、热源及防振等要求就是根据它的热感度和机械感度来确定的。决定爆炸品敏感度的内在因素是它的化学组成和结构，影响敏感度的外在因素还有温度、杂质、结晶、密度等。

1. 化学组成和化学结构对敏感度的影响

爆炸品的化学组成和化学结构是决定其具有爆炸性质的主要因素。具体地讲是由于分子中含有某些“爆炸性基团”引起的。例如：叠氮化合物中的—N＝N≡N 基；雷汞、雷银中的—O—N＝C 基；硝基化合物中的$—NO_2$ 基；重氮化合物中的—N＝N—基等。

爆炸品分子中含有“爆炸性基团”的数目对敏感度也有明显的影响，例如芳香族硝基化合物，随着分子中硝基（$—NO_2$）数目的增加，其敏感度也增高。硝基苯只含有一个硝基，它在加热时虽然分解，但不易爆炸，因其毒性突出定为毒性物质；（邻、间、对）二硝基苯虽然具有爆炸性，但不敏感，由于它的易燃性比爆炸性更突出，所以定为易燃固体；三硝基苯所含硝基的数目在三者中最多，其爆炸性突出，非常敏感，故定为爆炸品。

另外，爆炸品的键能和活化能的高低也会影响其敏感度。物质的键能越小，就越容易被破坏，其敏感度越高，危险性就越大。爆炸品的活化能实际上是爆炸品爆炸的能栅，活化能越高，越不易跨过这个能栅而爆炸，其敏感度越低，反之，活化能越低，其敏感度就越高。

2. 温度对敏感度的影响

不同爆炸品的温度敏感度是不同的，例如：雷汞为165℃，黑火药为270～300℃，苦味酸为300℃。同一爆炸品随着温度升高，其机械感度也升高，这是因为其本身具有的内能也随温度相应增高，对起爆所需外界供给的能量则相应地减少。例如，硝酸甘油在16℃时，起爆能为0.2kg · m/cm^2，在94℃时，起爆能为0.1kg · m/cm^2，到182℃时，极微小的振动也能引起爆炸。因此，爆炸品在储存、运输中绝对不允许受热，必须远离火种、热源，避免日光照射，在夏季要注意通风降温。

3. 杂质对敏感度的影响

砂粒、石子、水、金属、酸、碱等杂质对爆炸品的敏感度也有很大影响，而且不同的杂质的影响也不同。在一般情况下，砂粒、石子等固体杂质，特别是硬度高、有尖棱的杂质能增加爆炸品的敏感度。因为这些杂质能使冲击能量集中在尖棱上，产生许多高能中心，促使爆炸品爆炸。例如，梯恩梯炸药中混进砂粒后，敏感度就显著提高。因此，在储存、运输中，特别是在撒漏后收集时，要防止砂粒、尘土混入。相反，松软的或液态杂质混入爆炸品后，往往会使敏感度降低。例如，雷汞中水的质量分数大于10%时可在空气中点燃而不爆炸；苦味酸中水的质量分数超过35%时就不会爆炸。因此，在储存中，对加水降低敏感度的爆炸品如苦味酸等，要经常检查有无漏水情况，含水量减少时应立即添加，包装破损时要及时修理。有些爆炸品与某些化学药品，如酸、碱、盐发生化学反应的生成物是更容易爆炸的化学品。例如，苦味酸遇某些碳酸盐能反应生成更易爆炸的苦味酸盐；雷汞遇盐酸或硝酸能分解，遇硫酸会爆炸。某些爆炸品与一些重金属（铅、银、铜等）及其化合物的生成物，其敏感度更高。例如，苦味酸受铜、铁等金属撞击，立即发生爆炸；雷汞与铜作用的生成物具有更大的敏感度等，为此苦味酸等不得用金属容器包装。

4. 结晶对敏感度的影响

有些爆炸品由于晶型不同，敏感度也不同。这主要是由于晶型不同，晶格能量也不同。例如，液体硝酸甘油炸药在凝固、半凝固时，结晶多呈三斜晶系，属不安定型。不安定型结晶比液体状态的机械感度更高，对摩擦非常敏感，甚至微小的外力作用就足以引起爆炸。因此，硝酸甘油炸药在冷天要做好防冻工作，储存温度不得低于15℃，以防止冻结。同时结晶颗粒的大小，晶体颗粒的棱角多少、锋利程度、晶体表面的缺陷和位错等也会影响爆炸品的敏感度。一般情况下，结晶较大时，容易出现尖锐的棱角或表面出现缺陷和位错，因此多数比较敏感。

5. 密度对敏感度的影响

爆炸品随着密度增大，通常敏感度均有所下降。粉碎、疏松的爆炸品敏感度高，是因为密度不仅直接影响冲击力、热量等外界作用在爆炸品中的传播，而且对炸药颗粒之间的相互摩擦也有很大影响。在储运中应注意包装完好，防止破裂致使炸药粉碎而导致危险。

（三）自燃危险性

有些火药在一定温度下，可不用火源的作用而自行着火或爆炸。如双基火药长时间堆放在一起，由于火药的缓慢热分解会放出热量及产生NO_2气体，若不能及时散发，火药内部就会产生热量积累，当达到自燃点时，就会发生自燃或爆炸。这是因为在常温时，火药中也有活化分子，但是这种分子数量很少，分解反应进行得慢，化学反应放出的热量也很少，热量能及时散发。当产生热积累时，火药会自动升温，活化分子增多，分解速度加快，反应放热又会自动加热升温，最终导致爆炸品自燃或爆炸。

（四）静电危险性

炸药是电的不良导体，电阻率在 $10^{12}\Omega \cdot cm$ 以上。在生产、包装、运输和使用过程中，炸药与容器壁或其他介质摩擦，会产生静电。若无有效接地措施导出静电，会使静电荷积聚起来，产生很高的静电电位，最高可达几万伏，一旦发生放电火花，且放电能量足够大，就会引起着火、爆炸事故。爆炸品静电危险性的大小通常用静电感应度来表示，包括两个方面：一是爆炸品在摩擦时产生静电的难易程度，即静电积累值；二是静电放电火花作用下爆炸品发生爆炸的难易程度，即静电火花感度。为降低爆炸品的静电危险，可考虑掺入导电物质降低其电阻率，或者添加抗静电表面活性剂。

（五）毒害性

有些炸药，如苦味酸、梯恩梯、硝酸甘油、雷汞、叠氮化铅等，本身都具有一定的毒害性，且绝大多数炸药爆炸时能够产生诸如一氧化碳（CO）、二氧化碳（CO_2）、一氧化氮（NO）、二氧化氮（NO_2）、氰化氢（HCN）、氮气（N_2）等有毒或窒息性气体，经呼吸道、消化道、皮肤吸收进入人体内而引起中毒。

（六）殉爆

殉爆是指炸药 A 爆炸后，能够引起与其相距一定距离的炸药 B 爆炸的现象。通常称首先发生爆轰的爆炸性物质为主爆药。主爆药爆轰时使从爆药 100% 发生殉爆的二者间的最大距离，称为殉爆距离；主爆药爆轰时使从爆药 100% 不发生殉爆的最小距离，称为不殉爆距离，或殉爆安全距离。

引起殉爆的原因一般有三种：

1）主爆药的冲击波引起从爆药发生殉爆。当主爆药与从爆药之间有惰性介质存在时，如空气、水、砂石、土壤、金属或非金属板等，主爆药爆轰时冲击波经惰性介质衰减，而其压力等于或大于从爆药的临界起爆压力，就能使从爆药发生爆轰。

2）主爆药爆轰产物直接冲击引起从爆药发生殉爆。当主爆药与从爆药之间相距很近时，它们之间没有密实介质，如水、砂土、金属或非金属板等阻挡，从爆药的殉爆是由主爆药的爆轰产物直接冲击而引起的。

3）主爆药爆轰时，抛射出的固体碎片冲击从爆药，如主爆药的外壳碎片，主爆药爆轰时形成的金属射流冲击到从爆药，引起从爆药爆轰。

殉爆可能是以上两种或三种因素的综合作用，也可能是以其中一种为主。如介质是空气，且两爆炸品相距较近，主爆药又有外壳时，就可能是三种因素都起作用。若两者间被惰性介质隔开，且距离较大，则主要是第一种原因。

影响殉爆距离的因素有：

（1）主爆药的爆炸能量　主爆药的爆炸能量越大，引起殉爆的能力也就越大。因主爆药的能量高，爆速高，药量大，所形成的冲击波压力和冲量大。因此加工或储存爆炸品的建筑物需限定存放量，任何人都要遵守有关工房、库房的定员和定量的规定。

（2）从爆药的性质　影响殉爆距离的主要因素是从爆药的敏感度，它的敏感度越大，则殉爆能力越大。因此，凡是影响从爆药敏感度的所有因素（密度、粒度大小和化学性质等）都影响殉爆距离。

(3) 两炸药之间的介质　两炸药之间介质的种类不同，其殉爆的情况也不同。以苦味酸为例进行试验（药量50g，主爆药密度1.25g/cm^3，从爆药密度1.0g/cm^3，均为纸外壳），其殉爆距离就随着介质不同而变化，介质为空气时，其殉爆距离为28cm，介质为水时，殉爆距离为4.0cm，介质为黏土时，殉爆距离为2.5cm。

(4) 连接方式　两炸药之间的连接方式不同，其殉爆情况也不同。如两炸药之间用管子连接时，爆轰产物和冲击波能集中地沿着管子传播，增大了殉爆的能力，使殉爆距离增大很多。如苦味酸（药量50g，主爆药密度1.25g/cm^3，从爆药密度1.0g/cm^3，均为纸外壳）之间无管道连接时，50%殉爆距离为19cm，当其连接管道为内径32mm、壁厚1mm的纸管时，殉爆距离为59cm，当其连接管道为内径32mm、壁厚5mm的钢管时，其殉爆距离为125cm。

(5) 主爆药的引爆方向　主爆药的引爆方向不同，对殉爆距离也有影响。这主要是由于引爆方向不同时，其冲击波在各个方向上的分布不均匀造成的。

爆炸品除具有以上所述的爆炸性强和敏感度高等特性外还有以下一些性质：某些爆炸品受光照易于分解，如叠氮银、雷酸银等；某些爆炸品具有较强的吸湿性，受潮或遇湿后会降低爆炸能力，甚至无法使用，如硝铵炸药等应注意防止受潮失效。

三、泄漏着火应急措施

(一) 泄漏处置

爆炸品发生泄漏时，应隔离泄漏污染区，限制出入，切断火源。建议应急处理人员戴自给式呼吸器，穿一般作业工作服，不要直接接触泄漏物。避免振动、撞击和摩擦。少量泄漏时避免扬尘，用洁净的铲子收集于干燥、洁净、有盖的容器中，转移至安全场所。大量泄漏时用水湿润，然后收集回收或运至废物处理场所处置。

(二) 着火处置

爆炸品着火可用水、空气泡沫（高倍数泡沫较好）、二氧化碳、干粉等灭火剂施救，但最好的灭火剂是水。因为水能够渗透到爆炸品内部，在爆炸品的结晶表面形成一层具有可塑性的柔软薄膜，将结晶包起来使其钝感。

由于爆炸品本身既含有可燃物，又含有氧化剂，着火后不需要空气中氧的作用就可以持续燃烧，而且在一定条件下会由着火转为爆炸，所以爆炸品着火不可用窒息法灭火。禁止用砂土覆盖，也不可用水蒸气灭火。如果爆炸品在房间内或在车厢、船舱内着火时，要迅速将门窗、厢门、舱盖打开，向内射水冷却，万万不可关闭门窗、舱门、舱盖窒息灭火。

扑救爆炸品火灾时，要注意利用掩体，墙体、低洼处、树干等均可利用。由于有些爆炸品不仅本身有毒，而且燃烧产物也有毒，所以灭火时还应注意防毒。

四、几种典型的爆炸品

1. 2,4,6-三硝基甲苯（干的或水的质量分数<30%）（UN 0209）

别名：梯恩梯（TNT）、茶色炸药

化学式：$CH_3C_6H_2(NO_2)_3$

理化性质：白色或淡黄色针状结晶。无臭，有毒，多数通过皮肤沾染和呼吸道吸入中毒。几乎不溶于水，微溶于乙醇，溶于苯、甲苯和丙酮。在军事上用于填装各种炮弹及爆破器材，也常与其他炸药混合制成混合炸药。在国民经济建设中多用于采矿、筑路、疏通河道等。

危险特性：受热、接触明火或受到摩擦、振动、撞击时可发生爆炸。少量或薄层物料在广阔的空间中燃烧可不起爆。大量堆积或在密闭容器中燃烧，有可能由燃烧转变为爆轰。遇碱生成不安定的爆炸物。该物质不导电，在粉碎时易产生静电积累。撞击敏感度14.7N·m。梯恩梯有毒，短期大量皮肤接触、吸入、口服者，可出现高铁血红蛋白血症；肝脏损害较明显，严重者可发生亚急性重型肝炎。长期接触（皮肤、吸入）可发生中毒性肝炎；中毒性白内障。中毒者常伴有神经衰弱综合征及消化系统症状，偶有贫血、血细胞减少或肾损害。

灭火剂：大量水，禁用砂土压盖。

2. 2,4,6-三硝基苯酚（UN 0154）

别名：苦味酸、黄色炸药

化学式：$(NO_2)_3C_6H_2OH$

理化性质：黄色块状或针状结晶，无臭，有毒，味极苦。在水中的溶解度随温度升高而增大，也能溶于乙醇、苯及乙醚。相对密度为1.763（晶体）、1.589（液态），熔点为122℃。在工业上主要用于生产染料、炸药、医药及农药氯化苦等。

危险特性：加热至320℃（或遇重大撞击）能发生剧烈爆炸。与金属（锡除外）或金属氧化物作用生成盐类（有水分存在时，反应很容易），此种盐类极敏感，摩擦、振动都能发生剧烈爆炸。燃烧后生成有刺激性和毒性的二氧化氮和一氧化碳等气体，其爆炸性比TNT强5%～10%。接触火焰、电火花或受到猛撞和摩擦，均能引起燃烧。

灭火剂：大量水，禁用砂土压盖。

3. 环三次甲基三硝胺（水的质量分数≥15%或含钝感剂）（UN 0072）

别名：黑索金、旋风炸药

化学式：$C_3H_6N_3(NO_2)_3$

理化性质：白色粉状结晶，无臭，几乎不溶于水，微溶于甲醇和乙醚，可溶于热苯胺酚、浓硝酸和丙酮，是爆炸力极强大的猛性炸药。用于填装炮弹、导爆索、雷管等。

危险特性：遇明火、高温或受振动、撞击、摩擦，有引起燃烧爆炸危险。本品毒性不大，但长期吸入粉尘，可引起慢性中毒。

灭火剂：大量水，禁用砂土压盖。

第二节　气　　体

一、气体的定义与分项

本节所指气体是在50℃时，蒸气压力大于300kPa或20℃时在101.3kPa标准压力下完全是气态的物质。气体包括压缩气体、液化气体、溶解气体和冷冻液化气体，一种或多种气体与一种或多种其他类别物质的蒸气混合物，充有气体的物品和气雾剂。其中压缩气体是指在-50℃下加压包装供运输时完全是气态的气体，包括临界温度小于或等于-50℃的所有气体；液化气体是指在温度大于-50℃下加压包装供运输时部分是液态的气体，包括高压液化气体和低压液化气体；溶解气体是指加压包装供运输时溶解于液相溶剂的气体；冷冻液化气体是指包装供运输时由于其温度低而部分呈现液态的气体。

根据气体的危险特性，可以将其分为三项：易燃气体（2.1项）、非易燃无毒气体（2.2项）和毒性气体（2.3项）。

第2.1项易燃气体是指在20℃和101.3kPa标准压力下爆炸下限小于或等于13%的气体以及不论其爆炸下限如何，其爆炸极限范围大于或等于12%的气体。如氢气、甲烷、硫化氢、天然气、乙烷等。根据爆炸下限或燃爆极限范围的大小不同，易燃气体又分为两级。Ⅰ级易燃气体：爆炸下限小于10%的气体；或不论爆炸下限如何，爆炸极限范围不小于12%的气体。Ⅱ级易燃气体：爆炸下限不小于10%，小于13%，且爆炸极限范围小于12%的气体。

第2.2项非易燃无毒气体，包括窒息性气体、氧化性气体和不属于其他项别的气体，但不包括20℃时的压力低于200kPa、并且未经液化或冷冻液化的气体。窒息性气体是指会稀释或取代通常在空气中的氧气的气体，如二氧化碳、氮、氦等；氧化性气体是指比空气更能引起或促进其他材料燃烧的气体，如氧气。

第2.3项毒性气体包括其毒性或腐蚀性对人类健康造成危害的气体或急性半数致死浓度LC_{50}值小于或等于$5\times10^{-3}m^3/m^3$的毒性或腐蚀性气体。常见的腐蚀性气体有氯气、氨气、磷化氢、二氧化硫、水煤气等。

具有两个项别以上危险性的气体和气体混合物，其危险性先后顺序为：2.3项优先于其他项，2.1项优先于2.2项。

二、气体的危险特性

（一）易燃易爆性

易燃气体的主要危险特性是易燃易爆，由于气体燃烧，无须物态的变化，且可燃物和氧化物的接触面积大，所以具有比液体和固体更易燃烧和燃烧速度快的特点。当扩散到空气中的易燃气体浓度达到爆炸极限时，遇到明火就会发生急剧的化学反应，而产生巨大的破坏性的爆炸。有些可燃气体遇到极微小能量点火源的作用即可着火爆炸，见表2-1。

表2-1 一些可燃气体在空气中的最小点火能量

可燃气体	最小点火能量/mJ	可燃气体	最小点火能量/mJ
甲烷	0.28	异戊烷	0.70
乙烷	0.25	丙炔	0.152
丙烷	0.26	丙烯	0.013
乙炔	0.019	环氧丙烷	0.19
乙烯	0.096	氢	0.019
正丁烷	0.25	环氧乙烷	0.087

可燃气体着火或爆炸的难易程度，除受点火源能量大小的影响外，还取决于其化学组成；而其化学组成又决定着可燃气体燃烧浓度范围的大小、自燃点的高低、燃烧速度的快慢和发热量的多少。具体说，其易燃易爆性具有如下特点：

1）比液体、固体易燃，且燃速快，一燃即尽。

2）由简单成分组成的气体比复杂成分组成的气体易燃，燃速快，火焰温度高，着火爆炸危险性大。这是因为单一成分的气体不需受热分解的过程和分解消耗的能量。如氢气比甲烷、一氧化碳易燃。

3）含有不饱和价键的可燃气体比相对应饱和价键的可燃气体的危险性大。因为不饱和的可燃气体分子结构含有双键或三键，化学活性强，在通常条件下，就能和氯、氧等氧化性气体反应。

（二）扩散性

由于气体的分子间距较大，相互作用力小，所以非常容易扩散。气体的扩散性受其自身相对密度的影响。

1）比空气轻的易燃气体一旦大量泄漏在空气中，可以迅速大面积扩散，与空气形成爆炸性混合物，并且能顺风飘动，致使易燃气体的着火爆炸和燃烧火焰蔓延扩散。

2）与空气密度相近的易燃气体，容易与空气混合，形成爆炸性的混合物。

3）比空气重的易燃气体泄漏后，由于它具有沉积性，往往沿着地面扩散，聚集在地表、沟渠、隧道、厂房死角等处，长时间不散，遇着火源发生燃烧或爆炸。同时密度大的可燃气体一般都有较大的发热量。

掌握可燃性气体的相对密度及扩散性，对评定其火灾危险性的大小、选择通风口的位置、确定防火间距以及采取防止火势蔓延的措施都具有重要意义。

（三）可压缩性和膨胀性

气体的体积会因为温度的升降而胀缩，其胀缩的幅度比液体要大得多。其特点是：

1）当压力不变时，气体的温度与体积成正比，即温度越高，体积越大。如液态丙烷，若压力不变，其60℃时的体积比10℃时膨胀了20%。

2）当温度不变时，气体的体积与压力成反比，即压力越大，体积越小。也就是说气体在一定压力下可以压缩，甚至可以压缩成液态，所以气体通常都是经过压缩后储存于钢瓶中。

3）在体积不变时，气体的温度与压力成正比，即温度越高，压力越大。如果气体容器在储运过程中受到高温、暴晒等热源作用，容器内的气体就会急剧膨胀，产生较原来更大的压力，当压力超过容器的耐压强度时，就会发生爆炸。

因此，压缩气体和液化气体在储运、使用过程中，要注意防火、防晒、隔热；在向容器内充装气体时，要严格控制充装，防止超装、超温、超压造成事故。

（四）带电性

任何物体的摩擦都会产生静电，氢气、乙烯、乙炔等气体从管口或破损处高速喷出时也同样会产生静电，这是因为气体本身剧烈运动造成分子间的相互摩擦；当气体中含有固体颗粒或液体杂质时，在压力下高速喷出会与喷嘴产生强烈的摩擦作用。实验结果表明，液化石油气喷出时，产生的静电电压可达9000V，其放电火花的能量足以引发燃烧爆炸。通常，压力容器内的易燃气体，在容器管道破损或放空速度过快时也容易产生静电，引起火灾爆炸事故。带电性是评价压缩气体和液化气体火灾危险性的参数之一。设备接地、控制流速可以预防静电危害。

（五）腐蚀性、毒害性和窒息性

1. 腐蚀性

具有腐蚀性的主要是一些含有氢、硫元素的气体，如硫化氢、硫氧化碳、氨、氢等。腐蚀性气体能够腐蚀设备，削弱设备的耐压强度，严重时可导致设备系统裂隙、漏气，引起火灾爆炸或中毒事故。氢在高压下能渗透到碳素中，使金属容器发生“氢脆”。因此，对盛装这类气体的容器，要采取一定的防腐措施，如采用含铬、钼等一定量稀有金属的高压合金钢制造容器，定期检验容器设备的耐压强度等。

2. 毒害性

除氧气和压缩空气外，大多数气体都具有一定的毒害性，直接接触或吸入会引起人畜中毒，并因皮肤、呼吸道受到严重刺激、灼伤而危及生命。其中有些气体不仅剧毒，而且易燃，如氰化氢、磷化氢、二甲胺、氨、溴甲烷、三氯乙烯等气体。有些气体除具有相当的毒害性外，还具有一定的火灾爆炸性。如剧毒气体氰化氢，其闪点为 -17.78℃，自燃点为537.78℃，爆炸极限范围5.6%～40%，在空气中的浓度达到300mg/m³ 时，能使人立即死亡；达到200mg/m³ 时，10min 后死亡；达到100mg/m³ 时，一般在1h 后死亡。再如磷化氢，其自燃点为100℃，爆炸极限范围2.12%～15.3%，其在空气中浓度达到2～4mg/m³ 时可嗅到其气味；浓度超过9.7mg/m³ 时，可致中毒；浓度达到550～830mg/m³ 时接触0.5～1.0h即发生死亡，浓度达2798mg/m³ 时可迅速致死。

3. 窒息性

一般情况下，人们往往只注意气体的易燃易爆性和毒害性，而忽视其窒息性，然而除氧气和压缩空气外，气体大都具有一定的窒息性。尤其是那些非易燃无毒气体，虽然它们本身无毒不燃，但都以一定的压力储存，如二氧化碳、氮气、氦、氖、氩、氪等惰性气体的气瓶的工作压力均可达15MPa，设计压力有时可达20～30MPa，这些气体一旦泄漏于房间或大型设备、装置内时，往往会使现场人员窒息死亡。另外充装这些气体的气瓶在受到火场的热辐射作用时，气瓶压力升高，如超过其强度，即发生物理性爆炸，现场人员也会受到伤害。

（六）氧化性

氧化性气体主要包括两类：一类是列入非易燃无毒气体的，如氧气、压缩空气、三氟化氮等；一类是列入毒性气体的，如氯气、氟气等。这些气体本身并不可燃，但氧化性很强，与可燃气体混合时都能着火或爆炸。如氯气与乙炔气接触即可爆炸，氢气与氯气混合见光可爆炸，氢气与氟气在黑暗中也会爆炸。在高浓度的氧环境中，物质也可能变得更易燃，如油脂接触氧气会自燃，铁在氧气中也会燃烧。因此，对于列入毒性气体的氯气和氟气，除了应注意其毒害性外，还应注意其氧化性，在储存、运输和使用时，应将氧化性气体与其他可燃气体分开储存、运输和装卸。

三、几种典型的气体

1. 氢（UN 1049）

别名：氢气

化学式：H_2

理化性质：无色无臭气体；不溶于水、乙醇、乙醚；无毒、无腐蚀性；相对密度0.07（空气 =1），临界温度 -240℃；极易燃烧，燃烧时火焰呈蓝色；爆炸极限为4.1%～74.1%；氢气、氧气混合燃烧火焰温度为2100～2500℃。用于合成氨和甲醇、石油精馏，有机物氢化及作火箭燃料。

危险特性：氢气与空气混合能形成爆炸性混合物，爆炸极限范围较大，遇火星、高温能引起燃烧爆炸。它比空气轻，在室内使用或储存氢气，当有漏气时，氢气上升滞留在屋顶，不易自然排出，遇到火星时会引起爆炸。与氟、氯、溴等卤素能发生剧烈的化学反应。

灭火剂：雾状水、泡沫、二氧化碳、干粉。灭火时要先切断气源，否则不许熄灭正在燃烧的气体。

2. 乙炔（UN 1001）

别名：电石气

化学式：C_2H_2

理化性质：无色无味气体，大部分工业品含有硫化物、磷化物等杂质，使其有大蒜气味；微溶于水及乙醇，溶于氯仿、苯，极易溶于丙酮，12 个大气压下 1 体积丙酮可溶解 300 体积乙炔；闪点为 -17.78℃，自燃点为 305℃，爆炸极限 2.1%～80%；相对密度 0.91（空气 =1）。乙炔是有机合成的重要原料之一，是合成橡胶、合成纤维和塑料的单体，也用于氧乙炔焊接和切割金属。

危险特性：极易燃烧爆炸，与空气或氧气形成爆炸性混合物，其点火能量很小，只有 0.019mJ；遇高温、明火有燃烧爆炸危险；与铜、汞、银反应形成爆炸性化合物；与氧化性物质、氟和氯发生爆炸性反应，所以乙炔的燃烧爆炸危险性是很突出的。

灭火剂：雾状水、泡沫、二氧化碳、干粉。灭火时要先切断气源，否则不许熄灭正在燃烧的气体。

3. 氧（UN 1072）

别名：氧气

化学式：O_2

理化性质：无色无味助燃性气体，正常大气中体积分数为 21%；相对密度 1.43（空气 =1），熔点 -218.4℃，沸点 -183℃，饱和蒸气压 506.62kPa（-164℃），临界温度 -118.4℃，临界压力 5080kPa，能被液化和固化；1L 液态氧为 1.14kg，在 20℃、101.3kPa 下能蒸发成 860L 氧气。氧气可用于炼钢，切割、焊接金属，医药、染料、炸药等，还用于废水处理，航天、潜水、医疗的供氧。

危险特性：是易燃物、可燃物燃烧爆炸的基本要素之一，能氧化大多数活性物质；与乙炔、氢、甲烷等易燃气体能形成爆炸性混合物，能使活性金属粉末、油脂剧烈氧化引起燃烧。常压下，吸入 40% 以上氧时，可能发生氧中毒，长期吸入可发生眼损害甚至失明。

4. 氯（UN 1017）

别名：氯气

化学式：Cl_2

理化性质：黄绿色有刺激性气味的气体；常温下加压到 608～811kPa 或在常压下冷却至 -40～-35℃可液化，液化后为黄绿色透明液体；易溶于水和碱溶液；相对密度 1.47（水 =1）、2.48（空气 =1），沸点 -34.5℃，饱和蒸气压 506.62kPa（10.3℃）。氯气可用于漂白，制造氯化合物、盐酸、聚氯乙烯等。

危险特性：本身虽不燃，但有助燃性，一般可燃物大都能在氯气中燃烧；在日光下与易燃气体混合时会发生燃烧爆炸。几乎对金属和非金属都有腐蚀作用；有剧毒，车间空气中最高容许浓度为 1mg/m^3；大鼠吸入半数致死量（LD_{50}）850mg/m^3；氯气对眼、呼吸道有刺激作用，严重时会使人畜中毒，甚至死亡；受热时瓶内压力增大，危险性增加。

灭火剂：泡沫、干粉。消防人员须戴防毒面具，穿防护服；在上风处灭火。

5. 氨（UN 1005）

别名：氨气（液氨）

分子式：NH_3

理化性质：无色、有刺激性腺臭的气体，易溶于水、乙醇和乙醚，水溶液呈碱性；熔点 -78℃，沸点 -33℃，自燃点 630℃，爆炸极限 15.7% ~27.4%，饱和蒸气压 1013kPa（26℃）。氨气容易加压液化成液氨，液化时放出大量的热，当压力降低时液氨则气化，同时吸收周围大量的热，故常用作冷冻机和制冰机的循环制冷剂，也用于制造铵盐、氮肥。

危险特性：受热后瓶内压力增大，有爆炸危险；空气中氨蒸气体积分数达 15.7% ~27.4% 时，遇火星会引起燃烧爆炸，有油类存在时会增加燃烧危险；有毒，车间空气中最高容许浓度为 $30mg/m^3$；气体外溢对黏膜有刺激作用，高浓度可造成组织溶解坏死；液氨有腐蚀性，可灼伤皮肤。

灭火剂：雾状水、抗溶性泡沫、二氧化碳、砂土。消防人员须戴防毒面具，穿防护服；在上风处灭火。

第三节　易燃液体

一、易燃液体的定义与分级

本节所指易燃液体包括易燃液体和液态退敏爆炸品。易燃液体是指易燃的液体或液体混合物，或是在溶液或悬浮液中有固体的液体，其闭杯试验闪点不高于 60℃，或者开杯试验闪点不高于 65.6℃。易燃液体还包括满足下列条件之一的液体：在温度等于或高于其闪点的条件下提交运输的液体；以液态在高温条件下运输或提交运输，并在温度等于或低于最高运输温度下放出易燃蒸气的物质。液态退敏爆炸品是指为抑制爆炸性物质的爆炸性能，将爆炸性物质溶解或悬浮在水中或其他液态物质后，而形成的均匀液态混合物。

还有一部分液体，虽然符合《危险货物分类和品名编号》中对易燃液体的定义，但是其闪点高于 35℃且不持续燃烧，因此不将其归属为易燃液体的范围。如按照《危险品　易燃液体持续燃烧试验方法》（GB/T 21622—2008）规定进行持续燃烧试验，结果表明不能持续燃烧的液体；按照《石油产品闪点和燃点的测定 克利夫兰开口杯法》（GB/T 3536—2008）确定的燃点大于 100℃的液体；按质量含水量大于 90% 且混溶于水的溶液。

根据闪点的不同，可将易燃液体分为三级。

Ⅰ级易燃液体：闭杯试验闪点小于 -18℃的液体。如闪点低于 -18℃的汽油、乙醚、丙酮、乙硫醇、四氢呋喃等。

Ⅱ级易燃液体：闪点不小于 -18℃，且小于 23℃的液体。如乙醇、甲苯、乙苯、石油醚、石脑油、焦油、噻吩、乙酸乙酯等。

Ⅲ级易燃液体：闪点不小于 23℃，且小于 61℃的液体。如煤油、氯苯、溴苯、樟脑油、松香油、木材防腐漆等。

易燃液体的包装类别根据表2-2中的闪点（闭杯）和初沸点确定。

表 2-2 易燃液体的包装类别

包装类别	闪点（闭杯）	初沸点	包装类别	闪点（闭杯）	初沸点
Ⅰ	—	≤35℃	Ⅲ	≥23℃和≤60℃	>35℃
Ⅱ	<23℃	>35℃			

易燃液体中列入Ⅲ类包装的还包括以下几种特殊情况：闪点低于23℃的黏性物质，例如色漆、瓷釉、喷漆、清漆、黏合剂和抛光剂等；闪点低于23℃的黏性易燃液体，如油漆、瓷釉、喷漆、清漆、黏合剂和抛光剂等，若其在溶剂分离试验中，清澈的溶剂分离层少于3%，或混合物、任何分离溶剂都不符合毒性物质和腐蚀性物质的标准，则列入Ⅲ类包装；由于在高温下运输而被划入易燃液体的物质，列入Ⅲ类包装。

二、易燃液体的危险特性

（一）高度易燃性

易燃液体几乎全部是有机化合物，分子组成中主要含有碳原子和氢原子，易和氧反应而燃烧。易燃液体的燃烧是通过其挥发的蒸气与空气形成可燃混合物，达到一定的浓度后遇火源而实现的，实质上是液体蒸气与氧发生的氧化反应。所谓的易燃液体实质上是指其蒸气极易被引燃，从表2-3可以看出，多数易燃液体的引燃能量在0.5mJ左右。由于易燃液体的沸点都很低，很容易挥发出易燃蒸气，且液体表面的蒸气压较大，加之易燃液体着火所需的能量极小，因此，易燃液体都具有高度的易燃性。例如，二硫化碳的闪点为-30℃，最小点火能量为0.015mJ；甲醇的闪点为11.11℃，最小点火能量为0.215mJ。

表 2-3 几种常见易燃液体蒸气在空气中的最小引燃能量

液体名称	最小引燃能量/mJ	液体名称	最小引燃能量/mJ
正戊烷	0.28	醋酸甲酯	0.40
庚烷	0.70	醋酸乙酯	1.42
2-戊烯	0.51	甲醇	0.215
1-庚烯	0.56	丙烯醛	0.137
异辛烷	1.35	乙醛	0.376
环己烯	0.525	丙醛	0.325
丙基氯	1.08	丁酮	0.68
呋喃	0.225	环戊烷	0.54
二异丁烯	0.96	四氢呋喃	0.54
噻吩	0.39	异丙胺	2.0
环己烷	0.22	乙胺	2.4
甲醚	0.33	二硫化碳	0.015
乙醚	0.19	汽油	0.1~0.2

影响易燃液体易燃性的因素很多，且不同的液体又有不同的特点。从烃类液体来看影响其易燃性的内在因素主要有以下两个方面：

1. 相对分子质量

在同一类有机化合物中，一般是相对分子质量越小，闪点越低，燃烧范围越大，其火灾危险性越大；相对分子质量越大，自燃点越低，受热时越容易自燃起火。这是因为相对分子质量小，分子间隔大，易蒸发，沸点、闪点低，易达到爆炸极限范围；物质的相对分子质量大，则分子间隔小，黏度大，蓄热条件好，所以易自燃。

2. 分子结构

对于烃的含氧衍生物而言，醚的火灾危险性最大，醛、酮、酯次之，醇类又次之，羧酸类较低。在芳香族碳氢化合物中，以某种基团（如氯基、羟基、氨基、羧基等）取代了苯环中的氢而形成的各种衍生物，火灾危险性一般是下降的；取代的基团数越多，则火灾危险性越低。但硝基取代物则相反，苯环上硝基越多，其火灾和爆炸危险性越大。可燃性不饱和羧酸的分子结构中具有共键结构，易被空气中氧所氧化，而且分子容易聚合发热，因而具有易燃性。液体分子中不饱和键越多，其火灾危险性越大。在同系物中，异构体比正构体的火灾危险性大，受热自燃危险性则小。

（二）蒸气易爆性

由于易燃液体具有挥发性，所以在存放易燃液体的场所也都存在大量的易燃液体的蒸气，若盛放易燃液体的容器有某种破损或不密封时，挥发出来的易燃蒸气扩散到存放或运载该物品的库房或车厢的整个空间，与空气混合，当浓度达到一定范围，即达到爆炸极限时，遇明火或火花即能引起爆炸。同时这些易燃蒸气可以任意飘散或在低洼处聚积，使易燃液体的危险性更大。

易燃液体的挥发性越强，爆炸的危险就越大。不同液体的蒸发速度因温度、沸点、相对密度、压力的不同而发生变化。

1. 温度

液体的蒸发随着温度（液体温度和空气温度）的升高而加快。即温度越高，蒸发速度越快，反之则越慢。因为液体的温度越高，分子的平均运动速度就越快，能够克服液面的分子引力逸出到空气中去的分子就越多。

2. 暴露面

液体的暴露面越大，蒸发量也就越大。因为暴露面越大，同时从液体里逸出的分子数目也就越多；暴露面越小，逸出的分子也就越少。

3. 相对密度

液体的相对密度越小，蒸发得越快，反之则越慢。在实际工作中，除二硫化碳等少数特殊的液体外，通常是相对密度小的液体首先蒸发，而相对密度较大的液体则蒸发较慢，所需要蒸发的温度也较高。

4. 饱和蒸气压力

液面上的压力越大，蒸发越慢，反之则越快，这是通常的规律。因为液面受压后，在一定程度上阻碍了液体分子飞离液体表面的倾向，因此蒸发就慢。但是当液体处于密闭容器中时，液体能蒸发成饱和蒸气，即液体处于动态平衡时的蒸气。所以对易燃液体来说，饱和蒸气压力越大，表明蒸发速度越快，蒸发到气相空间的蒸气分子数目就越多，故液体饱和蒸气压越大，火灾危险性就越大，对包装的要求就越高。

5. 流速

液体流动的速度越快，蒸发越快，反之则越慢。这是因为液体流动时，分子运动的平均速度增大，部分分子更易克服分子间的相互引力而飞到周围的空气中，液体流动得越快，飞到空气中的分子就越多。

（三）受热膨胀性

易燃液体和其他液体一样，也有受热膨胀性。易燃液体的膨胀系数比较大，储存于密闭容器中的易燃液体受热后，体积膨胀，蒸气压力增加，从而使密封容器中内部压力增大，造成“鼓桶”，若超过容器的耐压强度，就会造成容器膨胀，以致爆破，在容器爆裂时会产生火花而引起燃烧爆炸。因此，盛装易燃液体的容器应留有不少于5%的空隙，夏天应储存在阴凉处并采取降温措施加以保护。

（四）流动性

易燃液体流动性的强弱取决于其自身的黏度，黏度越小，其流动性越强；反之就越弱。温度升高，黏度减小，流动性增强。易燃液体的黏度一般都很小，不仅本身极易流动，还因渗透、浸润及毛细现象等作用，即使容器只有极细微裂纹，易燃液体也会渗出容器壁外，扩大面积，并源源不断地挥发，使空气中的易燃液体蒸气浓度增高，从而增加了燃烧爆炸的危险性。易燃液体泄漏后，因其流动性会很快向四周扩散，表面积扩大，挥发速度加快，空气中的易燃液体蒸气浓度提高，导致其火灾危险性增大。火场上储罐（容器）的破裂会造成易燃液体的四处流散，火势蔓延，给施救工作带来一定困难。所以，为了防止液体泄漏、流散，在储存工作中应备置事故槽（罐），构筑安全堤、设置水封井等。

（五）静电性

多数易燃液体都是电介质，在灌注、输送、流动过程中能够产生静电，静电积聚到一定程度时就会放电，引起着火或爆炸。一般来说，介电常数小于10（特别是小于3）、电阻率大于$10^6\ \Omega\cdot cm$的易燃液体都有较大的带电能力。醚、酯、芳烃、二硫化碳、石油及石油产品等易燃液体的介电常数均小于10，电阻率又都大于$10^6\Omega\cdot cm$，所以带电能力较强。而醇、醛、羧酸等易燃液体的介电常数一般都大于10，电阻率一般也都低于$10^6\Omega\cdot cm$，它们的带电能力较弱。

当液体在管道内流动时，液体产生静电的多少，还与输送管道的材质和流速有关。管道内表面越光滑，产生的静电荷越少；管道内壁越粗糙，流经的弯头、阀门越多，产生的静电就越多；一般情况下，橡胶、水泥、塑料等非金属管道产生的静电荷比金属管道多。液体的流速越快，产生的静电荷越多。

当向车、船灌装油品时，油品与空气摩擦、在容器中的旋涡状运动和飞溅都会产生静电，当灌装至容器高度的1/2~3/4时产生的静电电压最高；油泵等机械的传动带与飞轮的摩擦也会产生静电。油品产生静电的大小还与介质空气的湿度和容器、导管中的压力有关，空气湿度越大，积聚电荷程度越小，压力越大，产生静电荷越多。

当静电荷积聚到一定程度，就会放电发火，引起火灾或爆炸。据测试，积聚电荷大于4 V时，放电火花就足以引燃汽油蒸气。因此，易燃液体在装卸、储运过程中，一定要防止静电积聚。在实际的消防安全检查中，为降低易燃液体的火灾危险性，可以检查是否采取了消除静电危害的防范措施，如是否采用材质好且光滑的运输管道，设备、管道是否可靠接地，对流速是否加以限制等。

（六）毒害性、麻醉性与腐蚀性

易燃液体大多具有毒害性，有些还具有麻醉性和腐蚀性。毒性的大小与其化学结构、蒸发快慢有关。不饱和碳氢化合物、芳香族碳氢化合物和易蒸发的石油产品比饱和的碳氢化合物、不易挥发的石油产品的毒性大。易燃液体对人体的毒害性主要表现在蒸发气体上，中毒程度与蒸气浓度、作用时间的长短有关。一些常见易燃液体的毒害性、麻醉性与腐蚀性见表2-4。

表 2-4 常见易燃液体的毒害性、麻醉性与腐蚀性

序号	易燃液体的种类	毒害性
1	醚类	具有麻醉性,大量吸入能使人晕迷
2	醛和酮类	具有较强的毒性和一定的刺激性
3	醇、醚	具有一定的麻醉性。甲醇为神经毒物,有明显的麻醉作用,特别对视神经、视网膜有特殊选择作用,反复接触中等浓度甲醇可致暂时或永久性视力障碍和失明
4	酯类	具有刺激性和毒性(如甲酸乙酯),有些没有刺激性和毒性(如醋酸戊酯)
5	腈类	具有剧毒性
6	胺类、肼类	具有刺激性和毒性
7	烃的含硫和含氯化合物	具有毒性和腐蚀性
8	芳烃及其衍生物	具有一定的毒性
9	杂环化合物和重氮类	具有刺激性和毒性

（七）忌氧化性物质和酸

易燃液体与氧化性物质或有氧化性的酸类（特别是硝酸）接触，能发生剧烈反应而引起燃烧爆炸。这是因为易燃液体都是有机化合物，能与氧化性物质发生氧化反应并产生大量的热，使温度升高到燃点引起燃烧爆炸。例如，乙醇与高锰酸钾接触会发生燃烧，与氧化性酸——硝酸接触也会发生燃烧，松节油遇硝酸立即燃烧。因此，易燃液体不得与氧化性物质或有氧化性的酸类接触。

（八）液体喷雾危险与喷雾爆炸

易燃液体在化工生产或运输中，因容器或管道破裂造成的抛洒，尾气带料，紧急排空，闪蒸或蒸气骤冷时，均可能形成云雾，即微小液滴与蒸气悬浮于空气中，形成气-液两相可燃爆体系。研究表明，以雾滴形式存在的易燃液体在温度远低于其闪点的温度下，也可以像其蒸气-空气混合物一样传播火焰，发生燃烧爆炸。

另外，有些易燃液体，如石油产品等，还具有沸溢喷溅性，即具有宽沸点范围的重质油品，由于其黏度大，油品中含有乳化或悬浮状态的水或者在油层下有水层，发生火灾后，在辐射热的作用下产生高温层作用，导致油品发生沸溢或喷溅。

三、泄漏着火应急措施

（一）泄漏处置

迅速撤离泄漏污染区人员至安全区，并进行隔离，严格限制出入，切断火源。建议应急处理人员戴自给正压式呼吸器，穿防静电工作服，从上风处进入现场。尽可能切断泄漏源，对具有毒害性的易燃液体应防止流入下水道、排洪沟等限制性空间。发生少量泄漏时，用砂

土、蛭石或其他不燃材料吸附或吸收，也可以用大量水冲洗，洗水稀释后排入废水系统。发生大量泄漏时，构筑围堤或挖坑收容；喷雾状水冷却和稀释蒸气、保护现场人员，把泄漏物稀释成不燃物；用防爆泵转移至槽车或专用收集器内，回收或运至废物处理场所处置。

（二）着火处置

首先应切断火势蔓延的途径，冷却和疏散受火势威胁的压力及密闭容器和可燃物，控制燃烧范围，并积极抢救受伤和被困人员。如有液体流淌时，应筑堤（或用围油栏）拦截飘散流淌的易燃液体或挖沟导流。

灭火时要根据易燃液体密度的大小、能否溶于水和灭火剂来确定。一般来说，对于石油、汽油、煤油、柴油、苯、乙醚、石油醚等比水轻且又不溶于水或微溶于水的烃基化合物的液体火灾，可用泡沫、干粉和卤代烷等灭火剂扑救；当火势初燃，面积不大或可燃物又不多时，也可以用二氧化碳扑救。对于重质油品，有蒸气源的还可选择蒸气扑救。对于能溶于水或部分溶于水的甲醇、乙醇等醇类，乙酸乙酯、乙酸戊酯等酯类，丙酮、丁酮等酮类着火时，可用雾状水或抗溶性泡沫、干粉等灭火剂进行施救。对于二硫化碳等不溶于水，且密度大于水的易燃液体着火时可用水扑救，因为水能覆盖在这些易燃液体的表面上使之与空气隔绝，但水层必须要有一定的厚度。

易燃液体大多具有麻醉性和毒害性，灭火时应站在上风侧，利用现场的掩护，穿戴必要的防护用具，采用正确的灭火方法和战术。救火中如果有头晕、恶心、发冷等症状，应立即离开现场，安静休息，严重者速送往医院诊治。

扑救原油和重油等具有沸溢和喷溅危险的液体火灾时，如有条件，应采用放水、搅拌等防止发生沸溢和喷溅的措施，在灭火同时必须注意计算可能发生沸溢、喷溅的时间，观察是否有沸溢、喷溅的征兆。指挥员发现危险征兆时应迅速作出准确判断，及时下达撤退命令，避免造成人员伤亡和装备损失。扑救人员看到或听到统一撤退信号后，应立即撤至安全地带。

对贮罐火灾要启动固定水喷淋系统，要及时对燃烧罐和邻近罐进行冷却，防止受热发生爆炸事故。同时要集中力量灭火，对不同的易燃液体，正确地选用灭火剂，一般用干粉、泡沫，而且扑灭火焰后还应持续喷射一段时间，防止复燃。要注意优先扑灭液体溢流燃烧，消除危险，再扑救贮罐燃烧。因为易燃液体容器爆炸或罐体发生泄漏时，溢流液体在防护池内燃烧，会直接威胁罐体安全和灭火行动。

对泄漏火灾而言，首先要及时堵漏。泄漏易燃液体燃烧，应及时采取措施，减少和制止易燃液体泄漏。其次要注意控制扩散，采用围堤拦堵、挖沟导流、河面上用浮漂拦截等方法，实施时应设多道防线，留有一定的提前量，力争一次成功。再次要迅速灭火，易燃液体在流动中燃烧，扑救很困难，可以用大量干粉灭火器，集中喷射灭火，也可用大量泡沫灭火，要防止复燃。同时还要注意防止爆燃伤人。与气体堵漏不同的是，液体一次堵漏失败，可连续堵几次，只要用泡沫覆盖地面，并堵住液体流淌和控制好周围着火源，不必点燃泄漏口的液体。

四、几种典型的易燃液体

1. 汽油（UN 1203）

化学式：$C_5H_{12} \sim C_{12}H_{26}$

理化性质：无色或淡黄色易挥发液体，具有特殊的气味；不溶于水，易溶于苯、二硫化碳、醇等；相对密度为0.7~0.79（水=1）、3.5（空气=1），沸点为40~200℃，闪点为-50~-30℃，爆炸极限为1.3%~6%。根据用途分为航空汽油、车用汽油、溶剂汽油三类。汽油可作为汽油发动机的燃料，也用于橡胶、油漆、制革、制鞋、印刷、颜料及机械零部件的清洗去污等。

危险特性：易燃，其蒸气与空气可形成爆炸性混合物；遇明火、高热极易燃烧爆炸；与氧化性强的物质能发生强烈反应，有引起燃烧的危险；吸入大量的蒸气时，会引起严重的中枢神经障碍；其蒸气比空气重，能沿低处扩散到相当远处，遇明火会引起回燃。

灭火剂：泡沫、干粉、二氧化碳；用水灭火无效。

2. 乙醇（UN 1170）

化学式：CH_3CH_2OH

理化性质：无色液体，具有芳香味；能与水、醚、氯仿和甘油以任何比例相溶；相对密度为0.79（水=1），凝固点-114.5℃，沸点78.4℃，闪点12℃，燃点423℃，爆炸极限3.3%~19%。乙醇可用于制酒工业、有机合成、消毒、溶剂。

危险特性：乙醇易挥发，易燃烧，燃烧时发出蓝色火焰；其蒸气与空气混合成爆炸性气体；遇到高热、明火能燃烧或爆炸，与氧化性物质铬酸、次氯酸钙、过氧化氢、硝酸、硝酸银、过氯酸盐等反应剧烈，有发生燃烧爆炸的危险；乙醇蒸气对眼和呼吸道黏膜有轻微的刺激作用；皮肤长期接触可出现干燥、皲裂现象；吸入高浓度蒸气可出现酒醉感，即头昏、乏力、兴奋等。

灭火剂：抗溶性泡沫、二氧化碳、干粉。火场中的贮罐可用水喷射冷却。

3. 甲苯（UN 1294）

分子式：$C_6H_5CH_3$

理化性质：无色液体，能与醚相混合，不溶于水；相对密度0.87（水=1）、3.14（空气=1），沸点110.6℃，闪点4℃，自燃点535℃，爆炸极限1.2%~7%。甲苯是用于生产甲苯衍生物、炸药、染料中间体、药物的原料，也用于汽油的掺和组分。

危险特性：易燃，其蒸气与空气可形成爆炸性混合物；遇明火、高热极易燃烧爆炸；与氧化性物质能发生强烈反应；流速过快时，容易产生和积聚静电；其蒸气比空气重，能在较低处扩散到相当远的地方，遇明火会引着回燃；对皮肤、黏膜有轻度的刺激作用，对中枢神经系统有麻醉作用；有低毒，车间空气中最高容许浓度为100mg/m^3。

灭火剂：泡沫、干粉、二氧化碳、砂土；用水灭火无效。

第四节　易燃固体、易于自燃的物质、遇水放出易燃气体的物质

一、易燃固体、易于自燃的物质、遇水放出易燃气体的物质的定义

（一）易燃固体、自反应物质和固态退敏爆炸品

《危险货物分类和品名编号》（GB 6944—2012）第4.1项中的易燃固体是指易于燃烧的固体和摩擦可能起火的固体，如红磷、硫黄、松香、樟脑、煤、木材、石蜡等都属于易燃固体；自反应物质是指即使没有氧气（空气）存在，也容易发生激烈放热分解反应的热不稳

定物质，主要是一些含氮氮单键或双键的有机化合物或重氮盐；固态退敏爆炸品是指为抑制爆炸性物质的爆炸性能，用水或酒精湿润爆炸性物质或用其他物质稀释爆炸性物质后，而形成的均匀固态混合物。

易于燃烧的固体若符合下列条件，则划入Ⅱ类包装：火焰在试验样品堆垛上蔓延100mm的时间小于45s（即燃烧速率大于2.2mm/s），并且火焰通过润湿段的时间小于4min的易燃固体；能够被点燃并且火焰蔓延到试验样品堆垛全部长度的时间不大于5min的金属或金属合金粉末。主要包括红磷及含磷化合物，硝基化合物和其他易燃固体。易于燃烧的固体若符合下列条件，则划入Ⅲ类包装：火焰在试验样品堆垛上蔓延100mm的时间小于45s（即燃烧速率大于2.2mm/s），并且火焰通过润湿段的时间不小于4min的易燃固体；能够被点燃并且火焰蔓延到试验样品堆垛全部长度的时间大于5min但小于10min的金属或金属合金粉末。

自反应物质应划入Ⅱ类包装，其具体包装要求可参见《危险化学品自反应物质包装规范》（GB 27834—2011）；固态退敏爆炸品应划入Ⅰ类或Ⅱ类包装。

（二）易于自燃的物质

《危险货物分类和品名编号》（GB 6944—2012）第4.2项易于自燃的物质包括发火物质和自热物质两种。发火物质是指即使只有少量与空气接触，不到5min时间便燃烧的物质，包括混合物和溶液（液体和固体）；自热物质是指发火物质以外的与空气接触便能自己发热的物质。

所有发火固体和发火液体应划入Ⅰ类包装。根据《试验和标准手册》的试验方法进行试验时，用25mm试样立方体在140℃条件下取得肯定结果的自热物质，应划入Ⅱ类包装。如取得否定结果，则应采用100mm试样立方体继续在该温度条件下试验，若取得肯定结果，则符合以下条件者划入Ⅲ类包装：盛装该物质的包件体积大于$3m^3$；采用100mm试样立方体在120℃条件下取得肯定结果，且盛装该物质的包件体积大于$0.45m^3$；采用100mm试样立方体在100℃条件下取得肯定结果。

（三）遇水放出易燃气体的物质

《危险货物分类和品名编号》（GB 6944—2012）第4.3项遇水放出易燃气体的物质是指遇水放出易燃气体，且该气体与空气混合能形成爆炸性混合物的物质。

遇水放出易燃气体的物质若遇水反应产生的气体显示出自燃倾向，或遇水反应释放易燃气体的最大速率不小于$0.010m^3/(kg \cdot min)$，则划入Ⅰ类包装。遇水放出易燃气体的物质若遇水反应释放易燃气体的最大速率不小于$0.020m^3/(kg \cdot h)$，并且不符合Ⅰ类包装的标准，应划入Ⅱ类包装。遇水放出易燃气体的物质若遇水反应释放易燃气体的最大速率不小于$0.001m^3/(kg \cdot h)$，并且不符合Ⅰ类和Ⅱ类包装的标准，应划入Ⅲ类包装。

二、危险特性

（一）易燃固体、自反应物质和固态退敏爆炸品

1. 易燃性

易燃固体的燃点和自燃点都比较低，一般都在300℃以下。易燃固体在遇火、受热，或受摩擦、撞击等外力作用时常常会引发剧烈连续的燃烧。如镁粉、铝粉只要有20mJ的点火能量即可点燃；硫黄、生松香则只需15mJ的点火能量即可点燃。有些易燃固体受到摩擦、

撞击等外力作用时也能引发燃烧。

2. 遇酸、氧化性物质易燃易爆性

绝大多数易燃固体与酸、氧化性物质相接触，尤其是与氧化性强的物质接触，能够立即引起燃烧或爆炸。如发孔剂 H 与酸性物质接触能立即起火；萘与发烟硫酸接触反应剧烈甚至引起爆炸；红磷与氯酸钾、硫黄与过氧化钠或氯酸钾相遇，稍经摩擦或撞击，都会立即引起燃烧或爆炸。

3. 自反应性

脂肪族偶氮化合物、芳香族硫代酰肼化合物、亚硝基类化合物和重氮盐类化合物等物质都是即使没有氧（空气）存在也容易发生激烈放热分解的热不稳定物质，具有自反应性。自反应物质的分解可因加热、与催化性的杂质（酸、碱或重金属化合物）接触、摩擦或碰撞而发生。

4. 毒害性

很多易燃固体自身具有毒害性，或燃烧后能产生有毒的物质。如硫黄、三硫化四磷等，不仅其粉尘被吸入后能引起中毒，而且与皮肤接触（特别是在夏季有汗的情况下）也能引起中毒。又如硝基化合物、硝化棉及其制品、重氮氨基苯等易燃固体，由于自身含有硝基、亚硝基、重氮基等不稳定的基团，在快速燃烧的条件下可能转为爆炸，产生大量的一氧化氮、氧化氮、氢氰酸等有毒气体。

5. 兼有遇湿易燃性

硫的磷化物不仅具有遇火受热的易燃性，还具有遇湿易燃性。如五硫化二磷、三硫化四磷等遇水能产生具有腐蚀性和毒性的可燃气体硫化氢。

6. 自燃危险性

易燃固体中的赛璐珞、硝化棉及其制品等在积热不散的条件下，都容易自燃起火，硝化棉在 40℃ 的条件下就会分解。因此，这些易燃固体在储存和远航水上运输时，一定要注意通风、降温、除湿，堆垛不可过大、过高，加强养护管理，防止自燃造成火灾。

7. 阴燃性

对于棉、麻、化学纤维等易燃固体，还具有阴燃危险性。对于已经打包的棉花等，在运输途中，或堆垛储存过程中，遇到火星后，有可能因为供氧不足，燃烧不会很快蔓延，而是在局部缓慢进行，这种燃烧往往不见烟、火，处于阴燃状态，可持续数天，甚至几十天的时间，不易被发觉。阴燃的棉花，由于氧气不足，燃烧产生一氧化碳，当突然遇到空气对流时，不但会使阴燃的棉花很快变成完全燃烧，而且可能引起一氧化碳与空气混合物的爆燃。同时棉纤维含有一定的蜡质，扑救时水难渗入，所以棉花堆垛起火时，表面火焰扑灭后，内部仍然有阴燃的危险。

影响易燃固体火灾危险性的参数主要包括熔点、燃点、自燃点、燃烧速度等。其中，熔点低的固体物质容易蒸发或气化，燃点较低，燃烧速度较快，火灾危险性较大；燃点和自燃点越低，燃烧速度越快，其火灾危险性越大。另外，单位体积的比表面积、热分解温度和含水率也会影响易燃固体的危险性。

（1）比表面积　同样的固体物质，比表面积越大，其火灾危险性越大。这是因为固体物质的燃烧，首先是从物质的表面上开始的，然后逐渐深入。因此，物质的比表面积越大，与空气中氧气的接触面积越大，氧化作用就越容易发生，燃烧速度就越快。所以粉状物比块状物易燃，松散物比堆捆物易燃。如松木片的燃点是238℃，松木粉的燃点是196℃。

（2）热分解温度　硝化纤维及其制品、硝基化合物、某些合成树脂等由多种元素组成的固体物质，其火灾危险性还受热分解温度的影响。热分解温度越低，燃烧速度越快，危险性就越大。表2-5列出了几种易燃固体的热分解温度与燃点之间的关系。

（3）含水率　含水率也会影响易燃固体的燃烧性能。如硝化棉含水率在35%（质量）以下时，性质比较稳定，若含水率在20%时就有着火危险，稍经摩擦、撞击或遇其他火种作用都易引起着火。又如干的或未浸湿的二硝基苯酚，有很大的爆炸危险性，但其含水率达到15%以上时，就主要表现为着火而不易发生爆炸，若其完全溶解在水中，则其燃烧性能大大降低，其危险主要表现为毒害性。

表2-5　几种易燃固体的热分解温度与燃点之间的关系

固体名称	热分解温度/℃	燃点/℃	固体名称	热分解温度/℃	燃点/℃
硝化棉	40	180	棉	120	210
赛璐珞	90～100	150～180	蚕丝	235	250～300

（二）易于自燃的物质

1. 遇空气自燃性

发火物质具有极强的还原性，接触空气后能更迅速与空气中的氧化合，产生大量的热，达到其自燃点而着火。接触氧化性物质反应更加强烈，甚至发生爆炸。如黄磷遇空气即自燃起火，生成有毒的五氧化二磷，需要隔绝空气存放。

2. 遇湿易燃易爆性

硼、锌、锑、铝粉的烷基化合物类易于自燃的物质，化学性质非常活泼，具有极强的还原性，除在空气中能自燃外，遇水或受潮还能分解而自燃或爆炸。例如，三乙基铝在空气中能氧化而自燃，遇水发生爆炸，这是因为三乙基铝与水作用生成氢氧化铝和乙烷，同时放出大量的热，从而导致乙烷爆炸。这类易于自燃的物质还有二乙基锌、三乙基锑、三乙基硼、三甲基铝、三甲基硼、三丁基硼和三异丁基铝等。

3. 积热自燃性

硝化纤维胶片、废影片、X光片等含有硝酸根的物品，化学性质很不稳定，在常温下就能缓慢分解。当堆积在一起或仓室通风不良时，分解反应产生的热量无法散失，放出的热量越积越多，便会自动升温，达到其自燃点而自燃，火焰温度可达1200℃。另外，阳光和水分会加速其氧化，分解出的一氧化氮在空气中氧化成二氧化氮，而二氧化氮与潮湿空气中的水蒸气化合生成硝酸及亚硝酸，二者会进一步加速硝化纤维及其制品的分解。此类物品在空气充足的条件下燃烧速度极快，且在燃烧过程中产生有毒和刺激性的气体。灭火时可用大量水，要注意防止复燃，火焰扑灭后应立即掩埋。

油纸、油布等经桐油浸涂处理后的制品，在积热不散的条件下，也容易发生自燃。桐油的主要成分为桐油酸甘油酯，其分子含有三个双键，化学性质很不稳定，具有在空气中迅速氧化放热的性质。通常由于氧化表面积小，产生的热量少，可随时散发，不会自燃。但是桐油浸涂到纸或布上，桐油与空气中氧的接触面积增大，氧化时产生的热量相应增多，当油纸和油布处于卷紧和堆放的条件下，就会因积热不散升温至自燃点而起火。

易于自燃的物质发生自燃，除了本身的自燃特性外，外界条件也能起促进其自燃的作用。

（1）温度　温度升高能加速化学反应，使缓慢的氧化反应加快，促使物品自燃。

（2）湿度　湿度对物品的自燃也有较大的影响，因为水分能促进生物过程的作用和积热作用，加速自燃性物质的氧化过程而自燃。如硝化纤维胶片，在潮湿空气中会分解放热，促进自燃的发生。

（3）含油量　如果涂油制品的含油量小于3%，氧化过程放出的热量较少，一般不会发生自燃。

（4）杂质　某些杂质的存在会使自燃的因素加大，如氧化性物质、强酸、金属粉末等对易于自燃的物质的化学反应和氧化反应起促进作用。

（5）其他因素　除上述因素外，易于自燃的物质的包装、堆放形式等对其自燃性也有影响。如包装严密、堆积紧密，则会因积热不散、通风不良而引起自燃。

（三）遇水放出易燃气体的物质

1. 遇水易燃易爆性

与水相互作用能放出危险数量的易燃气体是遇水放出易燃气体物质共同的危险性。

有些物质遇水后发生剧烈的化学反应使水分解，夺取水中的氧与之化合，放出可燃气体和热量。当可燃气体在空气中达到爆炸极限时，或接触明火，或反应放热达到引燃温度就会着火或爆炸，如金属钠、氢化钠、二硼氢等。有些物质遇水反应较为缓慢，释放的可燃气体和热量较少，可燃气体接触明火才可能引起燃烧，如氢化铝、硼氢化钠等。由于锂、钠、钾、铷、铯和钠钾合金等金属不与煤油、汽油、石蜡等作用，可将这些金属浸没于矿物油或液状石蜡等不吸收水分的物质中严密储存。有些遇水放出易燃气体的物质如电石等，与水作用生成的可燃气体能与空气形成爆炸性混合物，或盛装遇水放出易燃气体物质的容器由于气胀或装卸、搬运的振动撞击，以及受其他外界因素的影响，有发生爆炸的危险。因此，装卸作业时不得翻滚、撞击、摩擦、倾倒等，必须轻装轻卸，如发现容器有鼓包等可疑现象，应及时妥当处理。

2. 遇氧化性物质和酸燃烧爆炸性

遇水放出易燃气体的物质除遇水能反应外，与氧化性物质和酸也能发生反应，而且更为剧烈，危险性更大。一些遇水反应较为缓慢的物品，遇到酸、氧化性物质也能发生剧烈反应。这是因为此类物质都是还原性很强的物质，而氧化性物质和酸类物品具有较强的氧化性，因此它们相遇后反应剧烈，如金属钠、氢化钡等与硫酸反应生成氢气，碳化钙与硫酸反应生成乙炔。

3. 毒害性和腐蚀性

遇水放出易燃气体的物质本身有很多具有毒害性，如钠汞齐、钾汞齐等，硼和氢的金属化合物类毒性比氰化氢和光气的毒性还大。还有一些遇水放出易燃气体的物质，与水反应放出的气体是易燃有毒的，如磷化氢、四氢化硅等。尤其是金属的磷化物、硫化物遇水反应，可放出有毒的可燃气体，并伴有一定的热量。

碱金属及其氢化物类、碳化物类与水作用生成强碱，具有很强的腐蚀性。

影响遇水放出易燃气体的物质危险特性的因素主要包括：

（1）化学组成　物质本身的化学组成不同，与水反应的强烈程度也不相同，反应产生的可燃气体的危险性也不同。如钠与水作用释放氢气，电石与水作用释放乙炔，碳化铝与水反应放出甲烷，磷化钙与水反应放出磷化氢。

(2) 金属的活泼性　金属与水的反应能力主要取决于金属的活泼性，金属越活泼，遇水反应越剧烈。

三、着火应急措施

(一) 易燃固体、自反应物质、固态退敏爆炸品

易燃固体着火，绝大多数可以用水扑救，尤其是固态退敏爆炸品和通过摩擦可能起火的固体以及丙类易燃固体等均可用水扑救，泡沫灭火器、二氧化碳灭火器、干粉灭火器也可用来应急。

脂肪族偶氮化合物、芳香族硫代酰肼化合物、亚硝基类化合物和重氮盐类化合物等自反应物质着火时，不可用窒息法灭火，最好用大量的水冷却灭火。镁粉、铝粉、钛粉、锆粉等金属元素粉末类火灾，不可用水施救，也不可用二氧化碳等施救。因为这类物质着火时，可产生相当高的温度，高温可使水分子或二氧化碳分子分解，从而引起爆炸或使燃烧更加猛烈。如金属镁燃烧时可产生2500℃的高温，将烧着的镁条放在二氧化碳气体中，燃烧的高温会将二氧化碳分解成氧气和碳，镁与氧反应生成氧化镁。由于三硫化四磷、五硫化二磷等硫的磷化物遇水或潮湿空气可分解产生易燃有毒的硫化氢气体，也不可用水施救。

另外2,4-二硝基苯甲醚、二硝基萘、萘等是能升华的易燃固体，受热放出易燃蒸气。火灾时可用雾状水、泡沫扑救，并切断火势蔓延途径，但应注意，不能以为明火扑灭即已完成灭火工作，因为受热升华的易燃蒸气能在不知不觉中飘逸，在上层与空气能形成爆炸性混合物，尤其是在室内，易发生爆燃。因此，在扑救过程中应不时向燃烧区域上空及周围喷射雾状水，并用水浇灭燃烧区域及其周围的一切火源。

易燃固体多数怕猛烈的冲击、碰撞或摩擦，在灭火的时候，避免用强水流直冲易燃固体，防止发生爆炸。扑救金属粉末火灾的时候，更要避免冲击，防止造成粉尘飞扬，发生粉尘爆炸。并且要做好防护，避免中毒。

(二) 易于自燃的物质

大部分易于自燃的物质可以用水扑救，例如，潮湿的棉花、油纸、油绸、油布、赛璐珞碎屑等具有积热自燃性危险的物质。但有些易于自燃的物质扑救方法比较特殊，如黄磷、烷基镁、烷基铝、烷基铝氢化物以及其他部分金属的烷基化合物等。黄磷的自燃点很低，在空气中能很快氧化升温并自燃，遇黄磷火灾时，首先应切断火势蔓延途径，控制燃烧范围。对着火的黄磷应用低压水或雾状水扑救，高压直流水冲击能引起黄磷飞溅，导致灾害扩大。黄磷熔融液体流淌时应用泥土、砂袋等筑堤拦截并用雾状水冷却，对磷块和冷却后已固化的黄磷，应用钳子钳入储水容器中。来不及钳时可先用砂土掩盖，但应做好标记，等火势扑灭后，再逐步集中到储水容器中。对于金属烷基化合物，如烷基铝、烷基镁等具有遇湿易燃易爆性质的物质着火时，不可用二氧化碳、水或含水的任何物质施救（如空气泡沫、氟蛋白泡沫等）。

(三) 遇水放出易燃气体的物质

此类物品着火时除绝对不可用水和含水的灭火剂施救外，二氧化碳、氮气、卤代烷等不含水的灭火剂也是不可使用的。因为遇水放出易燃气体的物质大都是碱金属、碱土金属以及这些金属的化合物，它们不仅遇水易燃，而且在燃烧时可产生相当高的温度，在高温下这些

物质大部分可与二氧化碳、卤代烷反应，故不能用其扑救该项物质的火灾。如四氯化碳与燃烧着的钠接触，会立即生成一团碳雾，使燃烧更加猛烈。氮气不燃、无毒、不含水，用来扑救遇水放出易燃气体的物质引起的火灾应该说是可以的，但是因为氮能与金属锂直接化合生成氮化锂，氮与金属钙在500℃时可生成氮化钙。所以，遇水放出易燃气体的物质着火不可使用水、泡沫（各种泡沫灭火剂）、二氧化碳、卤代烷和氮气等灭火剂施救。从目前研究成果看，扑救此类物质火灾最好的灭火剂是偏硼酸三甲酯（7150），用干砂、黄土、干粉、石粉等均可。对金属钾、钠火灾，用干燥的食盐、碱面、石墨、铁粉等效果也很好，但必须有选择地使用，因为金属锂着火时，如用含有二氧化硅的干砂扑救，其燃烧产物能与二氧化硅起反应；若用碳酸钠或食盐扑救，其燃烧的高温能使碳酸钠和氯化钠分解，放出比锂更危险的钠。所以，金属锂着火，不可用砂、碳酸钠干粉和食盐扑救。另外，由于金属铯能与石墨反应生成铯碳化物，故也不可用石墨扑救。

金属粉末起火不可用压力灭火剂，防止吹散造成粉尘飞扬，达到爆炸极限，发生粉尘爆炸；应搬离或隔离周围的易燃易爆物品，使火势不至于蔓延，对已经引燃的相邻的易燃可燃物品火灾，要首先扑救。有的遇水放出易燃气体的物质燃烧会产生有毒的气体和烟雾，如金属的磷化物，遇水会产生磷化氢，这种有大蒜味的气体有剧毒，当在空气中的浓度达到$10mg/m^3$时，吸入即中毒。金属钠遇水除释放氢气外，还会生成腐蚀性很强的氢氧化钠。因此扑救此类火灾时，应特别注意防毒、防腐蚀，必要时应佩戴相应的防护用品，确保人身安全，同时，要及时打开门窗，排除有毒的气体和烟雾。

扑救遇水放出易燃气体物质的火灾后，对火灾现场的清理工作也很重要，应认真细致，不留任何危险隐患。对于活泼金属应及时收集存放于煤油、矿物油、液状石蜡容器中浸泡，已经燃烧完的残渣应倾倒在远离现场的安全的空旷地带，妥善处理，可向残渣浇水，若有反应则让其燃尽，如无反应则应深埋。对金属粉末，应轻轻收集，避免粉尘飞扬。最后可用强水流对物质泄漏或燃烧处进行冲洗，这样一是可以使未被彻底清理的残留物质遇水反应，去除隐患；二是可以清除物质泄漏或燃烧对环境造成的污染，洗水如无危险可排入废水系统。

四、几种典型的易燃固体、易于自燃的物质、遇水放出易燃气体的物质

1. 红磷（易燃固体）（UN 1338）

化学式：P_4

理化性质：紫红色无定形粉末，无臭，具有金属光泽，暗处不发光；不溶于水、二硫化碳，微溶于无水乙醇，溶于碱液；相对密度2.2（水=1），自燃点260℃。制品不纯时可能含有少量黄磷，可致黄磷中毒；经常吸入红磷尘，可引起慢性磷中毒。红磷多用于制造火柴、农药及有机合成。

危险特性：遇明火、高热、摩擦、撞击有引起燃烧的危险；与溴混合能发生燃烧；与大多数氧化性物质如氯酸盐、硝酸盐、高氯酸盐或高锰酸盐等能组成爆炸性能十分敏感的化合物；燃烧时放出有毒的刺激性烟雾。

灭火剂：冒烟及初起火苗时，可用干燥砂土、干粉、石粉扑救；大火用水扑救，但应注意水的流向。待火熄灭后，须用湿砂土覆盖，以防复燃；清理时须注意防范，以免灼伤。

2. 黄磷（易于自燃的物质）（UN 1381）

化学式：P_4

理化性质：无色蜡样结晶体，有大蒜样臭味，受光和空气氧化后表面变为淡黄色；相对密度 1.82（水 =1）；熔点 44.1℃，沸点 280℃，自燃点 30℃；不溶于水，微溶于苯、氯仿，易溶于脂肪及二硫化碳等有机溶剂。

危险特性：剧毒，大鼠经口半数致死量 LD_{50} 为 3.03mg/kg，车间空气中最高容许浓度为 0.03mg/m^3。室温下，在空气中能自燃，易氧化成三氧化二磷及五氧化二磷，故常在水中保存。黄磷蒸气遇湿空气可氧化为次磷酸和磷酸。在黑暗中可见淡绿色荧光。受撞击、摩擦或与氯酸钾等氧化性物质接触能立即燃烧甚至爆炸。

灭火剂：雾状水、砂土。

3. 连二亚硫酸钠（易于自燃的物质）（UN 1384）

别名：保险粉、低亚硫酸钠

化学式：$Na_2S_2O_4 \cdot 2H_2O$

理化性质：白色砂状结晶或淡黄色粉末；能溶于水，在热水中分解，不溶于乙醇；其水溶液性质不安定，有极强的还原性，暴露于空气中易吸收氧气而氧化，同时也易吸收潮气而发热变质。连二亚硫酸钠可作为印染工业的还原剂，丝毛漂白，也可用于医药、选矿、硫脲及硫化物的合成。

危险特性：250℃时能自燃，有极强的还原性，加热或接触明火能燃烧，暴露在空气中会被氧化而变质；遇水、酸类或与有机物、氧化性物质接触，都可放出大量热而引起剧烈燃烧，并放出有毒和易燃的二氧化硫。

灭火剂：干粉、二氧化碳、砂土；禁止用水。

4. 碳化钙（遇水放出易燃气体的物质）（UN 1402）

别名：电石

化学式：CaC_2

理化性质：无色晶体，工业品为灰黑色块状物，其结晶断面为紫色或灰色；相对密度为 2.22（水 =1）；暴露于空气中极易吸潮而失去光泽变为灰色，放出乙炔气而变质失效。电石可用于产生乙炔气，也可用于有机合成、氧炔焊接等。

危险特性：干燥时不燃，遇水作用而分解出乙炔气，因本品往往含有磷、硫等杂质，与水作用也会放出磷化氢和硫化氢，容易引起自燃爆炸。乙炔气与银、铜等金属接触能生成爆炸性物质。乙炔气与氟、氯等气体和酸类接触发生剧烈反应，能引起燃烧爆炸。

灭火剂：干粉、石粉、干黄砂；严禁用水和泡沫。

第五节　氧化性物质和有机过氧化物

一、氧化性物质和有机过氧化物的定义、分项和分级

（一）氧化性物质

第 5.1 项为氧化性物质，是指本身未必燃烧，但通常因放出氧气可能引起或促使其他物质燃烧的物质。根据状态的不同，氧化性物质有固体氧化性物质和液体氧化性物质之分。

固体氧化性物质分为三级。Ⅰ级固体氧化性物质：以试验样品对纤维素的质量比为 4:1 和 1:1 进行试验时，其平均燃烧时间小于溴酸钾和纤维素质量比为 3:2 的混合物的平均燃烧

时间。Ⅱ级固体氧化性物质：以试验样品对纤维素的质量比为4:1 和1:1 进行试验时，其平均燃烧时间小于或等于溴酸钾和纤维素质量比为2:3 的混合物的平均燃烧时间，并且不满足Ⅰ级固体氧化性物质的条件。Ⅲ级固体氧化性物质：以试验样品对纤维素的质量比为4:1 和1:1 进行试验时，其平均燃烧时间小于或等于溴酸钾和纤维素质量比为3:7 的混合物的平均燃烧时间，并且不满足Ⅰ级和Ⅱ级固体氧化性物质的条件。

液体氧化性物质分为三级。Ⅰ级液体氧化性物质：以试验样品对纤维素的质量比为1:1 进行试验时，发生自燃，或其平均压力上升时间小于50% 高氯酸水溶液和纤维素质量比为1:1的混合物的平均压力上升时间。Ⅱ级液体氧化性物质：以试验样品对纤维素的质量比为1:1 进行试验时，其平均压力上升时间小于或等于40% 氯酸钠水溶液和纤维素质量比为1:1 的混合物的平均压力上升时间，并且不满足Ⅰ级液体氧化性物质的条件。Ⅲ级液体氧化性物质：以试验样品对纤维素的质量比为1:1 进行试验时，其平均压力上升时间小于或等于65% 硝酸水溶液和纤维素质量比为1:1 的混合物的平均压力上升时间，并且不满足Ⅰ级和Ⅱ级液体氧化性物质的条件。

Ⅰ级氧化性物质，应划入Ⅰ类包装；Ⅱ级氧化性物质，应划入Ⅱ类包装；Ⅲ级氧化性物质，应划入Ⅲ类包装。

（二）有机过氧化物

第5.2 项为有机过氧化物，是指含有两价过氧基（—O—O—）结构的有机物质。任何有机过氧化物都应考虑划入本项物质，但以下的有机过氧化物配制品除外：①过氧化氢质量分数不大于1.0%，且有机过氧化物的有效氧质量分数不大于1.0%；②过氧化氢质量分数大于1.0%、不大于7.0%，且有机过氧化物的有效氧质量分数不大于0.5%。有机过氧化物配制品的有效氧质量分数（%）按以下公式计算：

$$[O](\%) = 16 \times \sum (n_i C_i / m_i)$$

式中 n_i——有机过氧化物 i 每个分子的过氧基数目；

C_i——有机过氧化物 i 的质量分数；

m_i——有机过氧化物 i 的相对分子质量。

有机过氧化物按其危险程度可划分为七种类型，从A 型到G 型：

A 型有机过氧化物，装在供运输的容器中时能起爆或迅速爆燃的有机过氧化物配制品。

B 型有机过氧化物，装在供运输的容器中时既不起爆也不迅速爆燃，但在该容器中可能发生热爆炸的具有爆炸性质的有机过氧化物配制品。该有机过氧化物装在容器中的数量最高可达25kg，但为了排除在包件中起爆或迅速爆燃而需要把最高数量限制在较低数量者除外。

C 型有机过氧化物，装在供运输的容器（50kg）内不可能起爆或迅速爆燃或发生热爆炸的具有爆炸性质的有机过氧化物配制品。

D 型有机过氧化物，满足下列条件之一的有机过氧化物配制品：①在实验室试验中，部分起爆，不迅速爆燃，在封闭条件下加热时不显示任何激烈效应；②在实验室试验中，根本不起爆，缓慢爆燃，在封闭条件下加热时不显示激烈效应；③在实验室试验中，根本不起爆或爆燃，在封闭条件下加热显示中等效应。此类物质每一包件净重不得超过50kg。

E 型有机过氧化物，在实验室试验中，既不起爆也不爆燃，在封闭条件下加热时只显示微弱效应或无效应，此类有机过氧化物配制品的每一包件不得超过400kg/0.45m³。

F 型有机过氧化物，在实验室试验中，既不在空化状态下起爆也不爆燃，在封闭条件下加热时只显示微弱效应或无效应，并且爆炸力弱或无爆炸力的，可考虑用中型散货箱或罐体运输的有机过氧化物配制品。

G型有机过氧化物，在实验室试验中，既不在空化状态下起爆也不爆燃，在封闭条件下加热时不显示任何效应，并且无任何爆炸力的有机过氧化物配制品，应免于划入第5.2项，但配制品应是热稳定的（50kg包件的自加速分解温度为60℃或者更高），液态配制品应使用A型稀释剂退敏；如果配制品不是热稳定的，或用A型稀释剂以外的稀释剂退敏，配制品应定为F型有机过氧化物。

划入第5.2项的有机过氧化物包装应符合Ⅱ类包装的要求，具体可参见《危险化学品 有机过氧化物包装规范》（GB 27833—2011）。

二、氧化性物质和有机过氧化物的危险特性

（一）氧化性物质

1. 强烈的氧化性

氧化性物质多为碱金属、碱土金属的盐或过氧化基所组成的化合物，其特点是氧化价态高，金属活泼性强，有极强的氧化性，与可燃物作用能发生着火和爆炸。属于此类的物质主要包括硝酸盐类、氯的含氧酸及其盐类、高锰酸盐类、过氧化物类和有机硝酸盐类等。

氧化性物质氧化能力的强弱主要取决于在化学反应中电子得失的能力，影响其氧化性的因素主要有原子内部结构、元素的非金属性、离子电荷数、氧化价态、金属活泼性等。

（1）原子内部结构　所谓原子内部结构主要是指围绕原子核外面的电子轨道，即电子层数和最外层的电子数目。元素的电子层数和最外层电子的数目不同，其氧化性也不同。卤族元素中，原子的最外层电子数目都是7，只要获取一个电子就可以达到稳定结构，因此其表现出很强的氧化性。而它们彼此之间氧化性的强弱又与电子层数有关，即电子层数越少，氧化能力就越强，其氧化性的强弱次序为氟＞氯＞溴＞碘。

（2）元素的非金属性　在同一类含有非金属元素的氧化性物质中，其元素的非金属性越强，氧化性就越强。这是因为非金属元素具有较强的得电子能力。如氟、氯的含氧酸及其盐类的火灾危险性较大，而溴、碘的含氧酸及其盐类的火灾危险性则次之。

（3）离子电荷数　在同一类氧化性物质中，离子所带的正电荷越多，越容易获得电子，其氧化性也就越强。如四价的锡离子比二价的锡离子具有更强的氧化性。

（4）氧化价态　在同一类含有高氧化价态元素的氧化性物质中，元素的化合价越高，氧化性越强。以氮元素为例，氨中的氮元素是－3价，其不具备氧化性；硝酸钠的氮元素是＋5价，它失去了5个电子，所以其氧化性较强；亚硝酸钠的氮元素是＋3价，处于中间状态，所以其氧化性居于氨和硝酸钠之间。

（5）金属活泼性　在同一类含有金属元素的氧化性物质中，其金属的活泼性越强，氧化性越强。也就是说化合物中金属失去电子的能力越强，其氧化性越强，如锡＜铁＜锌＜铝＜镁＜钙＜钠＜钾。

需要注意的是，物质氧化性的强弱，必须通过化学反应才能表现出来。但上述规律可帮助我们进一步识别各种氧化性物质的氧化性强弱。

2. 受热撞击分解性

除有机硝酸盐外，大多氧化性物质都是不燃物质，但是当氧化性物质受热、撞击或摩擦

时易分解出氧，若接触易燃物、有机物，特别是与木炭粉、硫黄粉、淀粉等混合时，能引起着火和爆炸。例如，高氯酸、过氧化氢、氯酸钾、硝酸铵等氧化性物质，其本身不燃，但受外力的作用能爆炸。

硝酸铵在210℃时能分解，分解出来的氨又被分解出来的硝酸氧化为氮及氮的氧化物：

$$5NH_4NO_3 \rightarrow 5NH_3 + 5HNO_3 \rightarrow 4N_2 + 9H_2O + 2HNO_3$$

这是一个放热反应，反应中生成的硝酸对硝酸铵的分解具有催化作用，当有大量的硝酸铵存在，且温度超过400℃时，这个变化会引起爆轰，若有易燃物或还原剂渗入，危险性更大。

3. 可燃性

绝大多数氧化性物质是不燃的，但有机硝酸盐类（如硝酸胍、硝酸脲等）、过氧化氢尿素、高氯酸醋酐溶液、二氯或三氯异氰尿酸、四硝基甲烷等有机氧化性物质，不仅具有很强的氧化性，而且本身也可燃，这些氧化性物质着火不需要外界的可燃物参与即可燃烧。因此，除防止有机氧化性物质与可燃物质相混外，还应隔离所有火种与热源，防止日光暴晒和高温作用，储存时也应与无机氧化性物质和有机过氧化物分开堆放。

4. 与酸作用的分解性

大多数氧化性物质遇酸后，能发生反应，特别是碱性的氧化性物质，遇酸反应剧烈，甚至发生爆炸。如过氧化钠、高锰酸钾与硫酸，氯酸钾与硝酸接触都是十分危险的，反应生成的过氧化氢、高锰酸、氯酸等都是一些性质很不稳定的氧化剂，极易分解出氧而引起着火或爆炸。因此，氧化性物质不可与硫酸、硝酸等酸类物质混储混运，也不能用泡沫扑救火灾。

5. 与水作用的分解性

活泼金属的过氧化物，遇水或吸收空气中的水蒸气和二氧化碳能分解放出原子氧，致使可燃物爆燃。例如，过氧化钠与水和二氧化碳均能发生反应。次氯酸钙吸水后，不仅能放出氧，还能放出大量的氯。所以，这类氧化性物质在储运中，应严密包装，防止受潮、雨淋，着火时禁止用水扑救。对于过氧化钠、过氧化钾等活泼金属的过氧化物也不能用二氧化碳灭火剂扑救。

6. 强氧化性物质与弱氧化性物质的反应性

强氧化性物质与弱氧化性物质相互之间接触能发生复分解反应，产生高热而引起着火或爆炸。因为弱氧化性物质虽然有较强的氧化性，但遇到比其氧化性更强的物质时，又呈还原性。如漂白粉、亚硝酸盐、亚氯酸盐、次氯酸盐等，当遇到氯酸盐、硝酸盐等强氧化性物质时，即显示还原性，发生剧烈反应，引起着火或爆炸。硝酸铵与亚硝酸钠作用能分解生成硝酸钠和危险性更大的亚硝酸铵。因此这类既有氧化性又有还原性的氧化性物质，不能与比它们氧化性更强的物质一起储运。

7. 腐蚀毒害性

不少氧化性物质还具有一定的毒性和腐蚀性，能毒害人体，烧伤皮肤。如二氧化铬（铬酸）既有毒害性，也有腐蚀性。储运这类物质，应注意安全防护。

（二）有机过氧化物

1. 分解爆炸性

由于有机过氧化物都含有过氧基—O—O—，而—O—O—是极不稳定的结构，对热、振动、冲击或摩擦都极为敏感，受到轻微外力的作用即可分解。如过氧化二乙酰，纯品制成后存放 24h 就可能发生强烈的爆炸；过氧化二苯甲酰中水的质量分数在 1% 以下时，稍有摩擦即能引起爆炸；过氧化二碳酸二异丙酯在 10℃ 以上时不稳定，达到 17.22℃ 时即分解爆炸；过氧乙酸（过乙酸）纯品极不稳定，在 -20℃ 时也会爆炸。

有机过氧化物对温度和外力作用很敏感，其危险性和危害性比其他氧化性物质更大。这是因为，有机过氧化物中的过氧基不稳定，其断裂所得的两个基团均含有未成对电子，这两个基团称为自由基。自由基具有不稳定性、显著的反应性和较低的活化能，且只能暂时存在。当自由基周围有其他基团和分子时，自由基能迅速与其他基团和分子作用，并放出能量。加之有机过氧化物本身易燃，而燃烧又产生更高的热量，致使整个反应体系的反应速度加快，体积膨胀，最后导致反应体系爆炸。

2. 易燃性

有机过氧化物不仅极易分解爆炸，而且特别易燃。如过氧化叔丁醇的闪点为 26.67℃，过氧化二叔丁酯的闪点只有 12℃。有机过氧化物因受热或与杂质（如酸、重金属化合物、胺等）接触或摩擦、碰撞而发热分解时，可能产生易燃气体或蒸气；许多有机过氧化物易燃，而且燃烧迅速而猛烈。当封闭受热时极易由迅速的燃爆转为爆轰。所以扑救有机过氧化物火灾时应特别注意爆炸危险。

3. 人身伤害性

有机过氧化物易伤害眼睛。如过氧化环已酮、叔丁基过氧化氢、过氧化二乙酰等，都对眼睛有伤害作用。其中有些即使与眼睛短暂接触，也会对角膜造成严重伤害。因此，应避免眼睛接触有机过氧化物。

有机过氧化物的火灾危险性主要取决于物质本身的过氧基含量和分解温度。有机过氧化物的过氧基含量越多，其热分解温度越低，则火灾危险性就越大。有机过氧化物具有氧化性和易燃易爆性并存的双重危险。要采取正确的防火防爆措施，严禁受热，防止摩擦、撞击，避免与可燃物、还原剂、酸、碱和无机氧化性物质接触。

三、泄漏着火应急措施

（一）泄漏处置

氧化性物质和有机过氧化物如有泄漏，应小心地收集起来，若泄漏的是液体，应使用惰性材料作为吸收剂将其吸收起来，然后在尽可能远的地方以大量的水冲洗残留物。严禁使用锯末、废棉纱等可燃材料作为吸收材料，以免发生氧化反应而着火。收集起来的泄漏物，切不可重新装入原包装或装入完好的包件内，以免混入杂质而引起危险，应针对其特性采用安全可行的办法处理或考虑埋入地下。

（二）着火处置

氧化性物质着火或卷入火中时，会因受热放出氧而加剧火势，即使在惰性气体中，火仍然会自行燃烧。无论是将货舱、容器、仓房封死，或是用水蒸气、二氧化碳及其他惰性气体灭火都是无效的；如果用少量的水灭火，还会引起物品中过氧化物的剧烈反应。故应使用大量的水或用水淹浸的方法灭火，这是最有效的方法。

有机过氧化物着火或被卷入火中时，可能导致爆炸，故应立即将这些包件从火场移开，人员应尽可能远离火场，并在有防护的位置用大量的水灭火。任何卷入火中或暴露于高温下的有机过氧化物包件，会随时发生剧烈分解，即使火已扑灭，在包件未完全冷却之前，也不应接近这些包件。如有可能，当包件完全冷却下来时，才可在专业人员的技术指导下，处理这些包件。在水上运输时，若情况紧急应考虑将其投入水中。

四、几种典型的氧化性物质和有机过氧化物

1. 过氧化钠（UN 1504）

别名：双氧化钠、二氧化钠

化学式：Na_2O_2

理化性质：米黄色粉末或颗粒，有吸湿性；露置在空气中能吸收水分，放出氧气；遇水发生强烈反应，生成氢氧化钠及过氧化氢，后者会很快分解成水和氧，并放出大量的热；相对密度 2.80（水 =1）。过氧化钠主要用于医药、印染、漂白及分析试剂。

危险特性：强氧化性物质，能与可燃物、有机物或易氧化物质形成爆炸性混合物，经摩擦和与少量水接触可导致燃烧或爆炸；与硫黄、酸性腐蚀液体接触时，能发生燃烧或爆炸；遇潮气、酸类会分解并放出氧气而助燃；急剧加热时可发生爆炸；具有较强的腐蚀性。

灭火剂：干粉、砂土、干石粉。严禁用水、泡沫、二氧化碳扑救。

2. 过氧化氢溶液（质量分数 <40%）（UN 2014）

别名：双氧水

化学式：H_2O_2

理化性质：纯过氧化氢是无色黏稠液体，有微弱的特殊气味，易分解放出氧气和热量，是强氧化性物质；溶于水、醇、醚，不溶于苯、石油醚。市售商品一般都是它的水溶液，为无色透明液体，质量分数为 27.5%、35% 两种，相对密度 1.11 ~ 1.13（水 =1），沸点 106 ~ 108℃，凝固点 -32.8 ~ -26℃，医用消毒多是质量分数为 3% 的溶液。双氧水主要用于漂白、医药和分析试剂。

危险特性：强氧化性物质，过氧化氢本身不燃，但能与可燃物反应放出大量热量和氧气而引起着火爆炸。过氧化氢在 pH 值为 3.5 ~ 4.5 时最稳定，在碱性溶液中极易分解，在遇强光，特别是短波射线照射时也能发生分解。当加热到 100℃ 以上时，开始急剧分解。它与许多有机物如糖、淀粉、醇类、石油产品等形成爆炸性混合物，在撞击、受热或电火花作用下能发生爆炸。过氧化氢与许多无机化合物或杂质接触后会迅速分解而导致爆炸，放出大量的热量、氧和水蒸气。大多数重金属（如铁、铜、银、铅、汞、锌、钴、镍、铬、锰等）及其氧化物和盐类都是活性催化剂，尘土、香烟灰、碳粉、铁锈等也能加速分解。质量分数超过 74% 的过氧化氢溶液，在具有适当的点火源或温度的密闭容器中，能产生气相爆炸。吸入过氧化氢蒸气或雾对呼吸道有强烈的刺激性，长期接触可致接触性皮炎。

灭火剂：水、雾状水、干粉、砂土。灭火时消防人员必须穿全身防火防毒服，在上风向灭火。尽可能将容器从火场移至空旷处，喷水保持火场容器冷却，直至灭火结束。

3. 过乙酸（质量分数 ≤43%）（UN 3105）

别名：过醋酸、过氧乙酸

化学式：CHC_3OOOH

理化性质：无色液体，具有强烈刺激性气味；易溶于水、乙醇、乙醚、硫酸；相对密度

1.15（水 = 1），熔点 0.1℃，沸点 105℃，闪点 41℃。一般商品是质量分数为 35% 和 18% ~ 23% 的过氧乙酸溶液。过乙酸用于漂白、消毒剂、催化剂、氧化剂及环氧化作用。

危险特性：纯的过氧乙酸极不稳定，在 -20℃ 时也会爆炸；质量分数大于 45% 就具有爆炸性；遇高热或有金属离子存在，或与还原剂、促进剂、有机物、可燃物接触，有引起燃烧爆炸的危险；性质不稳定，在存放过程中逐渐分解，放出氧气；易燃，加热至 100℃ 即猛烈分解，遇火源可燃烧爆炸；有强腐蚀性。

灭火剂：雾状水、二氧化碳、砂土、干粉。

第六节　毒性物质

一、毒性物质的定义与分类

本节所指毒性物质是指经吞食、吸入或与皮肤接触后可能造成死亡或严重受伤或损坏人类健康的物质。毒性物质包括满足下列条件之一的物质：① 急性口服毒性，$LD_{50} \leqslant 300 mg/kg$；② 急性皮肤接触毒性，$LD_{50} \leqslant 1000 mg/kg$；③ 急性吸入粉尘和烟雾毒性，$LC_{50} \leqslant 4000 mg/m^3$；④ 急性吸入蒸气毒性，$LC_{50} \leqslant 0.005 m^3/m^3$，且在 20℃ 和标准大气压力下的饱和蒸气浓度大于或等于 $1/5LC_{50}$。

毒性物质的毒性分为急性口服毒性、皮肤接触毒性和吸入毒性，分别用口服毒性半数致死量 LD_{50}、皮肤接触毒性半数致死量 LD_{50} 和吸入毒性半数致死浓度 LC_{50} 衡量。口服毒性半数致死量 LD_{50} 是经过统计学方法得出的一种物质的单一计量，可使青年白鼠口服后，在 14 天内死亡一半的物质剂量。皮肤接触毒性半数致死量 LD_{50} 是使白兔的裸露皮肤连续接触 24h，最可能引起这些试验动物在 14 天内死亡一半的物质剂量。吸入毒性半数致死浓度 LC_{50} 是使雄雌青年白鼠连续吸入 1h 后，最可能引起这些试验动物在 14 天内死亡一半的蒸气、烟雾或粉尘的浓度。

毒性物质可分为无机剧毒、有毒物品和有机剧毒、有毒物品。

无机剧毒、有毒物品包括：①氰及其化合物，如 KCN、NaCN 等；②砷及其化合物，如 As_2O_3 等；③硒及其化合物，如 SeO_2 等；④汞、锑、铍、氟、铯、铅、钡、磷、碲及其化合物。

有机剧毒、有毒物品包括：①卤代烃及其卤化物类，如氯乙醇、二氯甲烷等；②有机金属化合物类，如二乙基汞、四乙基铅等；③有机磷、硫、砷及腈、胺等化合物类，如对硫磷、丁腈等；④某些芳香环、稠环及杂环化合物类，如硝基苯、糠醛等；⑤天然有机毒品类，如鸦片、尼古丁等；⑥其他有毒品，如硫酸二甲酯、正硅酸甲酯等。

毒性物质，按其毒性程度划入三个包装类别：具有非常剧烈毒性危险的物质及制剂，划入Ⅰ类包装；具有严重毒性危险的物质及制剂，应划入Ⅱ类包装；具有较低毒性危险的物质及制剂，应划入Ⅲ类包装。

在确定包装类别时，以动物实验所得经口摄入、经皮接触和吸入粉尘、烟雾或蒸气试验数据作为根据，具体见表 2-6。同时，还应考虑人类以外中毒事故的经验，及个别物质具有的特殊性质，如液态、高挥发性、渗透可能性和特殊生物效应等。当一种物质通过两种或更多试验方法所显示的毒性程度不同时，应以危险性最大者为准。

表 2-6　经口摄入、经皮接触和吸入粉尘或烟雾的包装类别表

包装类别	经口摄入毒性 LD_{50}/(mg/kg)	经皮接触毒性 LD_{50}/(mg/kg)	吸入粉尘或烟雾毒性 LC_{50}/(mg/m^3)
Ⅰ	≤5.0	≤50	≤200
Ⅱ	>5.0 和≤50	>50 和≤200	>200 和≤2000
Ⅲ	>50 和≤300	>200 和≤1000	>2000 和≤4000

另外要注意的是催泪性毒气物质，即使其毒性数据相当于Ⅲ类包装的数值，也应划入Ⅱ类包装。如果物质符合腐蚀性物质的标准，并且吸入粉尘和烟雾毒性属于Ⅰ类包装，只有在经口摄入或经皮接触毒性至少是Ⅰ类或Ⅱ类包装时，才能被认可划入 6.1 项，否则可酌情考虑划入第 8 类。

对于毒性混合物，其包装类别应根据混合物的 LC_{50} 和混合物挥发性与 LC_{50} 的比率（R）确定，见表 2-7。

$$R = \sum_{i=1}^{n}\left(\frac{V_i}{LC_{50}}\right)$$

式中　V_i——混合物中某种成分物质的挥发性，$V_i = \dfrac{P_i \times 10^6}{101.3}$（$P_i$为 20℃和一个大气压条件下第 i 种成分物质的分压，kPa）。

表 2-7　毒性混合物包装类别

包装类别	确　定　标　准
Ⅰ	R≥10 且 LC_{50}≤0.001mg/m^3
Ⅱ	R≥1 且 LC_{50}≤0.003mg/m^3,并且不符合Ⅰ类包装标准
Ⅲ	R≥1/5 且 LC_{50}≤0.005mg/m^3,并且不符合Ⅰ类和Ⅱ类包装标准

二、毒性物质的危险特性

毒性物质的危险特性主要包括毒害性和火灾危险性。

（一）毒害性

毒性物质的毒害性主要表现为对人体及其他动物的伤害。按其作用的性质可分为刺激性、腐蚀性、窒息性、麻醉性、溶血性、致敏性、致癌性、致突变性、致畸性等。按损害的器官或系统则可分为神经毒性、血液毒性、肝脏毒性、肾脏毒性和全身毒性等毒物。

1. 中毒途径

引起人体及其他动物中毒的途径是呼吸道、消化道和皮肤三个方面。

（1）呼吸中毒　毒性物质中挥发性液体的蒸气和固体的粉尘，最容易通过呼吸器官进入人体。尤其是在火场上和抢救疏散毒性物质过程中，接触毒性物质的时间较长，很容易中毒。如氢氰酸、溴甲烷、苯胺、一六〇五、西力生、赛力散、三氧化二砷等物质的蒸气和粉尘，经过人的呼吸道进入肺部，被肺泡表面所吸收，随血液循环引起中毒。此外，呼吸道的鼻、喉、气管黏膜等也具有相当大的吸收能力。呼吸中毒比较快，而且严重。因此，扑救毒性物质火灾的消防人员，应佩戴必要的防毒用具。

（2）消化中毒　消化中毒是指毒性物质的粉尘或蒸气侵入人的消化器官引起中毒。通常是在进行毒性物质操作后，未经漱口、洗手就饮食、吸烟，或在操作中误将毒性物质吸入消化器官，进入胃肠引起中毒。有些毒性物质如砷及其化合物，在水中不溶或溶解度很低，但通过胃液后则变为可溶物被人体吸收，引起人身中毒。由于人的肝脏对某些毒物具有解毒功能，所以消化中毒较呼吸中毒缓慢。

（3）皮肤中毒　一些能溶于水或脂肪的毒物，接触皮肤后，都易侵入皮肤引起中毒。很多毒物能通过皮肤破裂的地方侵入人体，并随血液循环而迅速扩散。如一些芳香族的衍生物、硝基苯、苯胺、联苯胺、有机汞、西力生、赛力散和有机磷农药等，特别是氰化物能够极其迅速地导致死亡。有些毒物如氯苯乙酮等对人体的黏膜（如眼角膜）有较大的危害。

2. 影响毒性物质毒害性的因素

毒性物质毒害性的大小，主要由其化学组成和化学结构决定。其影响因素是：①有机化合物的饱和程度，如乙炔的毒性比乙烯大，乙烯的毒性比乙烷大；②分子上烃基的碳原子数，如甲基内吸磷比乙基内吸磷毒性小；③硝基的多少，在硝基化合物中，其毒性随硝基的增加而毒性增强；④硝基在苯环上的位置，同一硝基在苯环上的位置不同，其毒性差异很大，如对硫磷的白鼠半数致死量为18mg/kg，而邻硝基对硫磷的则为50mg/kg，间硝基对硫磷的为100～150mg/kg。

除了与物质本身的特性有关，毒害性的大小还与物质的溶解性、挥发性、分散性以及气温有关。

（1）溶解性　毒性物质在水中溶解度越大，毒性越大。因为人体内含有大量的水分，易于在水中溶解的物品，更易被人吸收而引起中毒。如氯化钡（$BaCl_2$）易溶于水中，对人体危害大，而硫酸钡（$BaSO_4$）不溶于水和脂肪，故无毒。但有的毒物虽不溶于水却溶于脂肪，这类物质也会对人体产生一定危害，因为人体内的血液、胃液、淋巴液等体液中，除了含水，还含有酸和脂肪，一些毒物在体液中的溶解性比在水中还要大。

（2）挥发性　毒物在空气中的浓度与物质挥发度有直接的关系。在一定时间内，毒物的挥发性越大，毒性越大。一般沸点越低的物质，挥发性越大，空气中浓度高，易发生中毒。

（3）分散性　固体毒物颗粒越小，分散性越好，特别是一些悬浮于空气中的毒物颗粒，越易吸入肺泡而中毒。

（4）气温　气温越高则挥发性毒物蒸发越快，可使空气中毒性物质的浓度增大。同时潮湿季节，人的皮肤、毛孔扩张，排汗多，血液循环加快，也容易使人中毒。所以在火场上由于火焰的高温辐射，更应注意防毒。

（二）火灾危险性

从列入毒性物质管理的物品分析，约89%的毒性物质都具有火灾危险性。

1. 氧化性

在无机有毒物品中，汞和铅的氧化物大都具有氧化性，与还原性强的物质接触，易引起燃烧爆炸，并产生毒性极强的气体。如五氧化二锑自身不燃，但氧化性很强，380℃时即分解；四氧化铅（红丹）、红降汞（红色氧化汞）、黄降汞（黄色氧化汞）等，自身均不燃，但都是弱氧化剂，它们于500℃时分解，与可燃物接触易引起着火或爆炸，并产生毒性极强的气体。

2. 遇水、遇酸分解性

大多数毒性物质遇酸或酸雾分解并放出有毒的气体，有的气体还具有易燃和自燃危险性，有的甚至遇水会发生爆炸。如钾、钠、钙、锌、银、汞、钡、铜等金属的氰化物，遇水或受潮都能放出极毒且易燃的氰化氢气体；硒化镉遇酸或酸雾能放出易燃且有毒的硒化氢气体。

3. 易燃性

有很多毒性物质是透明或油状的易燃液体，列入危险化学品的毒性物质，有火灾危险的为476种，占总数的89%，而其中易燃液体为236种，有的闪点极低。如溴乙烷闪点小于-20℃，三氟丙酮闪点小于-1℃，三氟乙酸乙酯闪点为-1℃。卤代烷及其他卤代物如卤代醇、卤代醛、卤代酯类以及有机磷、硫、氯、砷、腈、胺等都具有一定的火灾危险，这些毒性物质既具有相当的毒害性，又有一定的易燃性。

4. 易爆性

芳香族的二硝基氯化物、萘酚、酚钠等化合物遇高热、撞击等都可能引起爆炸并分解出有毒气体，遇明火会发生燃烧爆炸。如2,4-二硝基氯化苯，毒性很强，遇明火或受热至150℃以上有引起爆炸或着火的危险。而且大多数有火灾危险的毒性物质，遇氧化性物质都能发生反应，此时遇火就会发生燃烧爆炸。

三、泄漏着火应急措施

（一）泄漏处置

毒性物质泄漏后，应迅速撤离泄漏污染区人员至安全区，并立即隔离污染区，严格限制出入，切断火源。建议应急处理人员戴自给正压式呼吸器，穿防毒服，不要直接接触泄漏物。尽可能切断泄漏源，防止流入下水道、排洪沟等限制性空间。毒物少量泄漏时，用砂土、蛭石或其他惰性材料吸收。毒物大量泄漏时，构筑围堤或挖坑收容；用泡沫覆盖，降低蒸气灾害；用泵转移至槽车或专用收集器内，回收或运至废物处理场所处置。

（二）着火处置

绝大部分有机毒性物质都是可燃物，且燃烧时能产生大量的有毒气体。一般情况下，如果是液体毒性物质着火，可根据液体的性质（有无水溶性和相对密度的大小）选用泡沫灭火，或用砂土、干粉、石粉等施救。如果是固体毒性物质着火可用水或雾状水扑救。无机毒性物质中的氰、磷、砷或硒的化合物遇酸或水后能产生剧毒的易燃气体氰化氢、磷化氢、砷化氢、硒化氢等，着火时不可使用二氧化碳灭火剂，也不宜用水施救，可用干粉、石粉、砂土等。如果用大量水扑灭氰化物火灾，应有措施防止灭火人员接触含有氰化物的水，特别是皮肤的破伤处不得接触，并应防止有毒的水流入河道，污染环境。灭火时一定要戴好各种防毒防护面具。

四、几种典型的毒性物质

1. 三氧化二砷（UN 1561）

别名：砒霜、亚砷酸酐、白砒

化学式：As_2O_3

理化性质：白色粉末，微溶于水，溶于乙醇、酸类、碱类和甘油，相对密度3.86

（水 =1）。三氧化二砷多用于玻璃、搪瓷、颜料工业和杀虫剂、皮革保存剂等。

危险特性：剧毒，大鼠经口半数致死量 LD_{50} 为 14.6mg/kg，车间最高容许浓度为 0.3mg/m^3。本品虽然不会燃烧，但一旦发生火灾，在193℃时开始升华，会产生剧毒气体。

2. 乙酸苯汞（UN 1674）

别名：醋酸苯汞

化学式：$C_6H_5HgOCOCH_3$

理化性质：白色或淡黄色有光泽的结晶或粉末，受热易挥发；微溶于水，微溶于乙醇和苯，易溶于冰醋酸、丙酮。乙酸苯汞多用于外科消毒剂及外用避孕剂，农作物防病剂。

危险特性：可燃，剧毒，有较强的渗透性，能经呼吸道或皮肤吸收中毒，大鼠经口半数致死量 LD_{50} 为 22mg/kg。农药赛力散是乙酸苯汞与滑石粉的混合物，汞的质量分数为 1.5%~1.65%。

灭火剂：水、砂土、二氧化碳。

3. 氯化钡（UN 1564）

化学式：$BaCl_2 \cdot 2H_2O$

理化性质：无色无臭透明结晶，溶于水，不溶于醇、丙酮，加热至113℃失去结晶水；相对密度 3.1（结晶），3.86（无水物）。用于钡盐制造、人造丝的消光剂及制造色淀颜料，也用作杀虫剂。

危险特性：有毒，大鼠经口半数致死量 LD_{50} 为 150mg/kg。

第七节　放射性物质

一、放射性物质的定义与分类

本节所指放射性物质是指任何含有放射性核素并且其活度浓度或放射性总活度都超过《放射性物质安全运输规程》规定限值的物质。

放射性物质的分类方法很多，常见的有以下几种：

（一）按物理形态分类

按照物理形态的不同，可将放射性物质分为：固体放射性物质（钴60、独居石等）、粉末状放射性物质（夜光粉、铈钠复盐等）、液体放射性物质（发光剂等）、晶粒状放射性物质（硝酸钍等）和气体放射性物质（氪、氩等）。

（二）按放出射线种类分类

按照释放出射线种类的不同，可将放射性物质分为：放出 α、β、γ 射线的放射性物质（镭226）；放出 α、β 射线的放射性物质（天然铀）；放出 β、γ 射线的放射性物质（钴60）；放出中子流（同时也放出 α、β 或 γ 射线中的一种或两种）的放射性物质（镭-铍中子流、钋-铍中子流等）。

（三）按放射性的大小分类

按照放射性的大小不同，可将其分为一类放射性物质、二类放射性物质和三类放射性物质。一类放射性物质是指Ⅰ类放射源、高水平放射性废物、乏燃料等释放到环境后对人体健康和环境产生重大辐射影响的放射性物质。二类放射性物质是指Ⅱ类和Ⅲ类放射源、中等水平放射性废物等释放到环境后对人体健康和环境产生一般辐射影响的放射性物质。三类放射性物质，是指Ⅳ类和Ⅴ类放射源、低水平放射性废物、放射性药品等释放到环境后对人体健康和环境产生较小辐射影响的放射性物质。

（四）按运输安全要求的不同分类

为了放射性货物的安全运输，将放射性物质分为：低弥散放射性物质、低比活度物质、表面污染物体、可裂变物质、特殊形式放射性物质和其他形式放射性物质。

低弥散放射性物质是指一种固体放射性物质，或者一种装在密封件中的固体放射性物质，其弥散性已受到限制且不呈粉末状。

低比活度物质就其性质而言是指比活度有限的放射性物质，或估计的比活度低于限值的放射性物质，低比活度物质可分为Ⅰ类低比活度物质（LSA-Ⅰ）、Ⅱ类低比活度物质（LSA-Ⅱ）和Ⅲ类低比活度物质（LSA-Ⅲ）。放射性核素的比活度是指单位质量该种核素的活度。

表面污染物体是指物质本身不是放射性的，但在其表面分布着放射性物质的固态物体。表面污染物体可分为Ⅰ类表面污染物体（SCO-Ⅰ）和Ⅱ类表面污染物体（SCO-Ⅱ）。

可裂变物质是指有能力维持核裂变的链式反应的一种物质。

特殊形式放射性物质是指不弥散的固体放射性物质或装有放射性物质的密封件。

放射性物质的包装有特殊要求，具体可参见《放射性物质安全运输规程》（GB 11806—2004）。

二、放射性物质的危险特性

（一）放射性

放射性物质的主要危险特性在于其放射性，放射性强度越大，危险性也就越大。放射性物质所放出的射线可分为α、β、γ和中子流四种。α射线也称甲种射线；β射线也称乙种射线；γ射线也称丙种射线。这三种射线是放射性同位素的核自发地发生变化（衰变）所放射出来的，中子流只有在原子核发生分裂时才能产生。所有放射性物质，都因其放射出对人体组织造成伤害的、看不见的射线而具有或大或小的危险性。这种伤害或是来自外照射或是来自放射性物质进入人体后的内照射。如果射线是从人体外部照射，则β、γ射线和中子流的危害大于α射线，剂量大时易使人患放射病，甚至死亡。如果放射性物质进入人体内部，则α射线的危害最大，其他射线的危害也很大。

（二）毒害性

许多放射性物质具有较大的毒性。如钋^{210}、镭^{226}、镭^{228}、钍^{228}、钍^{230}等都是剧毒的放射性物质。钴^{60}、钠^{22}、碘^{131}、铅^{210}等为高毒的放射性物质。其中钋^{210}属于极毒性核素，它容易形成放射性气溶胶，污染环境和空气，甚至能透过皮肤进入人体，能长期滞留于骨、肺、肾和肝中，其辐射效应会引起肿瘤。

（三）不可抑制性

不能用化学方法中和、物理或其他方法使其不放出射线，只有通过放射性核素的自身衰变才能使放射性衰减到一定的水平。而许多放射性元素的半衰期十分长，并且衰变的产物又是新的放射性元素，因此只能设法（如稀释排放法、放置衰变法、沥青固化法、水泥固化法等）把放射性物质清除或者使用适当的材料予以屏蔽。

（四）易燃性

放射性物质除具有放射性以外，多数具有易燃性，有些燃烧十分强烈，甚至爆炸。如独居石遇明火能燃烧；硝酸铀、硝酸钍等遇高温分解，遇有机物、易燃物都能引起燃烧，且燃烧后均可形成放射性灰尘，污染环境，危害人身健康。

（五）氧化性

有些放射性物质不仅具有易燃性，而且兼有氧化性。如硝酸铀、硝酸钍都具有氧化性，硝酸铀的醚溶液在阳光的照射下能发生爆炸。

三、着火应急措施

在运输、储存、生产或销售过程中，当发生着火、爆炸或其他事故可能危及仓库、车间以及销售地点放射性物质的安全时，应迅速将放射性物质转移到远离危险源和人员的安全地点存放，并适当划出安全区迅速将火扑灭。当放射性物质的内容器受到破坏，放射性物质可能扩散到外面，或剂量率较大的放射性物质的外容器受到严重破坏时，必须立即通知当地公安部门和卫生、科学技术管理部门协助处理，并应在事故地点划分适当的安全区，悬挂警告牌，设置警戒等。在划定安全区的同时，对放射性物质应用适当的材料进行屏蔽；对粉末状物品，应迅速将其盖好，防止影响范围再扩大。应急处理人员戴防尘口罩，穿防辐射服，不要直接接触泄漏物。

当放射性物质着火时，可用雾状水扑救；灭火人员应穿戴防护服（手套、靴子、连体工作服、安全帽）、自给式呼吸器。对于小火，可使用硅藻土等惰性材料吸收；对于大火，应当在尽可能远的地方用尽可能多的水带，并站在上风头向包件喷射雾状水。邻近的容器要保持冷却到火灾扑灭之后，这样有助于防止辐射和屏蔽材料（如铅）的熔化，但应注意不使消防用水流失过大，以免造成大面积污染。如有可能，应及时转移可能涉入火中的容器，以防止受到威胁。为防止火灾扑灭后物质可能再着火，应以安全的方式将残余物清除。放射性物质沾染人体时，应迅速用肥皂水洗刷至少三次；灭火结束时要很好地淋浴冲洗，使用过的防护用品要在防疫部门的监督下进行清洗。

第八节　腐蚀性物质

一、腐蚀性物质的定义与分类

本节所指腐蚀性物质是指通过化学作用使生物组织接触时造成严重损伤或在渗漏时会严重损害甚至损毁其他货物或运载工具的物质。腐蚀性物质包括以下两种：①使完好组织皮肤在暴露60min、但不超过4h之后开始的最多14天观察期内全厚度损毁的物质；②被判定不引起完好皮肤组织全厚度损毁，但在55℃试验温度下，对钢或铝的表面腐蚀超过6.25mm/a的物质。

根据腐蚀性物质化学性质的不同，可将腐蚀性物质分为三类：

（1）酸性腐蚀性物质　酸性腐蚀性物质危险性较大，它能使动物皮肤受腐蚀，也腐蚀金属，其中强酸可使皮肤立即出现坏死现象。这类物品主要包括各种强酸和遇水能生成强酸的物质，常见的有硝酸、硫酸、盐酸、五氯化磷、二氯化硫、磷酸、甲酸、冰醋酸、氯磺酸、溴素等。

(2) 碱性腐蚀性物质　碱性腐蚀性物质危险性较大，其中强碱易起皂化作用，故易腐蚀皮肤，可使动物皮肤很快出现可见坏死现象。本类常见的物品有氢氧化钠、硫化钠、乙醇钠、二乙醇胺、二环己胺、水合肼等。

(3) 其他腐蚀性物质　如苯酚钠、氟化铬、次氯酸钠溶液、甲醛溶液等。

腐蚀性物质的包装类别按其危险程度划分。Ⅰ类包装：使完好皮肤组织在暴露3min或少于3min之后开始的最多60min观察期内全厚度损毁的物质。Ⅱ类包装：使完好皮肤组织在暴露超过3min但不超过60min之后开始的最多14天观察期内全厚度损毁的物质。Ⅲ类包装：使完好皮肤组织在暴露超过60min但不超过4h之后开始的最多14天观察期内全厚度损毁的物质；被判定不引起完好皮肤组织全厚度损毁，但在55℃试验温度下，对试验用钢或非复合型铝的表面腐蚀率超过6.25mm/a的物质。

二、腐蚀性物质的危险特性

(一) 强烈的腐蚀性

1. 对人体有腐蚀作用，造成化学灼伤

当人直接触及腐蚀性物质时，会使人体细胞受到破坏，引起化学灼伤或破坏性创伤，以致溃疡等。当人吸入腐蚀性物质挥发出来的蒸气或飞扬到空中的粉尘时，呼吸道黏膜便会受到腐蚀，引起咳嗽、呕吐、头痛等。与火烧伤、烫伤不同，化学灼伤在开始时往往不太痛，待发觉时，部分组织已经灼伤坏死，所以较难治愈。如氢氧化钠等强碱能和油脂起皂化反应，因而能灼伤动植物机体。生石灰（氧化钙）具有很强的吸水性，与水发生反应，生成强碱并产生大量的热，能灼伤皮肤。

2. 对金属有腐蚀作用

腐蚀性物质中的酸和碱甚至盐类都能引起金属不同程度的腐蚀。例如，盐酸、稀硫酸等强酸能和钢铁反应，从而使钢铁制品遭受腐蚀。虽然浓硫酸不易与铁发生作用，但长时间储存，浓硫酸吸收了空气中的水分浓度变稀时，也能与铁发生作用，使铁受到腐蚀。又如冰醋酸长时间储存能引起所用的铝桶包装腐蚀，产生白色的醋酸铝沉淀。有些腐蚀性物质，特别是无机酸类，挥发出来的蒸气与库房建筑物的钢筋、门窗、照明用品、排风设备等金属材料以及库房的砖瓦、石灰等均能发生作用，其基本原因主要是由于这类物品可能具有酸性、碱性、氧化性或吸水性等所致。

3. 对有机物质有腐蚀作用

腐蚀性物质能夺取布匹、木材、纸张、皮革以及其他一些有机物质中的水分，破坏其组织成分，甚至使其炭化。浓度较大的氢氧化钠溶液接触棉质物、毛纤维等，即能使纤维组织受到破坏而溶解。

(二) 毒害性

在腐蚀性物质中，有一部分能挥发出具有强烈腐蚀性和毒性的气体。如溴素、氢氟酸和甲酸等的蒸气，硝酸挥发出的二氧化氮气体，发烟硫酸挥发出的三氧化硫等，都对人体有相当大的毒害作用。

(三) 火灾危险性

1. 氧化性

无机腐蚀性物质大多自身不燃，但都具有较强的氧化性，有些还是氧化性很强的物质，与可燃物接触或遇高温时，都有燃烧或爆炸的危险。如硫酸、浓硫酸、发烟硫酸、三氧化硫、硝酸等具有氧化性能，遇有机化合物如食糖、稻草、木屑、松节油等易因氧化发热而引起燃烧。高氯酸的质量分数超过 72% 时遇热极易爆炸，属爆炸品；高氯酸的质量分数低于 72% 时属无机酸性腐蚀性物质，但遇还原剂、受热等也会发生爆炸。

2. 易燃性

有机腐蚀性物质大多可燃，且有些非常易燃。如有机酸性腐蚀性物质中的溴乙酰闪点为 1℃，硫代乙酰闪点小于 1℃；甲酸、冰醋酸、苯甲酚氯、乙酰氯遇火易燃，蒸气可形成爆炸性混合物。有机碱性腐蚀性物质甲基肼在空气中可自燃，1,2-丙二胺遇热可分解出有毒的氧化氮气体。其他有机腐蚀性物质如苯酚、甲酚、甲醛、焦油酸等，不仅自身可燃，而且能挥发出具有刺激性或毒性的气体。

3. 遇水分解性

有些腐蚀性物质，特别是多卤化合物如五氯化磷、五氯化锑、五溴化磷、四氯化硅等，遇水分解、放热，并释放出具有腐蚀性的气体，这些气体遇空气中的水蒸气可形成酸雾。氯磺酸遇水猛烈分解，可产生大量的热和浓烟，甚至爆炸。有些腐蚀性物质遇水能产生高热，接触可燃物时会引起着火，如无水溴化铝、氧化钙等。更加危险的是烷基醇钠类，自身可燃，遇水可引起燃烧；异戊醇钠、氯化硫自身可燃，遇水分解；无水硫化钠自身可燃，且遇高热、撞击还有爆炸危险。

三、泄漏着火应急措施

（一）泄漏处置

腐蚀性物质发生泄漏时，应迅速撤离泄漏污染区人员至安全区，并进行隔离，严格限制出入。建议应急处理人员戴自给正压式呼吸器，穿防酸碱服。从上风处进入现场，尽可能切断泄漏源，防止进入下水道、排洪沟等限制性空间。腐蚀性物质少量泄漏时，将地面洒上相对应的中和剂（如硝酸泄漏要撒苏打粉等碱性中和剂进行中和），然后用大量水冲洗，洗水稀释后排入废水系统。大量泄漏时，构筑围堤或挖坑收容；喷雾状水冷却和稀释蒸气、保护现场人员、把泄漏物稀释成不燃物；用泵转移至槽车或专用收集器内，回收或运至废物处理场所处置。

（二）着火处置

腐蚀性物质着火，一般可用雾状水或干砂、泡沫、干粉等扑救，不宜用高压水，以防酸液四溅，伤害扑救人员。硫酸、卤化物、强碱等遇水发热、分解或遇水产生酸性烟雾的腐蚀性物质，不能用水施救，可用干砂、干粉扑救。

灭火人员要注意防腐蚀、防毒气，戴防毒口罩、防护眼镜或隔绝式防护面具，穿橡胶雨衣和长筒胶鞋，戴防腐手套等。灭火时人员应站在上风侧，发现中毒者，应立即送往医院抢救，并说明中毒物品的品名，以便医生救治。

四、几种典型的腐蚀性物质

（一）酸性腐蚀性物质

1. 硝酸（UN 2031）

化学式：HNO_3

理化性质：无色透明发烟液体，工业品常呈黄色或红棕色；能与水以任何比例相混合；有硝化作用，能在有机化合物中引入硝基而生成硝基化合物；相对密度 1.41（质量分数为 68%）、1.5（无水），沸点 86℃（无水）、120.5℃（质量分数为 68%）。硝酸用途极广，主要用于化肥、染料、国防、炸药、冶金、医药等工业。

危险特性：具有强氧化性，遇金属粉末、H 发孔剂、松节油立即燃烧，甚至爆炸；与还原剂、可燃物，如糖、纤维素、木屑、棉花、稻草等接触可引起燃烧；遇氰化物则产生剧毒气体；有强腐蚀性，其蒸气刺激眼和上呼吸道，皮肤接触能引起灼伤，误触皮肤应立即用苏打水冲洗，再进行医治。

灭火剂：砂土、二氧化碳、雾状水（禁用加压的柱状水，以防飞溅影响消防人员安全）。

2. 硫酸（UN 1930）

化学式：H_2SO_4

理化性质：无色透明黏稠液体；能与水以任意比例混合同时发热，浓硫酸有氧化性；与有机化合物起磺化作用；稀硫酸无氧化性，与金属反应放出氢气。硫酸可用于化肥、化工、医药、石油提炼等工业。

危险特性：遇 H 发孔剂能立即燃烧，遇氰化物产生剧毒气体，遇可燃物、有机物能引起炭化甚至燃烧；遇电石、高氯酸盐、硝酸盐、苦味酸盐、金属粉末等猛烈反应，引起燃烧或爆炸；遇水大量放热，故绝不可将水加入浓硫酸中，因发热引起爆溅伤人。有强腐蚀性，易灼伤皮肤，损坏衣物。有强烈的吸水性，可使木材、稻草、碳水化合物脱水而炭化。

灭火剂：干砂、二氧化碳（禁用加压的柱状水，以防飞溅影响消防人员安全）。

3. 乙酸（含量大于 80%）（UN 2789）

别名：醋酸、冰醋酸

化学式：CH_3COOH

理化性质：无色透明易燃液体，有刺激性酸臭；溶于水、乙醚、甘油，不溶于二硫化碳；与醇发生酯化反应；相对密度 1.05（水 =1），凝固点 16.7℃，沸点 118℃，闪点 39℃，爆炸极限为 4% ~17%。乙酸可用于制造醋酸盐、醋酸纤维素、医药、颜料、酯类、塑料、香料等。

危险特性：属中闪点液体，遇明火、高温、氧化性物质有燃烧危险；有较强的腐蚀性；有毒，车间空气中最高容许浓度为 20mg/m³；其蒸气对眼、鼻、喉、呼吸道有刺激性。

灭火剂：雾状水、泡沫、二氧化碳、砂土。

（二）碱性腐蚀性物质

1. 氢氧化钠（UN 1823）

别名：烧碱、苛性钠

化学式：NaOH

理化性质：白色易潮解的固体，有块、片、棒、粒等形状；溶于水并大量放热，水溶液呈强碱性；易吸收空气中的二氧化碳而变质；不溶于丙酮；相对密度 2.12（水 =1），熔点 318.4℃。氢氧化钠可用于石油精炼、造纸、肥皂、人造丝、染色、制革、医药、有机合成等。

危险特性：不燃；溶于水大量放热并成为腐蚀性液体，能破坏有机组织，伤害皮肤和毛织物；与酸起中和反应并放热。

灭火剂：砂土、水，但须防止遇水发热而飞溅伤人。

2. 硫化钠（UN 1849）

别名：硫化碱、臭碱

化学式：$Na_2S \cdot 5H_2O$；$Na_2S \cdot 9H_2O$

理化性质：工业品常为红褐色块状或片状固体，易潮解，具有腐蛋臭味；易溶于水，水溶液呈强碱性，不溶于乙醚。硫化钠可用于制造硫化染料、皮革脱毛剂、金属冶炼、照相、人造丝脱硝等。

危险特性：遇酸产生有毒气体硫化氢；水溶液有腐蚀性。无水硫化钠为无色或米黄色结晶固体，有可燃性，受撞击或急速受热能引起爆炸，属自燃物品。

灭火剂：水、砂土。

（三）其他腐蚀性物质

1. 苯酚钠（UN 2905）

化学式：$NaOC_6H_5$

理化性质：白色针状结晶，易潮解；能溶于水和乙醇。苯酚钠可用作防腐剂、有机合成中间体，在防毒面具中用以吸收光气。

危险特性：可燃；受热分解或遇酸放出有毒气体；有腐蚀性。

灭火剂：雾状水、泡沫、二氧化碳、砂土。

2. 甲醛溶液（UN 2209）

别名：福尔马林溶液

分子式：HCHO

理化性质：有刺激气味的无色液体，甲醛的质量分数约为37%，是较强的还原剂。有凝固蛋白质作用，故可作标本防腐剂。密度0.82（水=1），沸点101℃。用于制酚醛树脂、脲醛树脂、乌洛托品、季戊四醇、染料等，也用作农药和消毒剂。

危险特性：属有机腐蚀性物质。

灭火剂：水、砂土。

自学指导

本章学习重点：各类危险化学品的危险特性及主要危险性的影响因素；各类危险化学品的泄漏着火应急措施。

1. 各类危险化学品的危险特性：爆炸品的危险特性；气体的危险特性；易燃液体的危险特性；易燃固体、易于自燃的物质、遇水放出易燃气体的物质的危险特性；氧化性物质和有机过氧化物的危险特性；毒性物质的危险特性；腐蚀性物质的危险特性。

2. 各类危险化学品的泄漏着火应急措施：不同危险化学品泄漏时的处置措施；不同危险化学品应采用的灭火剂以及灭火的基本方法；灭火后火场的处理。

复习思考题

一、填空题

1. 爆炸品的________和______是决定其具有爆炸性质的主要因素。

2. 根据气体的危险特性，可以将其分为三项：______、________、有毒气体。

3. 一般来说，介电常数小于______、电阻率大于______的易燃液体都有较大的带电能力。

4. 根据状态的不同，氧化性物质有________和________之分。

5. 毒性物质引起人体及其他动物中毒的途径是______、______和消化道三个方面。

6. 根据腐蚀性物质化学性质的不同，可将其分为三类：______、碱性腐蚀性物质、______。

7. 按照放射性的大小不同，可将放射性物质分为______、______和三类放射性物质。

8. 有机过氧化物，是指含有________结构的有机物质。

9. 在硝基化合物中，其毒性随硝基的增加而______。

10. 易燃液体是指易燃的液体或液体混合物，或是在溶液或悬浮液中有固体的液体，其闭杯试验闪点不高于______，或者开杯试验闪点不高于______。

二、选择题

1. 电石起火后，可采取（　　）作为灭火剂。

A. 水　B. 抗溶性泡沫　C. 干粉　D. 雾状水

2. 氯气属于危险化学品的第（　　）项。

A. 2.1　B. 2.2　C. 2.3　D. 2.4

3. 扑救爆炸品火灾的最好的灭火剂是（　　）。

A. 水　B. 水蒸气　C. 砂土　D. 干粉

4. 运输自反应物质应采用（　　）。

A. Ⅰ类包装　B. Ⅱ类包装　C. Ⅲ类包装　D. 以上都不对

5. 腐蚀性物质着火，不可采用的灭火剂为（　　）。

A. 雾状水　B. 干砂　C. 干粉　D. 高压水

三、简答题

1. 易燃液体的危险特性有哪些？

2. 易于自燃的物质起火后，应如何扑救？

3. 影响毒性物质毒害性的因素有哪些？

4. 扑救毒性物质火灾应注意什么问题？

5. 有机过氧化物有哪些危险？

6. 腐蚀性物质的危险特性是什么？

第三章 危险化学品储存防火

学习目标

1. 应了解、知道的内容：

危险化学品储存火灾原因；

危险化学品储存方式、储存安排及储量限制；

国家对储存数量构成重大危险源的危险化学品储存设施的规定。

2. 应理解、清楚的内容：

危险化学品储存消防安全要求及消防安全操作条件；

危险化学品仓库防火检查内容；

危险化学品经营的防火要求。

3. 应掌握、会用的内容：

危险化学品储存原则；

气瓶防火要求；

危险化学品夏季储存要求及储存养护；

各类危险化学品分类储存要求。

自学时数 12 学时

老师导学

本章在分析危险化学品储存火灾原因的基础上，阐述了危险化学品储存方式和原则，重点分析了危险化学品储存的消防要求。在本章的学习中，要注重应用，能够把危险化学品储存的消防安全基本知识、消防安全要求和措施与实际相结合，分析研究案例，从中领悟危险化学品储存中火灾爆炸危险性和安全监督管理的重要性，学会从事故分析中汲取经验教训。

危险化学品的储存是指危险化学品在离开生产领域而尚未进入消费领域之前在流通过程中形成的一种停留。危险化学品的储存是非常重要的一个流通环节。生产企业、经营企业、专门的储存企业以及使用危险化学品企业都涉及储存问题。危险化学品在集中储存时，往往储存种类多、数量大，安全条件要求高，因此，危险化学品储存中的火灾爆炸危险性特别大，必须高度重视其安全管理工作。

第一节 危险化学品储存火灾原因分析

危险化学品储存过程中发生火灾的原因是多方面的，但从众多的火灾案例分析发现，任何一场火灾的发生不外乎是防火技术、安全管理、安全教育三方面的措施存在缺陷所致。

一、危险化学品发生火灾的防火技术措施缺陷

防火技术措施主要是指危险化学品储存场所的防火设计、储存设施、设备的设计、施工、使用，消防设施、设备等。危险化学品发生火灾的防火技术措施缺陷具体表现在：

（一）建筑不符合存放要求

危险化学品储存场所建筑的耐火极限、防火间距、库房层数、占地面积、通风设计、控制温度、湿度的措施等都有严格的要求。如果建筑不符合存放要求，库房的建筑设施不符合要求，造成库房内温度过高、通风不良、湿度过大，或漏雨、进水，阳光直射，有的缺少保暖措施，使物品达不到安全储存的要求而发生事故。

（二）防雷、防静电措施不力

危险化学品储存场所的建筑物要求有避雷设施，大型露天储存容器要有避雷和静电接地设施，并保证完好，达到相应的要求。由于危险化学品仓库或者贮罐区，一般都是单独的建筑物或区域，在防雷设施缺乏或者达不到技术要求时，易遭受雷击而起火爆炸。易燃危险化学品储运过程中，很容易产生静电，在没有完好的静电防护措施的情况下，也容易引发火灾爆炸事故。

（三）危险化学品包装不符合要求

危险化学品的容器包装出厂不符合安全要求，使用中损坏，都会引起事故。常见的情况有硫酸坛之间用稻草等易燃物隔垫，压缩气瓶不带安全帽；金属钾、钠的容器渗漏；黄磷的容器缺水；电石桶内充灌的氮气泄漏；盛装易燃液体的玻璃容器瓶盖不严；瓶身上有气泡疵点，受阳光照射而聚焦等。出现这些情况往往导致事故发生。

二、危险化学品发生火灾的安全管理措施缺陷

危险化学品的特性决定了这种物品在储存过程中有别于其他物资，从出、入库的装卸、搬运以及在库养护管理上都需要严格按照操作规定、管理规定认真执行，否则就会发生事故。

（一）火源管理制度不落实，火源控制不严

在危险化学品储存中可能的火源包括明火焰、赤热体、火星和电火花以及化学能等。具体体现在两个方面：

1）外来火种。如烟囱飞火、汽车排气管的火星、库房周围的明火作业、吸烟的烟头等。

2）内部设备不良，操作不当引起的电火花、撞击火花和太阳能、化学能等。如电气设备不防爆或防爆等级不够，装卸作业使用铁质工具碰击打火，露天存放时太阳的暴晒等。如有一个大型仓库，在用户来提运氯酸钠（氧化性物质）时，已经装车完毕，正待起动，有一位工人将一只空木箱顺手扔到车上，碰到撒落在车上的氯酸钠碎屑，立即起火，把已经装上车的氯酸钠和汽油全部烧毁。

（二）养护管理不善

（1）产品过期变质　有些危险化学品因过期变质而发生事故，如硝酸甘油，安全储存期为8个月，逾期后自燃的可能性很大，而且在低温时容易析出结晶，当固、液两相共存时，硝酸甘油的敏感度特别高，微小的外力作用就足以使其分解而发生爆炸。如某学校一座面积为60m^{2}的钢筋混凝土小型危险化学品仓库，存放的硝酸甘油因超过安全储存期，自燃起火爆炸。仅1.3kg的硝酸甘油，加上库房内的25kg硝化棉及37瓶乙醚，就使整座仓库被炸塌，库房的防火门也被炸成两段，飞出60m以外。由于有足够的防火间距，才没有造成其他损失。

(2) 库房温湿度不符合要求　有的危险化学品具有受热、受潮、接触空气而起火的危险特性。如果仓库建筑的条件差，不采取隔热降温措施，会使物品受热；保管不善，仓库漏雨进水，会使物品受潮；盛装的容器破损，使物品接触空气等，均会引起燃烧爆炸事故。例如硝化纤维素和赛璐珞，温度超过40℃时，能加速其分解而自燃。85.7%的硝化纤维类物品火灾事故多发生在气候闷热、潮湿，气温急剧上升的六、七、八月份，这个时期硝化纤维容易发生自燃。

三、危险化学品发生火灾的安全教育措施缺陷

危险化学品从业人员的安全教育是遏制和减少人为因素造成事故的有力措施。通过教育使从业人员掌握危险化学品的特性及安全操作、防火防爆基本措施、养护管理方法、管理制度等。危险化学品储存中常常因为教育措施不到位而引发事故。

(一) 违反操作规程

搬运危险化学品没有轻装轻卸；堆垛过高不稳倒桩或在库房内改装打包、封焊修理等，违反安全操作规程，容易造成事故。

(二) 扑救不当

发生火警时，因不熟悉危险化学品的性能和灭火方法，使用不当的灭火器材，反而使火灾扩大，造成更大危险。如用水扑救油类和遇水燃烧物品火灾；用二氧化碳扑救闪光粉、铝粉一类的轻金属粉火灾等。

(三) 混放性质相抵触的物品

出现混放性质相抵触的危险化学品，往往是由于保管人员缺乏知识，或者是有些危险化学品出厂时缺少鉴定，在产品说明书上没有标清楚而造成的；也有一些单位因储存场地缺少，而任意混存混放。如某造漆厂的硝化棉仓库中，放进了环氧树脂固化剂间苯二甲胺，因容器渗漏，接触到硝化棉，立即起火，造成重大火灾。事后进行验证，这种固化剂滴到硝化棉上，经过12s，就会发热冒出棕色浓烟而起火。

第二节　危险化学品储存方式、原则和要求

危险化学品种类不同，性质不同，即便是同类不同项的危险化学品之间，其性质也不尽相同。不少危险化学品之间性质相互抵触，如果相互接触，可能发生危险化学反应，从而引发火灾爆炸事故，因此，危险化学品储存时必须按照储存原则，分区、分库和分类储存。

一、危险化学品的储存方式

根据危险化学品储存的空间距离不同，将其储存的方式分为三种：

1. 隔离储存（Segregated storage）

同一房间或同一区域内，不同的物料之间分开一定距离，非禁忌物料间用通道保持空间的储存方式。

2. 隔开储存（Cut-off storage）

在同一建筑或同一区域内，用隔板或墙，将其与禁忌物料分离开的储存方式。

3. 分离储存（Detached storage）

储存在不同的建筑物或远离所有建筑的外部区域内的储存方式。

二、危险化学品储存原则

1）根据危险化学品的性能分区、分类、分库储存。

2）各类危险化学品不得与性质相互抵触的物品（有时也称禁忌物料）混合储存。

三、储存安排及储存量限制

1）危险化学品储存安排取决于危险化学品分类、分项、容器类型、储存方式和消防的要求。

2）储存量及储存安排见表 3-1。

3）遇火、遇热、遇潮能引起燃烧、爆炸，或发生化学反应产生有毒气体的危险化学品不得在露天或在潮湿、积水的建筑物中储存。

表 3-1　储存量与储存安排

储存要求	储存方式			
	露天储存	隔离储存	隔开储存	分离储存
平均单位面积储存量/(t/m^2)	1.0～1.5	0.5	0.7	0.7
单一储存区最大储存量/t	2 000～2 400	200～300	200～300	400～600
垛距限制/m	2	0.3～0.5	0.3～0.5	0.3～0.5
通道宽度/m	4～6	1～2	1～2	5
墙距宽度/m	2	0.3～0.5	0.3～0.5	0.3～0.5
与禁忌物料距离/m	10	不得同库储存	不得同库储存	7～10

4）受日光照射能发生化学反应引起燃烧、爆炸、分解、化合或能产生有毒气体的危险化学品应储存在一级建筑物中，其包装应采取避光措施。

5）爆炸品不准和其他类物品同储，必须单独隔离限量储存，仓库不准建在城镇，还应与周围建筑、交通干道、输电线路保持一定安全距离。

6）气体必须与爆炸品、氧化性物质、易燃物品、易于自燃的物质、腐蚀性物质隔离储存。易燃气体不得与助燃气体、剧毒气体同储；氧气不得与油脂混合储存，盛装液化气体的容器属压力容器的，必须有压力表、安全阀、紧急截断装置，并定期检查，不得超装。

7）易燃液体、遇水放出易燃气体的物质、易燃固体不得与氧化性物质混合储存，具有还原性的氧化性物质应单独存放。

8）有毒物品应储存在阴凉、通风、干燥的场所，不要露天存放，不要接近酸类物质。

9）腐蚀性物质，包装必须严密，不允许泄漏，严禁与液化气体和其他物品共存。

四、各类危险化学品之间分类储存要求

在危险化学品中，爆炸品必须专库隔离储存。这里主要介绍其他几类危险化学品之间分类储存要求。

（一）气体

1. 气体之间

可燃气体与氧化性气体混合，遇火源易着火甚至爆炸，应隔离存放。

2. 气体与易于自燃的物质、遇水放出易燃气体的物质等易燃物品之间

甲类易于自燃的物质在空气中能自行燃烧，如遇易燃或氧化性（助燃）气体能加剧燃烧，同时燃烧的高温会造成钢瓶爆裂，扩大事故。因此，剧毒、可燃、氧化性（助燃）气体均不得与甲类易于自燃的物质同储和配装；与乙类易于自燃的物质，遇水放出易燃气体的物质（灭火方法不同）应隔离存放和配装；可燃液体、固体与剧毒、氧化性气体不得同储和配装。

3. 气体与腐蚀性物质

剧毒气体、可燃气体不得与硝酸、硫酸等强酸配装和同储，与氧化性（助燃）气体、不燃气体应隔离储存和配装。因为这些酸类有较强的氧化作用，不仅遇到某些剧毒和易燃气体能发生化学反应，而且这些酸有较强的腐蚀性，能使钢瓶腐蚀而损坏。

4. 气瓶与油脂及含油物质、易燃物之间

氧气瓶及氧气空瓶不得与油脂及含油物质、易燃物同储和配装。因为氧气有较强的氧化性，当与易被氧化和易燃的油脂接触时，能使油脂氧化而产生热量，致使油脂自燃着火，产生的高热反过来可造成氧气钢瓶的爆炸。

（二）易燃液体

易燃液体本身易燃，大都具有一定的毒性。如甲醇、苯、二硫化碳等，原则上应单独存放。但因各种条件的限制，不得不与其他种类的危险化学品同储时，应遵守如下原则：

1）与甲类易于自燃的物质不能同储，与乙类易于自燃的物质应隔离存放。因为易于自燃的物质可自行燃烧。

2）与腐蚀性物质溴、过氧化氢、强酸（如硝酸等）不可同储，如量甚少时，也应隔离存放，并保持2m以上的间距。因为溴、过氧化氢、强酸（如硝酸等）都有较强的氧化性。

3）含水的易燃液体和需要加水存放或运输的易燃液体，不得与遇水放出易燃气体的物质同储。如二硫化碳本身虽不含水，但储运时要有不少于容器1/4的水层覆盖液面，所以不能和遇水放出易燃气体的物质同储。

（三）易燃固体

1. 易燃固体与易于自燃的物质

因为甲类易于自燃的物质性质不稳定可以自行氧化燃烧，会引起易燃固体的燃烧，所以不能同库储存，与乙类易于自燃的物质也应隔离储存。

2. 易燃固体与遇水放出易燃气体的物质

因为与遇水放出易燃气体的物质灭火方法不同，且有的性质相互抵触，所以不能同库储存。

3. 易燃固体与氧化性物质

因为易燃固体都有很强的还原性，与氧化性物质接触或混合都有引起着火爆炸的危险，所以都不能同库存放。

4. 易燃固体与腐蚀性物质

与具有氧化性的腐蚀性物质如溴、过氧化氢、硝酸等不可同库储存，与其他酸性腐蚀性物品可同库隔离存放，但H发孔剂与某些酸作用能引起燃烧，所以不宜同库存放。

5. 易燃固体之间

金属氨基化合物类、金属粉末、磷的化合物类等与其他易燃固体不宜同库储存，因灭火方法和储存保养措施不同；硝化棉、红磷、赛璐珞、火柴等均宜专库储存。樟脑、萘、赛璐珞制品，挥发出来的蒸气和空气可形成爆炸性的混合气体，遇着火源容易引起燃烧爆炸，宜专库储存。

（四）易于自燃的物质

1）甲类易于自燃的物质不得与爆炸品、氧化性物质、氧化性气体（助燃）、易燃液体、易燃固体同库存放。

2）黄磷、651除氧催化剂不得与遇水放出易燃气体的物质同库存放。硼、锌、铝、锑的碳氢化合物等甲类易于自燃的物质与遇水放出易燃气体的物质可隔离储存。

3）甲类易于自燃的物质与乙类易于自燃的物质应隔离存放。

4）腐蚀性物质，如溴、硝酸、过氧化氢（质量分数为40%的双氧水）具有较强的氧化性，易于自燃的物质与之不可同库存放。与盐酸、甲酸、醋酸和碱性腐蚀性物质，不准同库存放或隔离存放。

（五）遇水放出易燃气体的物质

1）遇水放出易燃气体的物质不得与易于自燃的物质同库存放。因为易于自燃的物质危险性大，见空气即着火，且黄磷、651除氧催化剂等，包装用水作稳定剂，一旦包装破损或渗透都有引起着火的危险。

2）遇水放出易燃气体的物质与氧化性物质不可同库存放。因为遇水放出易燃气体的物质是还原剂，遇氧化性物质会剧烈反应，发生着火和爆炸。

3）遇水放出易燃气体的物质与腐蚀性物质，如溴、过氧化氢、硝酸、硫酸等不得同库存放，因为其都具有较强的氧化性，与遇水燃烧物品接触会立即着火或爆炸。且过氧化氢还含有水，也会引起着火爆炸。与盐酸、甲酸、醋酸和含水碱性腐蚀性物质如液碱等，应隔离存放。

4）遇水放出易燃气体的物质与含水的易燃液体和以水作稳定剂的易燃液体，如乙酸、二硫化碳等，均不得同库存放。

5）遇水放出易燃气体的物质，如活泼金属及其氢化物可同库存放；电石受潮后产生大量乙炔气，其包装易发生爆破，应单独存放。磷化钙、硫化钠、硅化镁等受潮后能产生大量易燃的毒气和易自燃的毒气，应单独存放。

（六）氧化性物质和有机过氧化物

1. 氧化性物质和有机过氧化物之间

甲类无机氧化性物质与有机氧化性物质特别是有机过氧化物不能同库储存。因为绝大多数的甲类无机氧化性物质都具有容易分解出氧的特性。如过氧化钠在空气中吸收二氧化碳能放出氧，氯酸钾、硝酸钠等受热后也会分解而放出氧。而有机氧化性物质特别是有机过氧化物对热、振动特别敏感而且易燃，遇到氧能加剧其燃烧，甚至引起爆炸。

漂白粉及无机氧化性物质亚硝酸盐、亚氯酸盐、次亚氯酸盐（漂粉精）不得与其他氧化性物质和有机过氧化物同库储存。因为上述氧化性物质本身具有中间价态的原子，除具有氧化性外，当遇到比其氧化性更强的氧化性物质时，即表现出还原性。

2. 氧化性物质与气体

甲类氧化性物质与易燃或剧毒气体不可同库储存，因为甲类氧化性物质的氧化能力强，与剧毒气体或易燃气体接触容易引起燃烧或钢瓶爆炸。特别是剧毒易燃气体钢瓶爆炸后放出毒气，施救困难，会造成大批人员中毒。

乙类氧化性物质与压缩和液化气体可隔离后储存，即保持2m以上的间距，与惰性气体可同库储存。

3. 氧化性物质与自燃、易燃、遇水放出易燃气体的物质

氧化性物质与自燃、易燃、遇水放出易燃气体的物质一般不可同库储存，因为易于自燃的物质燃烧时，能从氧化性物质中得到氧，加剧燃烧。如白磷遇到氯酸钾会立即燃烧爆炸。

遇水放出易燃气体的物质，都有较强的还原性，遇氧化性物质不仅会起火，甚至爆炸，并且有些遇水放出易燃气体的物质盛装在矿物油中，有可能渗漏，其灭火方法也不同。

易燃液体遇氧化性物质会燃烧，如酒精遇到铬酸酐会立即剧烈燃烧。

易燃固体中的部分物品与氧化性物质混合能成为爆炸性混合物，受热、撞击、摩擦能起火或爆炸。如硫黄遇到过氧化钠，微触动立即燃烧爆炸。

4. 氧化性物质与毒性物质

无机氧化性物质与毒性物质应隔离储存，有机氧化性物质与毒性物质可以同库隔离储存，但与有可燃性的毒性物质不可同库储存。因为毒性物质大多是有机物，与无机氧化性物质接触能引起燃烧。如1,1-二氯丙酮，能与氧化性物质剧烈反应；双乙烯酮遇过氧化物则加速聚合而爆炸。

有些有机农药，遇无机氧化性物质能引起化学反应，破坏农药结构而失效。

无机剧毒品中有些易被氧化，氧化后有爆炸性，或者变成剧毒物质。如氰化钠、氰化钾及其他氰化物，与氯酸盐或亚硝酸盐混合后能发生爆炸。

5. 氧化性物质与腐蚀性物质

有机过氧化物不得与溴和硫酸等氧化性腐蚀性物质同库储存。因为这些物品相互接触能发生剧烈反应，尤其是溴及各种强酸的反应更为突出。如过氧化苯甲酰与硫酸相遇即会燃烧。

漂白粉不得与无机氧化性物质同库储存。

硝酸盐与硝酸、发烟硝酸可同库储存，但不得与硫酸、发烟硫酸、氯磺酸同库储存，其他无机氧化性物质与硝酸、硫酸、发烟硫酸、氯磺酸等均不得同库储存。

因硝酸（或发烟硝酸）和硝酸盐含有共同的组成部分——硝酸根，因而它们之间不能进行化学反应，故二者可以同库储存。其他无机氧化性物质与硝酸、硫酸、氯磺酸等强酸接触能发生剧烈反应，如氯酸钾遇浓硫酸立即燃烧爆炸，所以无机氧化性物质与上述各酸不得同库储存。

6. 氧化性物质与粉状物

氧化性物质（是指无机氧化性物质）不得与松软的粉状物同库储存。如煤粉、焦粉、炭黑、糖淀粉、锯末等，因为无机氧化性物质若撒漏与这些物品混合，遇热或稍经摩擦，可能燃烧或爆炸。

（七）毒性物质

1）无机毒性物质与无机氧化性物质之间和有机毒性物质的固体与硝酸的有机衍生物之间应隔离存放。

2）无机毒性物质与氧化性（助燃）气体，应隔离存放，与不燃气体可同库存放；有机

毒性物质与不燃气体应隔离存放。

3）液体的有机毒性物质与易燃液体可隔离后存放。

4）有机毒性物质的固体与乙类易燃固体可同储，但与甲类易燃固体应隔离后存放，无机毒性物质与乙类易燃固体可隔离后存放。

5）有机毒性物质的固体与液体之间，以及与无机毒性物质之间，均应隔离后存放；有机毒性物质的液体与液体，固体与固体之间，无机的剧毒品与有毒品之间均可同库储存。

6）其他种类物品均不可同库存放。

（八）腐蚀性物质

腐蚀性物质与其他种类的物品之间和腐蚀性物质中的有机与无机腐蚀性物质之间，酸性与碱性物品之间，可燃液体与可燃固体之间，都应在单独仓间存放，不可混储。

1. 腐蚀性物质之间

无机碱性腐蚀性物质与有机碱性腐蚀性物质，其他无机腐蚀性物质与其他有机腐蚀性物质之间可隔离后存放。其理由是：

1）溴与硝酸、硫酸等混合，能加强其腐蚀性，应隔离后存放。

2）过氧化氢易与硝酸发生反应放出大量气体，遇三氯化磷等会起脱水作用，产生高温，甚至发生爆炸，遇其他酸性腐蚀性物质，能发生化学反应，产生氯或氯化氢气体。过氧化氢和酸性腐蚀性物质应隔离后存放。

3）硝酸、硫酸等强酸和其他酸性腐蚀性物质接触，能发生氧化或脱水作用而引起燃烧，应隔离后存放。

4）漂白粉、生石灰遇硝酸等强酸能发生分解，产生高温，甚至发生爆炸，两者不能同库存放。

2. 腐蚀性物质与可燃液体之间

有机酸性腐蚀性物质与乙类可燃液体之间可隔离后储存，有机碱性腐蚀性物质与可燃液体之间可同库储存，但堆垛须间隔 2m 以上。

3. 腐蚀性物质与可（易）燃固体之间

无机碱性腐蚀性物质与乙类可燃固体之间可隔离存放。

其他种类的物品均应单独仓间存放，不可混储。

第三节　危险化学品仓储防火

仓储是指使用仓库、场地对产品进行储存和保管，是产品流通过程中的重要环节。危险化学品由于具有特别的危险性，一般都使用仓库进行储存。危险化学品仓库包括危险化学品专业储存仓库、危险化学品使用单位储存仓库、危险化学品生产单位的小型危险化学品仓库、化工商店的自备危险化学品仓库等。由于其储存物品的特殊性，需按要求进行储存和管理，以达到与储存物品性能相适应的消防安全要求。

一、危险化学品储存监督管理

（一）规划与建设

1）国家对危险化学品的生产、储存实行统筹规划、合理布局。

2）危险化学品生产装置或者储存数量构成重大危险源的危险化学品储存设施（运输工具、加油站、加气站除外），与下列场所、设施、区域的距离应当符合规定。

① 居住区以及商业中心、公园等人员密集场所。

② 学校、医院、影剧院、体育场（馆）等公共设施。

③ 饮用水源、水厂以及水源保护区。

④ 车站、码头（依法经许可从事危险化学品装卸作业的除外）、机场以及通信干线、通信枢纽、铁路线路、道路交通干线、水路交通干线、地铁风亭以及地铁站出入口。

⑤ 基本农田保护区、基本草原、畜禽遗传资源保护区、畜禽规模化养殖场（养殖小区）、渔业水域以及种子、种畜禽、水产苗种生产基地。

⑥ 河流、湖泊、风景名胜区、自然保护区。

⑦ 军事禁区、军事管理区。

⑧ 法律、行政法规规定的其他场所、设施、区域。

储存数量构成重大危险源的危险化学品储存设施的选址，应当避开地震活动断层和容易发生洪灾、地质灾害的区域。

3）新建、改建、扩建生产、储存危险化学品的建设项目（以下简称建设项目），应当由安全生产监督管理部门进行安全条件审查。

建设单位应当对建设项目进行安全条件论证，委托具备国家规定的资质条件的机构对建设项目进行安全评价，并将安全条件论证和安全评价的情况报告报建设项目所在地区的市级以上人民政府安全生产监督管理部门；安全生产监督管理部门应当自收到报告之日起45日内作出审查决定，并书面通知建设单位。

新建、改建、扩建储存、装卸危险化学品的港口建设项目，由港口行政管理部门按照国务院交通运输主管部门的规定进行安全条件审查。

4）生产实施重点环境管理的危险化学品的企业，应当按照国务院环境保护主管部门的规定，将该危险化学品向环境中释放等相关信息向环境保护主管部门报告。环境保护主管部门可以根据情况采取相应的环境风险控制措施。

（二）安全生产许可

危险化学品生产企业进行生产前，应当依照《安全生产许可证条例》的规定，取得危险化学品安全生产许可证。

生产列入国家实行生产许可制度的工业产品目录的危险化学品的企业，应当依照《工业产品生产许可证管理条例》的规定，取得工业产品生产许可证。

（三）提供《化学品安全技术说明书》与《化学品安全标签》

危险化学品生产企业应当提供与其生产的危险化学品相符的化学品安全技术说明书，并在危险化学品包装（包括外包装件）上粘贴或者拴挂与包装内危险化学品相符的化学品安全标签。化学品安全技术说明书和化学品安全标签所载明的内容应当符合国家标准的要求。

危险化学品生产企业发现其生产的危险化学品有新的危险特性的，应当立即公告，并及时修订其化学品安全技术说明书和化学品安全标签。

（四）生产与储存安全管理

1）生产、储存危险化学品的单位，应当根据其生产、储存的危险化学品的种类和危险特性，在作业场所设置相应的监测、监控、通风、防晒、调温、防火、灭火、防爆、泄压、防毒、中和、防潮、防雷、防静电、防腐、防泄漏以及防护围堤或者隔离操作等安全设施、设备，并按照国家标准、行业标准或者国家有关规定对安全设施、设备进行经常性维护、保养，保证安全设施、设备的正常使用。

生产、储存危险化学品的单位，应当在其作业场所和安全设施、设备上设置明显的安全警示标志。

2）生产、储存危险化学品的单位，应当在其作业场所设置通信、报警装置，并保证处于适用状态。

3）生产、储存危险化学品的企业，应当委托具备国家规定的资质条件的机构，对本企业的安全生产条件每3年进行一次安全评价，提出安全评价报告。安全评价报告的内容应当包括对安全生产条件存在的问题进行整改的方案。

生产、储存危险化学品的企业，应当将安全评价报告以及整改方案的落实情况报所在地县级人民政府安全生产监督管理部门备案。在港区内储存危险化学品的企业，应当将安全评价报告以及整改方案的落实情况报港口行政管理部门备案。

4）生产、储存危险化学品的单位，应当对其铺设的危险化学品管道设置明显标志，并对危险化学品管道定期检查、检测。

进行可能危及危险化学品管道安全的施工作业，施工单位应当在开工的7日前书面通知管道所属单位，并与管道所属单位共同制订应急预案，采取相应的安全防护措施。管道所属单位应当指派专门人员到现场进行管道安全保护指导。

5）生产、储存剧毒化学品或者国务院公安部门规定的易制爆危险化学品的单位，应当如实记录其生产、储存的剧毒化学品、易制爆危险化学品的数量、流向，并采取必要的安全防范措施，防止剧毒化学品、易制爆危险化学品丢失或者被盗；发现剧毒化学品、易制爆危险化学品丢失或者被盗的，应当立即向当地公安机关报告。

生产、储存剧毒化学品、易制爆危险化学品的单位，应当设置治安保卫机构，配备专职治安保卫人员。

6）储存危险化学品的单位应当建立危险化学品出入库核查、登记制度。对剧毒化学品以及储存数量构成重大危险源的其他危险化学品，储存单位应当将其储存数量、储存地点以及管理人员的情况，报所在地县级人民政府安全生产监督管理部门（在港区内储存的，报港口行政管理部门）和公安机关备案。

7）危险化学品应当储存在专用仓库、专用场地或者专用储存室（以下统称专用仓库）内，并由专人负责管理；剧毒化学品以及储存数量构成重大危险源的其他危险化学品，应当在专用仓库内单独存放，并实行双人收发、双人保管制度。

危险化学品的储存方式、方法以及储存数量应当符合国家标准或者国家有关规定。

8）危险化学品专用仓库应当符合国家标准和行业标准的要求，并设置明显的标志。储存剧毒化学品、易制爆危险化学品的专用仓库，应当按照国家有关规定设置相应的技术防范设施。

储存危险化学品的单位应当对其危险化学品专用仓库的安全设施、设备定期进行检测、检验。

（五）其他要求

1）危险化学品的储存必须遵照国家法律、法规和其他有关的规定。

2）危险化学品必须储存在经有关部门批准设置的专门的危险化学品仓库中，经销部门自管仓库储存危险化学品及储存数量必须经有关部门批准。未经批准不得随意设置危险化学品储存仓库。

3）危险化学品露天堆放，应符合防火、防爆的安全要求，爆炸品、一级易于自燃的物质、遇水放出易燃气体的物质、剧毒物品不得露天堆放。

4）储存危险化学品的仓库必须配备具有专业知识的技术人员，其库房及场所应设专人管理，同时必须配备可靠的个人防护用品。

5）储存危险化学品可按爆炸品、气体、易燃液体、易燃固体、易于自燃的物质和遇水放出易燃气体的物质、氧化性物质和有机过氧化物、毒性物质、放射性物质、腐蚀性物质等分类。

6）储存危险化学品应有明显的标志，标志应符合《危险货物包装标志》（GB 190—2009）的规定。如同一区域储存两种以上不同级别的危险化学品时，应按最高等级危险化学品的性能标示。

7）储存危险化学品应根据危险化学品的性能分区、分类、分库储存。各类危险化学品不得与禁忌物料混合储存。

8）储存危险化学品的建筑物、区域内严禁吸烟和使用明火。

二、危险化学品储存建筑防火要求

危险化学品库房发生火灾、爆炸的危险性大，火灾发生后蔓延快，所以危险化学品库房建造的层数、占地面积，建筑的耐火等级都有严格的要求，以利于防火和灭火。同时要求按照储存危险化学品的种类和性质设置相应的通风、防爆、泄压、报警、灭火、防雷、防晒、温湿度控制等设施。

（一）储存物品的火灾危险性分类

《建筑设计防火规范》将储存物品的火灾危险性分为甲、乙、丙、丁、戊五类。丁、戊类不包含危险化学品，因此，危险化学品储存的火灾危险性可分为甲、乙、丙三类。

1. 甲类

甲类危险化学品包括具有下列性质的危险化学品：

1）常温下能自行分解或在空气中氧化即能导致迅速自燃或爆炸的物质。

2）常温下受到水或空气中水蒸气的作用，能产生可燃气体并引起燃烧或爆炸的物质。

3）受撞击、摩擦或与氧化性物质、有机物接触时能引起燃烧或爆炸的物质。

4）闪点 $<28℃$ 的易燃液体。

5）爆炸下限 $<10\%$ 的可燃气体，以及受到水或空气中水蒸气的作用，能产生爆炸下限 $<10\%$ 的可燃气体的固体物质。

6）遇酸、受热、撞击、摩擦以及遇有机物或硫黄等易燃的无机物，极易引起燃烧或爆炸的强氧化性物质。

2. 乙类

乙类危险化学品包括具有下列性质的危险化学品：

1）不属于甲类的化学易燃危险固体。

2）闪点≥28℃，<60℃的易燃、可燃液体。

3）不属于甲类的氧化性物质。

4）助燃气体。

5）爆炸下限≥10%的可燃气体。

6）常温下与空气接触能缓慢氧化、积热不散引起自燃的危险物品。

3. 丙类

丙类危险化学品包括具有下列性质的危险化学品：

1）闪点>60℃的可燃液体。

2）可燃固体。

（二）库房的耐火等级、层数和占地面积

危险化学品仓库设计、建造都应该根据所储存物品的危险性和数量，确定建筑的耐火等级、仓库面积和层数，最低应满足表3-2的要求。

表3-2　危险化学品库房的耐火等级、层数与建筑面积

危险化学品的火灾危险性项别		最低耐火极限	最高允许层数	最大允许建筑面积/m^2						
				单层库房		多层库房		高层库房		库房的地下室或半地下室
				每座库房	防火墙间	每座库房	防火墙间	每座库房	防火墙间	防火墙间
甲	3,4项	一级	1	180	60	—	—	—	—	—
甲	1,2,5,6项	一、二级	1	750	250	—	—	—	—	—
乙	1,3,4项	一、二级	3	2000	800	900	300	—	—	—
乙	1,3,4项	三级	1	500	250	—	—	—	—	—
乙	2,5,6项	一、二级	5	2800	700	1500	500	—	—	—
乙	2,5,6项	三级	1	900	300	—	—	—	—	—
丙	1项	一、二级	5	4000	1000	2100	700	—	—	150
丙	1项	三级	1	1200	400	—	—	—	—	—
丙	2项	一、二级	不限	6000	1500	3000	1000	2800	700	300
丙	2项	三级	3	2100	700	1200	1200	—	—	—

（三）库房结构的防火要求

1. 地面

危险化学品储存仓库的地面要求易清扫、冲洗，对于储存易燃危险化学品的库房地面还要求不燃烧、撞击不产生火花。

摩擦、撞击不产生火花的地面有金属地面和非金属地面两种类型。不产生火花的非金属地面包括有机材料和无机材料两种结构。不发火花金属地面一般常用铜板、铝板、铅板等有色金属材料，采取局部铺设在水泥砂浆地面上的方法建造；不发火花有机材料地面，一般常用沥青、木材、塑料、橡胶等有机材料，采取在钢筋混凝土橡胶板或混凝土垫层上铺筑面层的方法建造。易燃危险化学品库房的不发火地面，一般采用不发火水泥石砂、细石混凝土、水磨石等无机材料建造，其构造与同一类地面构造相同。要求铺筑的水泥石砂等不发火面层，应选择经过试验合格的材料建造。

1）储存氧化性物质、易燃液体、固体和剧毒物品的库房，应采取容易冲洗的不燃烧地面。

2）存放甲、乙类桶装易燃液体的库房，应在库房门设水泥斜坡，坡顶高出库内地坪15～20cm。离地1m的内墙面应用水泥粉刷，防止易燃液体溢渗墙内。在库房内四周应设置明沟，通向库外墙角处的收集坑加设闸阀控制，收集坑加覆盖板，如图3-1所示。

3）遇水燃烧爆炸的物品库房，应设置有防止水浸渍损失的设施。

2. 墙

库房的墙应建造隔热的外墙，其厚度应大于36cm。在墙脚应设通风洞，通风洞一般设在窗户下方离地面30cm处，面积宜为30cm×20cm，其构造形式内高外低，内衬钢丝或铜丝网，外加铁栅栏及铁板闸门防护，需要通风时打开，如图3-2所示。

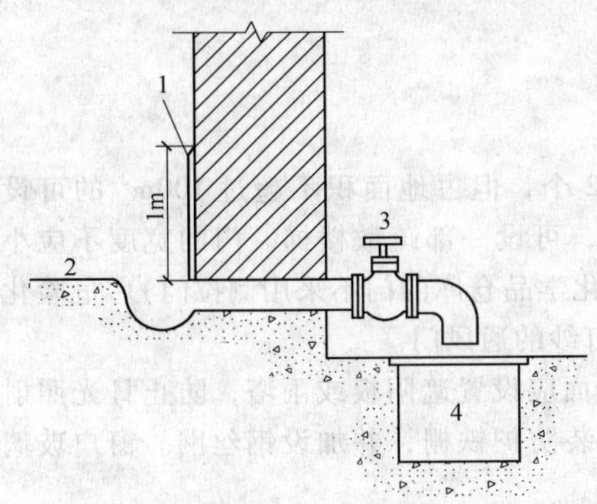

图3-1　库内明沟和库外收集坑

1—水泥粉刷层　2—室内明沟　3—闸阀　4—收集坑

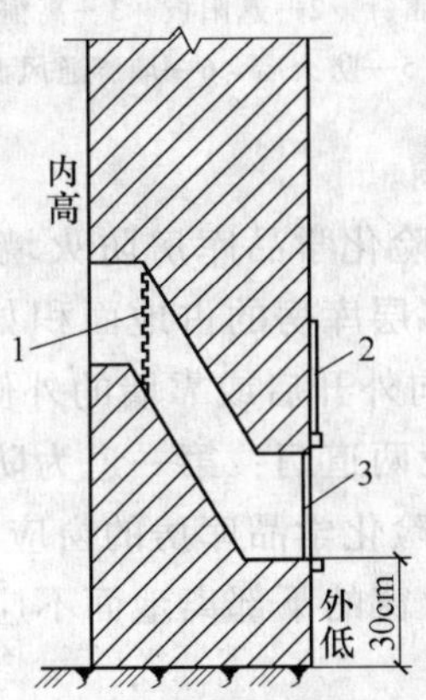

图3-2　墙角通风洞

1—内衬钢丝或铜丝网　2—铁板闸门　3—铁栅栏

库房之间的墙应建造为防火墙，以阻止火灾在库房之间蔓延，如图3-3所示。防火墙应为非燃烧体构成的耐火极限不低于4h的实体墙。根据设置位置，防火墙有内防火墙、外防火墙和室外独立建造的防火墙几种类型。为了在防火墙一侧的屋架、梁和楼板等因火灾的影响而破坏时不致倒塌，防火墙应直接砌筑在基础上或钢筋混凝土框架上。如果库房屋盖的耐火极限小于0.5h，防火墙应截断燃烧体或难燃烧体的屋顶结构，并高出屋面500mm，不燃烧体屋面应高出400mm。当库房建筑屋盖的耐火极限不小于0.5h时，防火墙砌至屋面基层的底部即可。

防火墙上不准开设门窗、孔洞，如果必须开设门窗时，应采用能自行关闭的甲级防火门窗，避免破坏防火分隔。

防火墙内不准设置排气管道和穿过墙体输送可燃气体、液体的管道。不燃物体的输送管道也不宜穿过，必须穿过时应用不燃材料将缝隙填塞密实。

防火墙不要建在库房的转角处，如果设在转角的附近时，其内转角两侧上的门窗、洞口之间最近的水平距离不应小于4m。

紧靠防火墙两侧的门窗、洞口之间最近的水平距离不应小于2m。如果以上两种门窗为固定的乙级防火门，可以不受限制。

3. 屋顶和屋面

库房的屋顶应采取隔热降温的双层通风式屋顶。库房檐口高度应不低于3.5m。屋面应为不燃、光滑、不粘粉尘的屋面。双层通风式屋顶构造如图3-4所示。

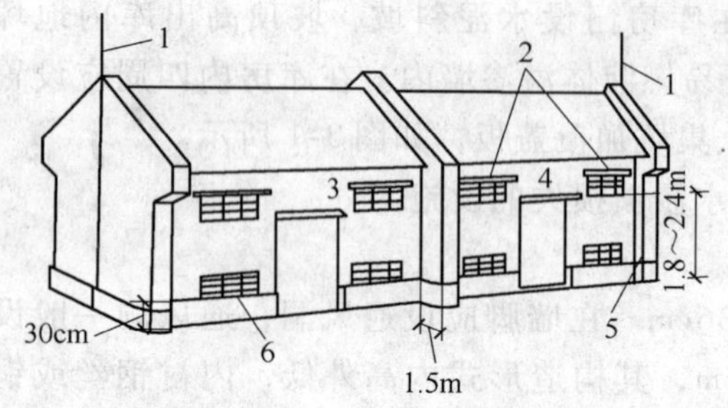

图3-3　伸出外墙的防火墙

1—避雷针　2—遮阳板　3—高窗　4—门

5—防火墙　6—墙脚通风洞

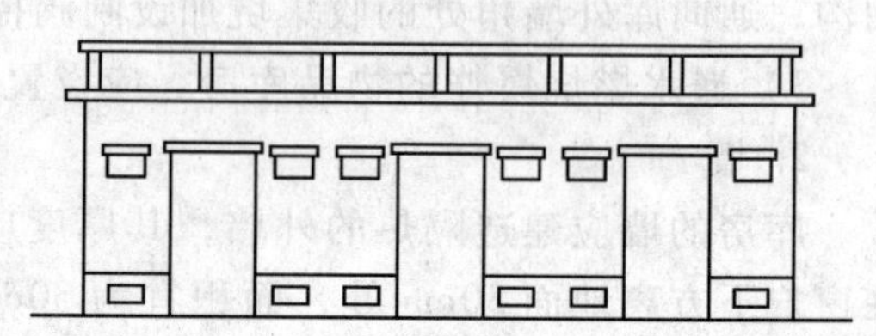

图3-4　双层通风式屋顶构造

4. 门窗

1）危险化学品库房防火墙间的门不应少于2个，但占地面积不超过100m²的可设一个。一座多层库房的占地面积如不超过300m²时，可设一部疏散楼梯。门的宽度不应小于2m，并应向外开启或靠墙的外侧推拉（甲类危险化学品仓库的门不采用侧拉门）。危险化学品库房宜设两道门：第一道为防火门，第二道为钉纱的通风门。

2）危险化学品库房的窗应采用高窗，窗的外面应设置遮阳板或雨塔，防止日光照射和雨水进入。窗的下部离地面不应低于2m。窗上安装防护铁栅，并加设钢丝网。窗户玻璃为毛玻璃。

（四）库房的通风和隔热降温设计

1）库房采取双层通风结构，如图3-4所示。

2）库房的隔热外墙厚度宜大于300mm。

3）根据需要，可以设置屋顶通风管，兼作泄压用，如图3-5所示。

4）设置墙角通风洞。

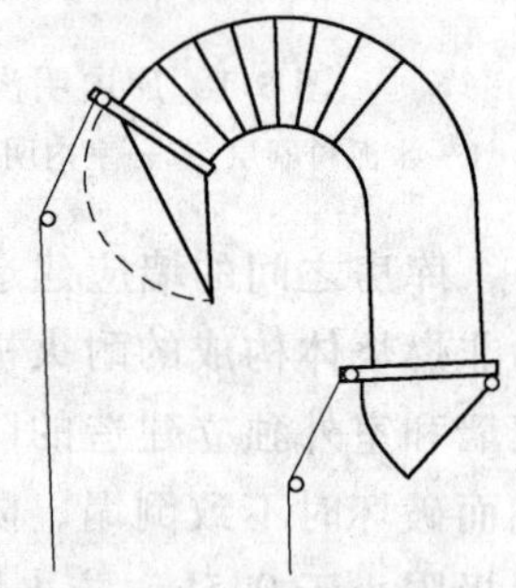

图3-5　屋顶通风管

（五）库房电气照明设备的防火设计要求

危险化学品仓库根据储存物品的性质、特点，电气照明设备要符合相应的防爆等级要求，不得安装不符合防爆等级要求的电气设备。如果安装防爆灯有困难，可以在仓库外面一定距离安装与窗户相对的投射照明灯，如图3-6所示，或者设置图3-7所示的壁龛式隔离照明灯。

（六）防雷

大型危险化学品仓库必须安装避雷装置。设置独立避雷针或在库房两端的防火墙上安装避雷针。避雷针的接地电阻和保护半径要符合要求。

三、危险化学品仓库布局要求

危险化学品储存场所统称为危险化学品仓库，包括化工库、试剂库，易燃流体贮罐区

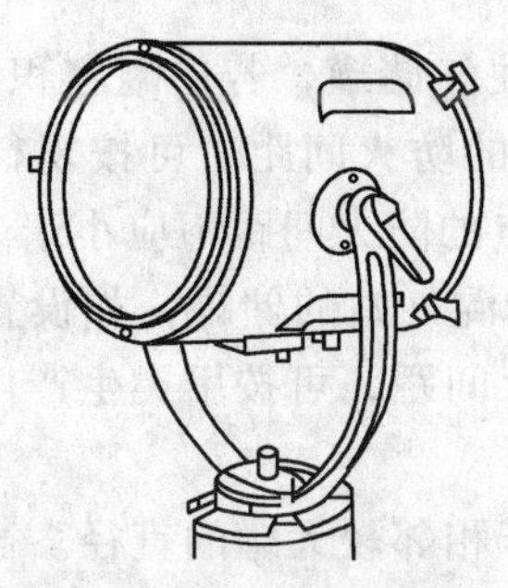

图 3-6 室外投射照明灯

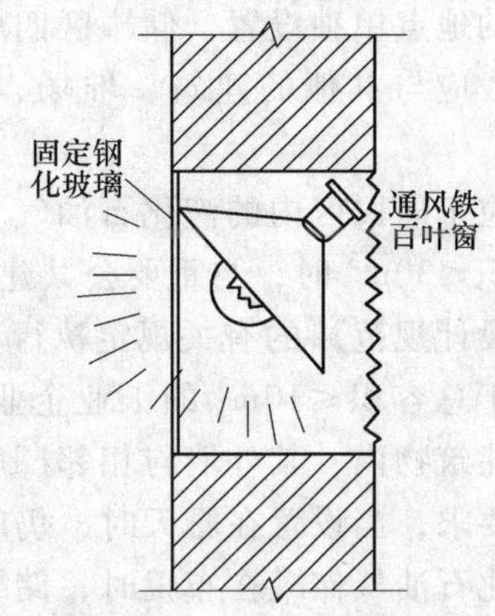

图 3-7 壁龛式隔离照明灯

等，要求设置在城市边缘或者相对独立的安全地带，符合城镇总体规划要求。

（一）甲、乙类危险化学品的化工、试剂仓库的布置

甲、乙类危险化学品的化工、试剂仓库布置时，要根据被储危险化学品的类别、储量及其他建筑物、构筑物的特点和耐火等级等，充分考虑与周边建、构筑物之间的安全距离。

（二）易燃液体储罐的布置

易燃液体储罐是指散存闪点≤61℃的液体的设备，如汽油、煤油、柴油、苯类、醇类等易燃液体储罐。易燃液体储罐按其结构形式可分为立式、卧式、圆柱形、球形、椭圆形、外浮顶、内浮顶等形式，多为金属材料建造，也有用水泥砖砌或钢筋水泥建造的，还有用橡胶制作的软体油罐。我国大部分易燃液体储罐为金属材料建造的固定顶储罐和浮顶储罐，尤其是储存量特别大的油库，多数采用浮顶储罐储存。

易燃液体储罐宜选择地势较低的地带布置，以防止储罐发生火灾时由于液体流淌而形成火灾蔓延。桶装或瓶装的甲类易燃液体不应在露天布置，其他储罐露天布置时，与其他的建筑物、构筑物以及屋外变、配电站之间满足规范规定的防火间距要求。

（三）气体储罐的布置

储存气体的储罐分为活动容积储罐和固定容积储罐两类。固定容积储罐是靠改变其中气体的压力来储存气体的，一般称为高压储气罐。活动容积储罐常称为气柜，气柜可分为干式气柜和湿式气柜两种。

湿式气柜在我国应用较多，干式气柜很少使用。湿式可燃气体气柜在布置时，要与明火或火花散发地点、民用建筑、可燃液体储罐、易燃材料堆场、甲类物品库房、室外变配电站和其他建筑物满足规范规定的安全间距。

可燃气体储罐与气柜在布置时，储罐或罐区之间应留有一定的防火间距，对湿式气柜之间不应小于相邻较大柜（罐）的半径；干式气柜或卧式储罐之间应有不小于相邻较大罐直径的2/3的防火间距，对球形罐之间应有不小于相邻较大罐直径的防火间距，对于卧式、球形储罐与湿式或干式气柜之间的防火间距，应按其中较大者确定。当卧式或球形储罐成组布置时，一组的总容积不应超过30000m^3，组与组之间的防火间距，卧式罐不应小于相邻较大罐长度的一半；球形储罐不应小于相邻较大罐的直径，且不应小于10m。

对于液化石油气储罐，宜布置在本单位或本地区全年最小频率风向的上风侧，并选择通风良好的地点单独设置。储罐区四周宜设置高度为1m的不燃实体防护墙。其储罐或罐区在布置时，应与其他的建筑、堆场、明火或火花散发地点保持一定的防火间距，符合规范要求。

对位于居民区内的液化石油气气化站、混气站的液化石油气储罐，若单罐容积≤$10m^3$，或总容积≤$30m^3$时，与重要公共建筑和其他民用建筑、道路的防火间距，可按现行的《城市煤气设计规范》的有关规定执行，但与明火或火花散发地点的防火间距不应小于30m。

对于总容积≤$10m^3$的工业企业内的液化石油气气化站、混气站的储罐，如设置在专用的独立建筑物内，其外墙与相邻厂房及其附属设备之间的防火间距，可按甲类生产厂房的防火间距要求，当设置在露天时，仍应满足规范要求。

液化石油气储罐在布置时，储罐之间的防火间距不宜小于相邻较大罐的直径。当数个储罐的总容积超过$3000m^3$时，应分组布置。组内储罐宜采用单排布置；若总容积不超过$3000m^3$，且单罐容积不超过$1000m^3$时，也可采用双排布置。不论单排还是双排布置，组与组之间的防火间距均不宜小于20m。

对城市液化石油气的气瓶供应站的气瓶库，其四周宜设置非燃烧体的实体墙。当气瓶的总储量不超过$10m^3$时，与建筑物的防火间距（管理室除外）不应小于10m；当总储量超过$10m^3$时，不应小于15m。气瓶库距重要的公共建筑不应小于25m，距主要道路不应小于10m，距次要道路不应小于5m。

氧气湿式气柜布置时，除与四周的防火间距满足要求外，氧气储柜（罐）之间的防火间距，不应小于相邻较大罐的半径，氧气储罐与可燃气体储罐之间的防火间距不应小于相邻较大罐的直径。

危险化学品库房、储罐、堆场等在布置时，应与铁路和道路保持一定的防火间距，因为火车的机车头、机动车辆和道路行人等，都是火种的来源，所以储存危险化学品的库房、储罐、堆场等均应与铁路、道路保持相应的防火间距。

为保证火灾时消防车能够畅通无阻的进出，危险化学品仓库在布置时应设有保证消防车通行的消防车道。一座乙、丙类危险化学品库房的占地面积如超过$1500m^2$时，宜设置环形消防车道，如有困难，可沿其两个长边设置消防车道或设置可供消防车通行的且宽度不小于6m的平坦空地。对于易燃材料露天堆场区，液化石油气储罐区，甲、乙、丙类液体储罐区都应设消防车道或可供消防车通行的且宽度不小于6m的平坦空地。

甲、乙类危险化学品库房内不应设有铁路线。若丙类危险化学品库房内需要设有蒸汽机车和内燃机车的铁路线时，其屋顶应采用非燃烧体结构或其他有效的防火措施。

四、危险化学品仓库的防火管理

（一）组织领导

危险化学品仓库的消防管理工作，应当认真贯彻“谁主管、谁负责”的精神。其上级主管部门和仓库领导人，应当把防火安全工作列入主要工作日程，做到与其他管理工作同计划、同布置、同检查、同总结、同评比。对国家储备库、各类专业仓库、中转仓库和大型附属仓库应当建立防火安全领导小组。防火安全领导小组组长应由仓库主要领导人担任。不建立防火安全领导小组的仓库，必须确定一名主要领导人为防火负责人，全面负责危险化学品仓库的消防安全管理工作。仓库的防火负责人应负有下列职责：

1）组织学习贯彻消防法规，完成上级部署的消防工作。

2）组织制定电源、火源、危险化学品的安全管理和值班巡逻等制度，落实逐级防火责任制和岗位防火责任制。

3）组织对职工进行消防宣传、业务培训和考核，提高职工的安全素质。

4）组织开展防火检查，消除火灾隐患。

5）领导本单位的专职、义务消防队组织和专职、兼职消防人员，制定灭火应急方案，组织扑救火灾。

6）定期总结消防安全工作，实施奖惩。

仓库防火负责人的确定和变动，应当向当地公安消防监督机构备案；专职消防干部、人员和专职消防队长的配备与更换，应当征求当地公安消防监督机构的意见。

火灾危险性大、距公安消防队较远的其他大型仓库，应当按照有关规定建立专职消防队。无专职消防队的大型仓库，应当组建义务消防队轮流住库值班，负责本单位的防火和灭火工作。要组织健全、明确分工，定期对义务消防队进行业务培训，开展自防自救工作，要充分发挥其作用。

（二）火源管理

加强火源管理是做好危险化学品仓库防火的先决条件，是防火的基本措施。危险化学品仓库的火源管理重点有两个方面：一是对外严禁火种入库；二是对内加强用火管理和落实防范措施。

1. 对外严禁火种入库

对入库人员要严加盘问，并做好登记，对身上携带的火柴、打火机等存入门卫处，防止带入库内。在进入储存区（生产区）、仓间之前，保管人员也要向外来人员询问，是否携带火种。对储存有易燃气体、液体的仓库，不准穿化纤衣服和带钉子的鞋进入，对外来提货的客户要经常进行防火宣传，严防汽车等车辆夹带汽油桶等易燃物入库。对装有易燃、易爆物品的车辆，不准进库提货。机动车辆进库，必须要戴火星熄灭器。蒸汽机车不准进入库区，要有四节以上的隔离车顶入，蒸汽机车距库房应有50m以上的防火间距，并应停止鼓风，关闭燃烧室和护灰器，不准在库区内清炉。

2. 对内要加强用火管理

为便于管理，储存危险化学品的仓库要明确划分储存区（生产区）和生活区，并在两区交界沿线作出明显的标志。在储存区内严禁吸烟，不准在储存有易燃、易爆等危险化学品的库房、露天堆垛附近进行试验、分装、封焊、维修、动用明火等可能引起火灾的作业。如因特殊情况必须进行这些作业时，应事先经仓库防火责任人批准，并采取安全措施，调配专职或义务消防队员进行现场监护，也要备有充足的灭火器材。作业结束后，应对现场进行认真检查，切实查明未留火种后，方可离开现场。

在库房内不准设办公室、休息室，不准住人。一般不许安装采暖设备，更不准设火炉取暖。如因物品防冻，必须取暖时，可用采暖散热器，并与危险化学品堆垛保持安全距离。

库区和库房内要经常保持整洁，对用过的油棉纱、油抹布和沾油的工作服、手套等用品，存放在库房外的安全地点，妥善保管并及时处理。进入库房的电瓶车、铲车要有防止打火的安全装置，在库房内不准使用电炉子、电熨斗、电烙铁、电钟、交流收音机、电视机等电器设备。

在储存有易燃气体、易燃液体的仓库（生产区）的工作人员、保管人员，也不准穿腈纶化纤等工作服，不准穿带钉子的鞋，应穿棉制服。

（三）检查管理

检查是开展防火工作的一条重要措施，只有经常不断地进行防火检查，才能及时发现和消除火灾隐患，做到防患于未然。

危险化学品仓库的防火检查，一般有保管员查、警卫查、领导和消防监督部门查等几种形式。保管员查，主要是指一日三查制度，即上班查库房门、窗、锁有无异样或损坏，开启是否灵活，防止被人破坏；查库内是否有老鼠等小动物进入的痕迹，通风口钢丝网是否损坏；查消防、避雷等安全设施是否好用，查电源和照明是否安全可靠等。班中查是指在上班期间，及时查看危险化学品的进、发货情况和温度、湿度及通风等养护措施。下班查是指在下班前，保管员要检查电源是否切断，有无可疑人进入和门窗是否关闭好等情况，确信安全后，才可放心回家。警卫人员查，主要是检查库区环境情况以及库区内有无易燃物，夜间值班巡逻等。在重大节假日前领导要组织全面检查。这时，消防监督部门要参加。这样形式比较大的检查，要特别注意深入细致，防止走马观花。凡消防监督部门参加的检查，一般都要做好联名笔录，提出准确的火灾隐患和合理的整改措施，并双方签字。对重大隐患必须要立案限期整改。

对储存爆炸品、烈性毒害品和放射性物品的仓库，都必须坚持“五双”制度。“五双”即双人保管、双把锁（匙）、双本账、双人发货、双人领用。双人保管，是指保管员不得少于两名，一人休息须有第三人顶替；双把锁（匙），是指库房门要同时锁两把锁，两人各持一把锁的钥匙；双人发货，是指发货时必须两人同时在场；双本账是指保管员和物资管理部门或保卫部门各持一本账。同时保管员要每周清点在库危险化学品的数量与账面是否相符，保卫和物资管理部门应每月联合清账一次，并将库存量报当地公安部门备案。如发现账面不符，必须彻底查清，并报上级领导和当地公安机关。

其他危险化学品也要严格管理，不可放松，进出货做到心中有数，对于危险化学品，发货时，仓库部门还应查验提货人有无提货工具，如汽车。提少量的非烈性危险化学品用自行车、三轮车也可以，不允许提货人携带危险化学品乘坐公共汽车、火车等。

（四）消防设施管理

消防设施是保障危险化学品仓库消防安全的技术措施。每个储存危险化学品的仓库都应视规模、地理条件和储存危险化学品的性质等具体情况，按照国家有关消防技术规范，设置、配备消防设施和器材。

仓库必须按照《建筑设计防火规范》的规定，设置消防给水设施，并保证消防供水量。在库房的周围，易于取用的地点配置一定数量的手提灭火器。灭火器的配置数量应按建筑灭火器配置标准进行计算，对较大型储存危险化学品的仓库，应当装设消防通信及自动报警设备。

消防设施、器材，应当由专人管理，负责检查、维修、保养、更换和添置，保证完好有效，严禁圈占、埋压和挪用。

对消防水池、消火栓、灭火器等消防设施、器材，应当经常进行检查，保持完整好用。地处寒区的仓库，寒冷季节要采取防冻措施。

库区的消防车道和仓库的安全出口、疏散楼梯等消防通道，严禁堆放物品。

（五）出入库管理

危险化学品出入库的安全管理是危险化学品储存管理中极其重要的一个环节。搞好入库的验收、出库的复核，对减少危险化学品事故有积极意义。

1）储存危险化学品的仓库，必须建立严格的出入库管理制度。危险化学品出入库，必须进行核查登记。库存危险化学品应当定期检查。对于剧毒品的生产、储存、使用单位，应当对剧毒化学品的产量、流向、储存量和用途如实记录，并采取必要的保安措施，防止剧毒化学品被盗、丢失或者误售、误用；发现剧毒化学品被盗、丢失或者误售、误用时，必须立即向当地公安部门报告。

2）危险化学品出入库前均应按合同进行检查验收、登记。危险化学品出入库验收内容包括：

① 危险化学品数量。

② 危险化学品包装。危险化学品的包装必须符合国家法律、法规、规章的规定和国家标准的要求。危险化学品包装的材质、形式、规格、方法和单件质量（重量），应当与所包装的危险化学品的性质和用途相适应，便于装卸、运输和储存。

重复使用的危险化学品包装物、容器在使用前，应当进行检查，并做出记录；检查记录应当至少保存 2 年。

③ 危险标志（包括安全技术说明书和安全标签）。经核对准确无误后方可入库、出库，当商品性质未弄清时不准入库。

3）进入危险化学品储存区域的人员、机动车辆和作业车辆，必须采取防火措施。进入危险化学品库区的机动车辆应安装防火罩。机动车装卸货物后，不准在库区、库房、货场内停放和修理。

汽车、拖拉机不准进入易燃易爆类物品库房。进入易燃易爆类物品库房的电瓶车、铲车必须是防爆型的；进入可燃固体物品库房的电瓶车、铲车，应装有防止火花溅出的安全装置。

4）装卸、搬运危险化学品时应按照有关规定进行。危险化学品的装卸作业要做到轻装、轻卸，严禁摔、碰、撞击、拖拉、倾倒和滚动。

5）装卸对人身有毒害及腐蚀性物品时，操作人员应根据危险条件，穿戴相应的防护用品。装卸毒性物质的人员应具有操作毒性物质的一般知识。操作时轻拿轻放，不得碰撞、倒置，防止包装破损商品外溢。作业人员应佩戴手套和相应的防毒口罩或面具，穿防护服。

作业中不得饮食，不得用手擦嘴、脸、眼睛。每次作业完毕，应及时用肥皂（或专用洗涤剂）洗净面部、手部，用清水漱口，防护用具应及时清洗，集中存放。

装卸腐蚀性物质人员应穿工作服、戴护目镜、戴橡胶手套、穿橡胶围裙等必需的防护用具。操作时，应轻搬轻放，严禁背负肩扛，防止摩擦振动和撞击。

6）装卸易燃易爆物料时，装卸人员应穿工作服，戴手套、口罩等必需的防护用具，操作中轻搬轻放，防止摩擦和撞击。装卸易燃液体需穿防静电工作服，禁止穿带铁钉鞋。大桶不得在水泥地面滚动。桶装各种氧化性物质不得在水泥地面滚动。各项操作不得使用沾染异物和能产生火花的机具，作业现场须远离热源和火源。

7）各类危险化学品分装、改装、开箱（桶）检查等应在库房外进行。

8）在操作各类危险化学品时，企业应针对各类危险化学品的性质，在经营店面和仓库准备相应的急救药品和制定急救预案。

（六）日常防护管理

危险化学品入库后应根据商品的特性采取适当的养护措施，在储存期内，定期检查，做到一日两检，并做好检查记录。发现其品质变化、包装破损、渗漏、稳定剂不足等应及时处理。要根据所储存物品的性质和气候变化及时调整、控制库房的温度、湿度，确保储存物品的安全。

1. 日常管理要求

确保危险化学品储存场所的安全，是各企业或单位的主管领导和仓库管理人员的重要职责。对危险化学品储存场所的安全管理工作，应贯彻“预防为主”的方针。要求做到“三化”、“十坚持”。

所谓“三化”就是消防安全管理工作要做到群众化、制度化、持久化。

所谓“十坚持”就是：

1）坚持加强危险化学品安全工作的领导。

2）坚持教育职工自觉做好危险化学品安全工作。

3）坚持严格执行国家和有关部门发布的危险化学品管理法规和本行业、本单位制定的操作规程、岗位安全责任制。

4）坚持严格管理火源、电源。

5）坚持加强危险化学品储存场所的消防、警卫工作。

6）坚持加强危险化学品储存的科学管理。

7）坚持对储存的危险化学品开展经常性物资安全检查。

8）坚持用经济办法进行管理。

9）坚持搞好联防。

10）坚持按“三不放过”原则处理事故，即不查清原因不放过，事故责任者和群众没有受到教育不放过，没有防范措施不放过。

2. 日常管理内容

危险化学品日常管理工作的主要内容包括以下几个方面：

1）核对盘点，保持物、账相符。

2）货垛不得过高过密，保持整齐稳定牢固，严禁将各类危险化学品横放倒置。

3）保持储存场所的整洁，及时清除撒漏的危险化学品和清洗污染的地坪。

4）必须经常对库存的各类危险化学品进行物资的安全检查。

在每年的夏季和梅雨季节要加强检查。在检查中要根据储存物资，对照安全要求认真检查，如查包装、容器、物品的抵触性能、渗漏、撒漏、有效期、数和量等。

对库存物品进行安全检查是一项保障储存安全、消除隐患，防止发生火灾爆炸等事故的重要措施。

3. 温度与湿度控制管理

（1）温度的控制管理方法

1）通风降温法。根据我国各地气象台站的观测，一日之内夜间 2 ~ 5 时气温最低，在这个时间将面向风向的通风孔和背向风向的窗户打开进行通风，效果较好。该方法一般可降低气温 1 ~ 5℃。

2）建造低温库。此法既经济又安全。目前很多商业系统的危险化学品仓库都建有这种库房。对闪点在0℃以下、沸点在60℃以下的甲类液体，燃点在180℃以下的甲类固体，有机过氧化物以及压缩和液化气体等易燃危险化学品均宜建低温库储存。

3）加冰降温法。加冰降温即在库房内加冰块降温。此法一般可降气温8～10℃。对没有条件建低温库，而所储物品既不怕潮，且又没有遇湿易燃危险时，如压缩和液化气体气瓶、非水溶性易燃液体等，适用于此种方法。

4）喷水降温法。喷水降温是指在库房顶部喷洒冷水，以降低库内温度的一种方法。但此法应注意库内湿度。使用该方法要注意适用范围。

5）低温作业法或夜间作业法。对压缩液化气体、溶解乙炔气体、自燃点较低的硝化棉类和沸点<60℃的易燃液体等物品，均宜采用夜间作业（进库和出库）的方法，以减少白天的高温暴晒。此种方法我国各地执行时间不同，天津定为每年的6月15日～次年3月31日，上海定为每年的6月20日～9月10日，时限可由每晚18时至次日早8时，其他地区可参考。最近几年华北地区的气温规律有所变化，高温天气来得早去得晚，高温季节的时间延长。各地在运用此方法时应根据当地的气象情况适当做出调整。

6）涂白降温法。在没有条件建专门低温库房时，可在普通库房的外表用白灰刷白，在门、窗玻璃上涂以白漆。利用白色的反射作用，减少库房外壁对阳光辐射热的吸收，也可降低库内温度1～3℃。

7）低温保暖法。由于有些危险化学品对低温特别敏感，冬季应采取有效的保暖措施。保暖措施一般是采用装有保暖设备的库房（水暖、汽暖或火墙等）或建造寒气侵袭不了的地堡库。当无此条件时，也可采取密封库房、货垛，防止冷空气的侵袭。

8）通风增温法。低温时通风可以降低库内温度，反之，在高温时通风也可增高库房内的温度。据测定，1日之内气温的最高时间在下午1～4时，故可选择这段时间进行通风增温。

(2) 湿度控制管理方法　所谓湿度是指空气中含水量的程度，常用相对湿度来表示。相对湿度是指空气中实际所含的水分与理论含水量的比值，用百分数来表示。潮湿对危险化学品储存安全的影响很大。尤其是夏、秋两个季节的空气湿度最大，对于湿度特别敏感的危险化学品的储存安全有很大的影响。硝化棉、硝酸纤维胶片、赛璐珞自燃火灾，单基、双基火药以及棉花、稻草、麦秸的自燃火灾事故等，都发生在高温多雨、空气湿度非常大的季节，都是没有在储存期间控制好湿度和温度所致。控制湿度的办法通常有：密封包装、仓室、货垛，施放干燥剂吸潮和通风降潮三种。

1）密封。将盛装或存放怕潮危险化学品的包装、仓室、货垛封闭起来，减弱外界潮气的侵袭。整库密封时，应当在规定时间内进库检查，发现问题及时查明原因，采取有效措施调整库内的温度、湿度；对地下仓库的密封，应注意检查库内顶部和墙壁是否有渗漏现象。特别是在大雨、暴雨时，更要注意检查，发现问题及时采取措施。

2）通风降潮。通风降潮是在库外空气湿度小于库内时，利用自然通风的方式来降低库内湿度的一种安全措施。通风降潮要求在库外温度、湿度均低于库内时，或库外温度虽稍高于库内温度，但不超过3℃，而绝对湿度和相对湿度都低于库内时进行通风。一日内温度最高的时间为下午1～4时，温度最低的时间为夜间2～5时，而相对湿度一般在下午1～4时最低，夜间2～5时最高，所以通风降潮的时间宜选择在上午8～12时。因为这时的气温逐渐上升，湿度逐渐下降。但应注意，在下列条件下不能够进行通风降潮：库外气温低于库内气温，但库外的绝对和相对湿度都大于库内时（即在雨、雪、霜、雾等气候条件下）；库外气温高于库内气温时，即库外空气的相对湿度等于或稍低于库内时；库区附近存在排放的有毒、易燃气体的浓度过大时。

3）用吸潮剂吸潮。这是降低库房内湿度的一种有效方法。尤其是梅雨季节或阴雨天，库内湿度高、库外湿度更高，不宜用通风降潮，只能用吸潮剂降湿。另外，在密封库内或货架内也需要用吸潮剂配合吸潮，以提高密封效果。吸潮剂通常有生石灰、氯化钙和硅胶等。

生石灰吸潮性较强、速度快，价格便宜，使用很普遍。方法是将生石灰放在耐腐蚀盒内，均匀地摆放在垛底和库房沿墙的四周，生石灰吸潮后变成粉末，应及时更换，以免熟石灰吸收空气中的二氧化碳后，散发出部分水汽，增加库房的湿度。

氯化钙是一种白色的多孔性固体，吸潮率较高，但因为它吸潮后溶化为液体，对金属有腐蚀作用，使用时应将氯化钙放在竹筛里，下接陶瓷盆一类的容器。

硅胶是一种无色透明颗粒状固体，具有良好的吸水性，理化性质稳定，吸潮后仍为固体，不潮、不溶、不污染物品，无腐蚀性；使用时用纱布将硅胶分包成小包，放在危险化学品包装内即可。硅胶吸潮后，在 130 ~ 150℃ 下烘烤，使之去水分后可继续使用。硅胶价格较贵，适宜于高级危险化学品试剂的吸潮。

（七）消防安全操作

危险化学品的储存涉及环节较多，有入库验收、进库堆垛、保管养护、分装整理、装箱打包、配发货、装卸搬运等，其中每个环节都涉及安全操作。安全操作危险化学品，需要重视的有以下几点：

1. 严禁将明火、火种带入危险化学品储存场所，严格贯彻动火管理制度

对储存易燃易爆化学物品的库房内外、储罐附近，绝对不允许用火或进行试验、分装、封焊、维修、打包等可能引起火灾、爆炸的作业和不安全操作。

2. 操作危险化学品必须消除电气火花、工具火花和控制静电放电

储存危险化学品的库房、货场、储罐周围及其附近 50m 距离内，必须消除各种运输车辆、装卸机械设备、电源装置及工具等可能产生火花的因素。禁止使用不符合防爆要求的机械设备装卸易燃易爆物品。控制各项操作中产生的静电放电现象。在倾倒、抽取、灌装电阻率高的汽油、苯、二硫化碳等易燃液体时，更须注意流量流速。易燃液体在管道中流量越大、流速越快，产生的静电越多，积聚到一定的量，放电火花就会引燃易燃液体表面的蒸气。因此，必须采取有效的静电接地装置，以防止静电积聚而产生火花。

仓库管理人员在操作易燃易爆化学物品时，不可穿着易产生静电的化纤工作服，不可使用能产生火星的工具，不可穿带钉子的鞋。

3. 危险化学品的入库、发货和运输，要防止高温日晒

热的作用可使甲类物品中的强氧化性物质等易燃易爆物品发生氧化-还原反应，有些危险化学品遇热分解，反应又会促使其进一步产生热量，反应速度随温度升高而加快，达到一定程度会发生燃烧爆炸。

4. 搬运装卸各类危险化学品要规范操作

操作时都要防止撞击、振动、摩擦、翻滚和倒置，做到小心轻放、轻装轻卸、不允许肩扛背负。储存场所应有专人在收发货时负责监装监卸，发现装卸搬运中有摔抛等装卸行为

时，要及时制止，发生事故时还要迅速采取应急措施，避免事故扩大。

装卸搬运操作危险化学品，必须穿戴必要的防护用品，防止人身受到伤害。

5. 放射性物质的安全操作

生产、经营、储存、使用放射性物质单位的仓库管理人必须掌握放射性物质的特性，根据储存的放射性物质包装等级，采取以下有效的防护方法进行操作：

（1）时间防护　要求在最短时间内完成操作放射性物质的工作。人体接受放射性辐射剂量的大小和接触时间长短是成正比的。

（2）距离防护　身体距离放射性物质越远，所受到的辐射剂量就越少。

（3）屏蔽防护　对放射性物质，不能用化学方法中和使其不放出射线，只能用适当材料如铅板、铅容器、铅制围身布、铅玻璃眼镜等予以吸收屏蔽，减弱其辐射水平，使操作人员不受其伤害。

操作放射性物质要做到快装快卸（主要起缩短操作时间的作用）和轻装轻卸（主要起防止包装损坏和撒漏的作用），并按照规定的装卸放射性物质容许作业时间进行和完成作业，不允许超越规定作业时间。

危险化学品储存场所的管理人员必须熟悉各种包装标志（含危险货物包装标志和储运图标志），以便从危险化学品包装外粘贴或拴挂的标志，了解包装件内所装危险化学品的危险性能，从而采取正确的操作方法。

（八）夏季储存要求

一年四季中，夏季是易燃易爆化学物品最容易发生事故的季节。因为易燃易爆化学物品的特点是着火点低、闪点低、化学性能活泼，机械作用敏感。相对来说，易燃易爆化学物品在冬季、春季、秋季比较稳定，而在夏季，由于阳光照射时间延长，气温高，促使易燃易爆物品加速分解、气化、发热、膨胀、聚合，增大了危险性。

如有些闪点较低的易燃液体如乙醚、丙酮、苯、醋酸乙烯等，生产上使用的都是大铁桶包装，在夏季阳光直射下，可使桶内易燃液体受热温度上升，压力增高，体积膨胀，空间缩小，就可能发生胀桶现象，而当桶内压力超过桶体所能承受的极限时，就会使桶体爆破；又如灌装压缩气体和液化气体的气瓶如在阳光下暴晒，能使压力急剧增加，引起危险。所以，要十分重视做好夏季高温季节危险化学品的储存管理工作。

根据历年来的工作实践，除了严格贯彻国家和有关部门的危险化学品管理法规、认真执行安全操作等各项管理制度外，还可以采取以下一些防护措施。

1. 从操作时间上加以控制

在夏季高温时期，对属于甲类危险化学品的易燃易爆物品，收发货宜选择在早上或傍晚进行，避开中午前后的高温时间，使物品不受强烈阳光的直射暴晒，减少危险化学品包装蓄热等不安全因素。最好是随发随运，防止在露天货场上受高温日晒。当气温在30℃以上，对一部分易燃易爆物品实行从上午10时至下午4时停运，就是从操作时间上加以控制，防止发生事故。

2. 从控制库房温度来加以防护

储存易燃易爆的甲类物品库房，在夏季就要设法降低库房内的温度，尤其是对低闪点、低沸点、易挥发的易燃液体和易分解发热的易燃固体、强氧化性物质等的储存安全十分重要。要求库房温度不超过28℃。这类物品需要储存在保温仓库（即建筑要求采用双层砖墙、双层屋顶，起隔热、降温作用)。如果是一般性仓库，则必须采取降低库温的措施。

值得注意的是，一般电冰箱内不得储存易燃液体等危险化学品，因为电冰箱无防爆装置，冰箱内的继电器起动时产生的电火花与泄漏、挥发的易燃蒸气接触，就会引起燃烧甚至发生爆燃。

第四节 危险气体气瓶储存防火

气瓶是指在正常环境下（-40~60℃）可重复充气使用的，公称工作压力为1.0~30MPa（表压)，公称容积为0.0004~1m^{3}的盛装永久气体、液化气体或溶解气体的移动式压力容器。气瓶是危险气体储运的重要载具，使用非常普遍，危险性也很大，因此，做好气瓶的防火防爆工作意义重大。

一、气瓶的分类

（一）按工作压力分类

按照公称工作压力和水压试验压力的不同，可将气瓶分为高压气瓶和低压气瓶。高压气瓶的常见工作压力级别有30MPa、20MPa、15MPa、12.5MPa和8MPa等；低压气瓶的工作压力小于5MPa，常见的压力级别有5MPa、3MPa、2MPa、1.6MPa和1MPa。

（二）按容积分类

按照容积的不同，可将气瓶分为大、中、小三种。大容积气瓶的容积为$0.1m^3 < V \leqslant 1m^3$；中容积气瓶的容积为$0.012m^3 < V \leqslant 0.1m^3$；小容积气瓶的容积为$0.0004m^3 \leqslant V \leqslant 0.012m^3$。

（三）按盛装介质的物理状态分类

按盛装介质的物理状态不同，可将气瓶分为永久气体气瓶、液化气体气瓶和溶解乙炔气瓶。

(1) 永久气体气瓶　永久气体是指临界温度低于-10℃的气体，它常温下呈气态，因此称为永久性气体，如氢气、氧气、氮气等都属于永久气体。永久气体气瓶都是在较高压力下充装气体，目的是为了提高单位容积充气量，提高气瓶利用率和运输效率。常见的充装压力为15MPa，也有充装压力为20~30MPa的气瓶。

(2) 液化气体气瓶　液化气体在最高使用温度下的饱和蒸气压力不小于0.1MPa，且临界温度不低于-10℃。这些气体在常温、常压状态下呈气态，经过加压和降温变为液态。液化气体气瓶充装时都以低温液态灌装，有些液化气体的临界温度较低，充装后受环境影响而全部气化；有些液化气体的临界温度较高，充装后，气瓶内始终保持气液平衡状态。因此可将其分为低压液化气体气瓶和高压液化气体气瓶。硫化氢、氨、丙烷、异丁烯、环氧乙烷、液化石油气等临界温度高于70℃的液化气体（充装压力一般不超过10MPa）被称为低压液化气体，充装这些气体的气瓶称为低压液化气体气瓶。二氧化碳、乙烯、乙烷等临界温度低于或等于70℃的液化气体（常见充装压力为12.5MPa和15MPa）被称为高压液化气体，充装这些气体的气瓶被称为高压液化气体气瓶。

(3) 溶解乙炔气瓶　由于乙炔在高压状态下极不稳定，易发生分解或聚合反应，必须将乙炔灌装到装填微孔的固态多孔填料和以丙酮为溶剂的气瓶中。乙炔溶解于丙酮中，而丙酮又被吸附在具有微孔的填料内，其目的在于利用多孔性填料的微孔结构来分散溶解在溶剂中的乙炔，从而降低乙炔的爆炸危险性。因此，盛装乙炔的气瓶称为溶解乙炔气瓶。

（四）按制造方法不同分类

（1）钢制无缝气瓶　钢制无缝气瓶是以钢坯为原料，经冲压拉伸制造或以无缝钢管为原料，经热旋压收口收底制造的钢瓶。瓶体材料为采用碱性平炉、电炉或吹氧碱性转炉冶炼的镇静钢，用于盛装永久气体和高压液化气体。

（2）钢制焊接气瓶　钢制焊接气瓶是以钢板为原料，冲压卷焊制成的钢瓶。瓶体及受压元件采用平炉、电炉、氧化转炉冶炼的镇静钢，材料要求有良好的冲压和焊接功能，用于盛装低压液化气体。

（3）缠绕玻璃纤维气瓶　缠绕玻璃纤维气瓶是以玻璃纤维加黏结剂缠绕或碳纤维制造的钢瓶。一般有一个铝制内筒，其作用是保证气瓶的气密性，承压强度则依靠玻璃纤维缠绕的外筒。这类气瓶绝热性能好，质量轻，多用于盛装呼吸用压缩空气，供消防、毒区或缺氧区域工作人员使用。一般容积较小，多为 0.001 ~ 0.01m^3，充气压力多为 15 ~ 30MPa。

二、安全充装

（一）永久气体的充装

永久气体气瓶的充装量应确保气瓶在最高使用温度 60℃下，瓶内气体的压力不超过气瓶的许用压力（为保证气瓶安全，允许瓶内达到的最高压强）。氧气、空气、氮气、氢气、甲烷等常用永久气体的充装压力不应超过相关规定。充装气体的气瓶，应有专人负责，逐只进行检查，不符合要求时应进行妥善处理。检查的内容应包括：瓶内压力是否在规定范围之内；瓶阀及其瓶口连接的密封是否良好；充装后的气瓶是否出现鼓包、变形或泄漏等严重缺陷；瓶体的温度是否有异常升高的迹象。

（二）液化气体的充装

充装液化气体，重点应防止过量充装和气体泄漏。过量充装是指液化气体的装瓶量超过了气瓶的实际容积（L）与充装系数（气瓶单位容积内充装液化气体的质量）的乘积，或超过了瓶体所标注的公称容量的允许偏差。因液化石油气组分差异较大，不易用充装系数来计量和控制，液化石油气的充装量不得大于所装气瓶型号中用数字表示的公称容量（以 kg 计）。

低压液化气体充装系数的确定，应符合下列原则：①充装系数不大于在气瓶最高使用温度下液体密度的 97%；②在温度高于气瓶最高使用温度 5℃时，瓶内不满液。氨、氯、硫化氢、二氧化硫、丙烷等，其充装系数不得大于相关规定要求，如氨为 0.53，氯为 1.25，硫化氢为 0.66，丙烷为 0.41 等。

高压液化气体充装系数的确定，应符合下列原则：①瓶内气体在气瓶最高使用温度下所达到的压力不超过气瓶许用压力；②在温度高于最高使用温度 5℃时，瓶内气体压力不超过气瓶许用压力的 20%。二氧化碳、六氟化硫、乙烷等常用高压液化气体气瓶的充装系数不得大于相关要求，如二氧化碳的充装系数为 0.74（20MPa）、0.60（15MPa），六氟乙烷的充装系数为 1.33（12.5MPa）、1.17（8MPa）。

（三）乙炔的充装

乙炔的充装过程，实质就是乙炔气体在加压条件下溶解于丙酮的过程。因此，在充装过程中，瓶内丙酮的储存量、乙炔的充装量、充气速度等都关系着乙炔气瓶的安全问题。其充装应符合《溶解乙炔气瓶充装规定》（GB 13591—2009）的相关要求。充装前应专人逐只检查气瓶是否合格，是否存有剩余压力，充装时的容积流速不得超过 $15m^3/(h \cdot m^3)$，丙酮的充装量应符合《溶解乙炔气瓶》（GB 11638—2011）的要求。在充装过程中还应随时进行检查，检查的内容包括：①喷淋冷却水，其水量应均匀、稳定地喷淋在乙炔瓶上；②瓶壁温度，不得超过40℃，超温时，必须停止该瓶的充装，移至安全地点检查处理；③瓶阀有无堵塞现象，应保证充装顺畅；④有无泄漏状况，发现泄漏及时处理。

分次充装乙炔时，每次充装后的静置时间不小于8h，并应关闭瓶阀。因故中断充装的乙炔瓶需要继续充装时，必须保证充装主管内乙炔气压力大于等于乙炔瓶内压力时，才可开启瓶阀和支管切换阀。还应注意乙炔瓶的充装压力，任何情况下不得大于2.50MPa。

乙炔瓶充装后必须静置8h以上，然后从同一批中抽取10%的瓶（不少于两只），测定其静置后的压力，静置后的压力不得超过表3-3的规定。

表3-3　乙炔瓶充装静置后的最高压力

环境温度/℃	静置后压力/MPa	环境温度/℃	静置后压力/MPa
-20	0.50	15	1.40
-15	0.60	20	1.60
-10	0.70	25	1.80
-5	0.80	30	2.00
0	0.90	35	2.25
5	1.05	40	2.50
10	1.20		

三、气瓶的颜色标志

气瓶的颜色标志是指气瓶外表面涂敷的字样内容、色环数目和涂膜颜色按充装气体的特性作规定的组合，是识别充装气体的标志。

字样是指气瓶的充装气体名称（也可含气瓶所属单位名称和其他内容，如溶解乙炔气瓶的“不可近火”等）。充装气体名称一般用汉字表示。液化气体的名称应冠以“液”或“液化”字样；凡属医用或呼吸用气体，在气体名称前应分别加注“医用”或“呼吸用”字样。对于小容积气瓶，充装气体名称不可用化学式表示。汉字字样采用仿宋体。公称容积为 $0.04m^3$ 的气瓶，字体高度为80～100mm；其他规格的气瓶，字体大小宜适当调整。立式气瓶的充装气体名称应按瓶的环向横列于瓶高3/4处；单位名称应按瓶的轴向竖列于气体名称居中的下方或转向180°的瓶面。卧式气瓶的充装气体名称和单位名称应以瓶的轴向从瓶阀端向右（瓶阀在视者左方）分行横列于瓶中部；单位名称应位于气体名称之下，行间距为筒体周长的1/4或1/2。

色环是指公称工作压力不同的气瓶充装同一种气体而具有不同充装压力或不同充装系数的识别标志。公称工作压力比规定起始级高一级的气瓶涂一道色环（简称单环），高两级的涂两道色环（简称双环）。公称容积为 $0.04m^3$ 的气瓶，单环宽度为40mm，双环的各环宽度为30mm。其他规格的气瓶，色环宽度宜适当调整。双环的环间距等于环宽度。色环应于气瓶环向涂成连续一圈、边缘整齐且等宽的色带，不应呈现螺旋状、锯齿状或波状，双环应平行。立式气瓶的色环应位于瓶高约 2/3 处，且介于气体名称和单位名称之间。卧式气瓶的色环应位于距瓶阀端约筒体长度的 1/4 处。

盛装常见介质的气瓶的颜色标志见表 3-4。

表 3-4　盛装常见介质的气瓶的颜色标志

<table>
<tr><th>序号</th><th colspan="2">气瓶名称</th><th>化学式</th><th>外表面颜色</th><th>字样</th><th>字样颜色</th><th>色　环</th></tr>
<tr><td>1</td><td colspan="2">乙炔</td><td>C_2H_2</td><td>白</td><td>乙炔不可近火</td><td>大红</td><td></td></tr>
<tr><td>2</td><td colspan="2">氢</td><td>H_2</td><td>淡绿</td><td>氢</td><td>大红</td><td>$p=20MPa$,淡黄色单环
$p=30MPa$,淡黄色双环</td></tr>
<tr><td>3</td><td colspan="2">氧</td><td>O_2</td><td>淡(酞)蓝</td><td>氧</td><td>黑</td><td rowspan="3">$p=20MPa$,白色单环
$p=30MPa$,白色双环</td></tr>
<tr><td>4</td><td colspan="2">氮</td><td>N_2</td><td>黑</td><td>氮</td><td>淡黄</td></tr>
<tr><td>5</td><td colspan="2">空气</td><td></td><td>黑</td><td>空气</td><td>白</td></tr>
<tr><td>6</td><td colspan="2">二氧化碳</td><td>CO_2</td><td>铝白</td><td>液化二氧化碳</td><td>黑</td><td>$p=20MPa$,黑色单环</td></tr>
<tr><td>7</td><td colspan="2">氨</td><td>NH_3</td><td>黄</td><td>液氨</td><td>黑</td><td></td></tr>
<tr><td>8</td><td colspan="2">氯</td><td>Cl_2</td><td>草绿</td><td>液氯</td><td>白</td><td></td></tr>
<tr><td>9</td><td colspan="2">甲烷</td><td>CH_4</td><td>棕</td><td>液化甲烷</td><td>白</td><td></td></tr>
<tr><td>10</td><td colspan="2">丙烷</td><td>$CH_3CH_2CH_3$</td><td>棕</td><td>液化丙烷</td><td>白</td><td></td></tr>
<tr><td>11</td><td colspan="2">天然气</td><td></td><td>棕</td><td>天然气</td><td>白</td><td></td></tr>
<tr><td rowspan="2">12</td><td rowspan="2">液化石油气</td><td>工业用</td><td>—</td><td>棕</td><td>液化石油气</td><td>白</td><td></td></tr>
<tr><td>民用</td><td>—</td><td>银灰</td><td>液化石油气</td><td>白</td><td></td></tr>
<tr><td>13</td><td colspan="2">一氧化碳</td><td>CO</td><td>银灰</td><td>一氧化碳</td><td>大红</td><td></td></tr>
<tr><td>14</td><td colspan="2">乙烯</td><td>$CH_2=CH_2$</td><td>棕</td><td>液化乙烯</td><td>淡黄</td><td></td></tr>
<tr><td>15</td><td colspan="2">丙烯</td><td>$CH_3CH=CH_2$</td><td>棕</td><td>液化丙烯</td><td>淡黄</td><td></td></tr>
<tr><td>16</td><td colspan="2">氯化氢</td><td>HCl</td><td>银灰</td><td>液化氯化氢</td><td>黑</td><td></td></tr>
</table>

注：p 为气瓶的公称工作压力。

四、气瓶火灾的主要原因

气瓶属于压力容器，在储运过程中发生火灾的主要原因大致有以下几种：

1. 受热、超装引起爆裂或爆炸

如果气瓶超过使用期限或者材质不良，在充装气体时，即便并没有超过其设计压力，若遇到高温天气，气瓶内的压力会随着温度的升高而升高，当超过气瓶的承受压力时，就会发生爆裂。如果气瓶充装过量，特别是液化气体，在被阳光暴晒或遇到其他热源时，瓶内将产生极大的膨胀力，导致气瓶破裂，若溢出的气体可燃，遇火源即会引起着火或爆炸，若气体剧毒，周围的人员就会引起中毒，造成伤亡，危害极大。

2. 违章搬运

在搬运气瓶的过程中违反操作规程，抛掷、碰撞或堆放时气瓶放置歪斜、自行跌倒，致使气瓶附件损坏，气体逸出。若气瓶内是可燃气体，则遇高速喷出时产生的静电火花，会着火或爆炸；若气瓶内是氧化性气体，遇有油脂等可燃物品，就会自燃起火，甚至爆炸。

3. 性质相抵触的气瓶混存混运

性质相互抵触的气瓶混存或混运，如遇阀门渗漏，性质相抵触的气体接触混合就会发生爆炸。如氢气与氯气混合形成爆炸性气体，见光即爆炸。氯气与氨气接触可能产生易爆的氯化氮。

五、气瓶的安全使用

（一）专瓶专用

气瓶应专瓶专用，不得擅自改变充装气体的品种，不得擅自更换气瓶的颜色标志，不得随意改装，各种气压表一般不得混用。确实需要更换时应提出申请，由气瓶检验单位负责对气瓶进行改装。

（二）加强维护

气瓶外壁油漆层既能防腐，又是识别的标志，一定要保持好漆面的完整和标志的清晰。当气瓶投入使用后，不得对瓶体进行挖刻或焊接处理。

（三）防止气瓶受热

气瓶应存放在阴凉、干燥、远离热源的地方。使用中的气瓶距明火不应小于10m，确有困难时，应有隔热措施，但不得小于5m；不得用高压蒸气直接喷吹气瓶；禁止用热水解冻及明火烘烤，严禁用温度超过40℃的热源对气瓶加热。使用液化气瓶时，若因冬季压力过低出气缓慢，可对瓶身加热，但温度不得超过40℃。

（四）正确操作

搬运气瓶时要轻要稳，气瓶立放时应采取防止倾倒的措施；开阀时要慢慢开启，防止附件升压过快产生高温；对易燃气体气瓶，不能用钢铁制工具敲击钢瓶，以免产生火花；氧化性气体气瓶的瓶阀及其附件不得黏附油脂，手或手套、衣服上沾有油污后，不得操作氧气瓶；不得在气瓶上进行电弧焊。

（五）保留余气

气瓶使用到最后应该留有余气，以防止混入其他气体或杂质而造成事故。如液化气体气瓶应留有不少于0.5%～1.0%规定充装量的剩余气体。在有可能产生回流（倒灌）的使用场合，必须有防止倒灌的装置，如单向阀、缓冲罐等。液化石油气瓶内的残余油气，应在有安全措施的设施上回收，不得自行处理。

六、泄漏着火应急措施

（一）泄漏处置

当气瓶发生泄漏时，应首先了解气瓶所充装气体的性质，并据此做好相应的人身保护，及时设法拧紧瓶阀。操作人员应佩戴防毒面具；如果气瓶受热，应站在上风侧对气瓶进行冷却，使之降温，然后拧紧瓶阀；如气瓶阀门失控，最好将其浸入石灰水中，因为石灰水不仅能够降温、降压，还能溶解大部分有毒气体，如氰化氢、氟化氢、二氧化硫等酸性气体，能与碱性的石灰水起中和作用。但是氨气气瓶漏气最好应浸入水中，这是因为氨属于碱性物质，石灰水也是碱性物质，不能充分溶解氨气。

（二）着火处理

当漏出的气体着火时，如有可能，应将毗邻的气瓶移至安全距离以外，并设法阻止继续泄漏。必须注意的是，若漏出的气体已着火，不得在泄漏被控制前将火扑灭，否则可燃气体会在火扑灭后继续泄漏，与空气混合形成爆炸、毒性或窒息性气体，此时若遇火源，会形成爆炸，产生更大的危害。因此，在泄漏被控制前应先对容器进行冷却，设法控制泄漏后再将火扑灭。

当其他物质着火威胁到气瓶的安全时，应对气瓶进行充分冷却，如有可能，应将气瓶从火场或危险区移走。对已受热的乙炔气瓶，即使在冷却后也有可能发生爆炸，应长时间将其冷却至环境温度时的允许压力，且不再升高时为止。如在水上运输时，可将其投入水中。

第五节　危险化学品仓储经营的安全管理

国家对危险化学品仓储经营实行许可制度。未经许可，任何单位和个人不得经营危险化学品。

一、危险化学品经营企业应当具备的一般条件

1）经营和储存场所、设施、建筑物符合《建筑设计防火规范》（GB 50016—2006）、《石油化工企业设计防火规范》（GB 50160—2008）、《汽车加油加气站设计与施工规范》（GB 50156—2012）、《石油库设计规范》（GB 50074—2002）和《爆炸危险场所安全规定》、《仓库防火安全管理规则》等规定，建筑物应当经公安消防机构验收合格。

2）经营条件、储存条件符合《危险化学品经营企业开业条件和技术要求》（GB 18265—2000）、《常用化学危险品贮存通则》（GB 15603—1995）的规定。

3）单位主要负责人和主管人员、安全生产管理人员和业务人员具备与本企业危险化学品经营活动相适应的安全生产知识和管理能力，经专门的安全生产培训和安全生产监督管理部门考核合格，取得相应安全资格证书；特种作业人员经专门的安全作业培训，取得特种作业操作证书；其他从业人员依照有关规定经安全生产教育和专业技术培训合格，并经考核，取得上岗资格。

4）有健全的安全管理制度、有专职安全管理人员和岗位安全操作规程；安全生产规章制度包括全员安全生产责任制度、危险化学品购销管理制度、危险化学品安全管理制度（包括防火、防爆、防中毒、防泄漏管理等内容）、安全投入保障制度、安全生产奖惩制度、安全生产教育培训制度、隐患排查治理制度、安全风险管理制度、应急管理制度、事故管理制度、职业卫生管理制度等。

5）有符合国家规定的危险化学品事故应急预案和必要的应急救援器材、设备。

6）依法进行安全评价（除票据贸易经营企业外）。

7）法律、法规和国家标准或者行业标准规定的其他安全生产条件。

二、构成重大危险源的经营企业应当具备的条件

新设立的专门从事危险化学品仓储经营，且构成重大危险源的经营企业，其储存设施应建立在县级以上地方人民政府规划的用于危险化学品储存的专门区域内。除满足危险化学品经营的企业应当具备的一般条件外，还应具备以下条件：

1）储存设施与相关场所、设施、区域的距离符合有关法律、法规、规章和标准的

规定。

2）专职安全生产管理人员具备国民教育化工化学类或者安全工程类中等职业教育以上学历，或者化工化学类中级以上专业技术职称，或者危险物品安全类注册安全工程师资格。

3）符合《危险化学品安全管理条例》、《危险化学品重大危险源监督管理暂行规定》、《常用化学危险品贮存通则》的相关规定。

4）储存易燃、易爆、有毒、易扩散危险化学品的企业，还应符合《石油化工可燃气体和有毒气体检测报警设计规范》的规定。

三、申请经营许可证的材料

（一）不带储存经营的企业

1）《危险化学品经营许可证申请表》和申请文件。

2）安全生产规章制度的目录清单。零售店面经营企业还应提供岗位操作规程的目录清单。

3）企业主要负责人和安全生产管理人员的相关资格证书。

4）经营场所产权证明文件或租赁协议及相应的出租者产权证明。

5）工商行政管理部门颁发的企业性质营业执照或者企业名称预先核准文件。

6）零售店面的经营企业应提供安全评价单位出具的评价材料。

7）危险化学品事故应急预案备案登记表。

8）剧毒化学品生产企业外设的经销、代理经营单位应提供委托书和相关证明材料。

9）成品油批发、零售经营企业还应提供商务部门核发的《成品油批发经营批准证书》和《成品油零售经营批准证书》。

（二）带储存经营的企业、仓储经营企业

1）《危险化学品经营许可证申请表》和申请文件。

2）安全生产规章制度和岗位操作规程的目录清单。

3）企业主要负责人、安全生产管理人员、特种作业人员的相关资格证书（复制件）和其他从业人员培训合格的证明材料。

4）经营（储存）场所产权证明文件或租赁协议及相应的出租者产权证明。

5）工商行政管理部门颁发的企业性质营业执照或者企业名称预先核准文件。

6）危险化学品事故应急预案备案登记表。

7）安全评价报告及整改确认书。

8）有新建、改建、扩建危险化学品建设项目的，需要提交危险化学品建设项目安全设施竣工验收意见书。

9）经营剧毒化学品的，企业还应提供：①剧毒化学品“五双”制度（双人验收、双人保管、双人发货、双把锁、双本账等管理制度）；②生产企业外设的经销、代理经营单位应提供委托书和相关证明材料。

10）成品油批发、零售经营企业还应提供商务部门核发的成品油批发经营批准证书和成品油零售经营批准证书。

11）构成重大危险源的带储存经营企业还应提供：①重大危险源备案证明材料；②专职安全生产管理人员的学历证书、技术职称证书或者危险物品安全类注册安全工程师资格

证书。

（三）企业申请变更经营许可证应提供的材料

1）已经取得经营许可证的企业变更企业名称、法定代表人或主要负责人、企业住所地名的，应当自变更之日起20个工作日内，向发证机关提出书面变更申请，并提交下列文件、资料：《危险化学品经营许可证变更申请表》、原经营许可证正（副）本原件；变更企业名称的，需提供相关公司文件（如董事会决议等）和企业名称预核准通知书或营业执照；变更法定代表人或主要负责人的，需提供变更后的安全资格证书和相关任职证明；变更企业住所地名的，需提供地名办等有关单位证明。

2）带储存经营和仓储经营企业变更危险化学品储存设施及其监控措施的，或已经取得经营许可证的企业有新建、改建、扩建危险化学品建设项目的，自建设项目安全设施竣工验收合格之日起20个工作日内，向发证机关提出变更申请，提交《危险化学品经营许可证变更申请表》和原经营许可证正（副）本原件，并按照首次申请经营许可证的要求提交其他文件、资料。

对于不带储存经营的企业变更其经营场所的，带有储存经营的企业变更其储存场所的，仓储经营的企业异地重建的，经营方式发生变化的，许可范围发生变化的均需要重新申请办理经营许可证。

四、实施程序

1）申请单位将申报资料送市级安监部门办证受理窗口。

2）窗口受理人员对送审材料进行审查：

① 对不属于本部门职权范围的申请，告知申请单位向相关的部门提出申请。

② 申请文件、资料存在能够在申请时当场更正的错误，允许或者要求申请单位当场更正，并即时出具《危险化学品经营许可证申请受理告知书》。

③ 对申请文件、资料不齐全或者不符合法定要求的，当场或者在5个工作日内出具《危险化学品经营许可证申报资料补正告知书》或《危险化学品经营许可证申请不予受理告知书》，并一次性告知申请单位需要补正的全部内容。逾期不告知的，即为受理；对申请文件、资料齐全、符合要求或者全部补正的，出具《危险化学品经营许可证申请受理通知书》，其受理日期为收到危险化学品经营许可申请的全部文件、资料的当天。

3）对予以受理的危险化学品经营许可申请，市级安监部门将根据需要组织有关专家并会同区（县级市）安监部门，对危险化学品企业提交的有关资料、现场安全条件等进行审查，提出审查意见并作出行政许可决定。

五、审批期限

属于首次办理经营许可证、重新办理经营许可证、到期换证的申请单位，市级安监部门自受理行政许可申请之日起30个工作日内作出行政许可决定；30个工作日内不能作出决定的，经负责人批准可以延长10个工作日，并将延长期限的理由告知申请单位。对决定颁发的，自决定之日起10个工作日内送达或者通知申请单位领取《危险化学品经营许可证》；对不符合法定条件的，在10个工作日内书面通知申请单位或者申请人并说明理由。

现场核查以及申请人整改现场核查发现的有关问题和修改有关申请文件、资料所需时间，不计算在规定的期限内。

属于经营许可变更、遗失补办、注销的申请单位，市级安监部门自受理行政许可申请之日起20个工作日内作出行政许可决定，对决定颁发的，自决定之日起10个工作日内送达或者通知申请人领取《危险化学品经营许可证》或《危险化学品经营许可证注销告知书》；对不符合法定条件的，在10个工作日内书面通知申请单位并说明理由。

【案例分析】

自改革开放以来，我国经济持续保持快速增长，与此同时，危险化学品事故也时有发生，认真分析事故，总结经验教训，对预防和控制危险化学品事故的发生与危害具有重要意义。本节就第一章的引言部分提到的案例一进行简要分析，以便读者体会危险化学品储存中的火灾爆炸危险性、安全管理和应急处置的重要性。

深圳市清水河危险化学品仓库特大火灾爆炸事故分析

一、事故经过

1993年8月5日，大约13时10分，清六平仓4号仓内冒烟、起火，引燃仓内堆放的可燃物并于13时26分发生第一次爆炸，彻底摧毁了2、3、4号连体仓，强大的冲击波破坏了附近货仓，使多种危险化学品暴露于火焰之前。这些物品处于持续被加热状态1h左右，于14时27分，5、6、7号连体仓发生第二次爆炸。爆炸冲击波造成更大范围的破坏，爆炸后的带火飞散物（如黄磷、燃烧的三合板和其他可燃物）使火灾迅速蔓延扩大，引燃了距爆炸中心250m处木材堆场的3000m^3木质地板块、300m处6个四层楼干货仓、400～500m处3个山头上的树木。大火燃烧约16个小时，于8月6日凌晨5时许被基本扑灭。

这起事故造成15人死亡，200多人受伤，其中重伤25人，直接经济损失2.5亿元。

二、事故原因分析

4号仓内强氧化性物质（高锰酸钾、过硫酸铵、硝酸铵、硝酸钾等）和强还原剂（硫化碱、可燃物樟脑精等）混存、接触，发生激烈氧化还原反应，形成热积累，导致起火燃烧。4号仓的燃烧引燃了库存区多种可燃物质，库区空气温度升高，使多种危险化学品处于被持续加热状态。6号仓内存放的约30t有机易燃液体被加热到沸点以上，快速挥发，冲破包装，与空气、烟气形成爆炸混合物，并于14时27分发生燃爆。爆炸释放出巨大能量，造成瞬时局部高温高热，出现闪光和火球，引发该仓内存放的硝酸铵第二次剧烈爆炸。

火灾勘查认定，清水河的干杂仓库被违章改为危险化学品仓库及仓内危险化学品储存严重违章是事故的主要原因。干杂仓库4号仓内混存的氧化性物质与还原剂接触是事故的直接原因。8·5特大爆炸火灾事故是一起严重的责任事故。

三、事故教训及防范措施

（一）事故教训

1. 城市建设规划忽视了安全要求

清水河仓库区的总体布局未按国家有关安全规定进行审查，使易燃、易爆、剧毒危险化学品仓库以及液化石油气储罐等设施，紧邻居民点和主要交通道路设置，安全距离达不到相关规定。这次事故由于现场没有消防水源，丧失了扑灭初期火灾的良机。

2. 当地政府职能部门未按国家有关规定严格审批，存在失察、失职之责当地政府职能部门未按国家的有关安全法规、条例的规定严格审查，就批准成立安贸公司，使安贸公司经营、储运危险化学品合法化。

3. 执法不严，监督不力

市公安局未按规定严格审查，就发放《广东省爆炸物品储存许可证》、《剧毒物品储存许可证》、《深圳市爆炸品、危险品接卸中转许可证》，使该公司在不具备安全条件下，合法经营民用爆炸物品。对清六平仓严重火灾隐患，深圳市公安局消防部门曾发出火灾隐患整改通知书，要求："储存爆炸危险品的仓库应立即停止使用，储存的爆炸性危险物品应在规定日内搬出，否则按有关规定严肃查处"。但事后没有监督落实，致使重大隐患未能及时消除而发生事故。

4. 企业弄虚作假，骗得经营危险化学品储运的许可

企业为谋取高额利润在给市政府的可行性研究报告中，未真实反映情况，有意把不符合安全规定的干杂货平仓说成是符合安全规定的危险物品仓库，骗得经营危险化学品储运的许可。

5. 公司内部安全管理混乱，冒险蛮干

公司内部不按审批存放的危险化学品种类规定，严重混存各类危险化学品。货物到达才临时指定仓库堆放，仓管员和搬运工仅根据仓库剩余空间大小决定存放方式，混存、混装。危险化学品接卸过程不按规范化程序执行。安贸公司在接到火灾隐患通知书后，不按通知要求整改，未将重大隐患消除。这种疏于管理、违章指挥、违章作业、有令不行、有禁不止的行为决定了发生事故的必然性。

（二）事故防范措施

1. 要搞好城市规划和市政建设

各级政府在城市规划中，要有全局观念，统筹规划，合理布局，始终坚持经济建设与市政建设同步发展的原则，确保人民生命和国家财产的安全。新建、改建、扩建工程在确保安全的前提下，方可施工、投产和使用，已建工程有安全问题的，要及时采取措施，对严重影响城市安全的重大隐患要彻底解决。

2. 加强危险化学品的安全管理

各级政府要把危险化学品的储运工作纳入城市规划，统筹考虑，特别是要把危险化学品的库区、专用线、码头等工程作为重点列入总体规划。各级公安机关要严格执法，坚持原则，严格危险化学品的审批发证手续。危险化学品和民用爆炸物品经营主管部门，要加强安全管理。从事危险化学品生产、储运、销售、使用的单位，要建立和落实严格的管理制度，加强对有关人员安全意识的教育和有关专业知识与技能的培训，提高人员素质。

3. 要认真落实各级领导的安全生产责任制

各地区、各部门和企业的行政一把手，是安全生产的第一责任者，要切实加强对安全工作的领导，真正负起安全生产的责任，要严格按国家有关规定做好安全工作。

自学指导

本章学习重点：危险化学品分类储存的基本要求；危险化学品仓储的防火要求；气瓶的防火要求。

1. 危险化学品分类储存要求：爆炸品的储存；气体的储存；易燃液体的储存；易燃固

体、易于自燃的物质、遇水放出易燃气体物质的储存；氧化性物质和有机过氧化物的储存。

2. 危险化学品仓储防火要求：危险化学品储存的监督管理；危险化学品储存建筑防火；危险化学品仓库防火。

3. 气瓶的防火要求：气瓶的充装、安全使用和泄漏着火的应急措施。

复习思考题

一、填空题

1. 根据危险化学品储存的空间距离不同，将其储存的方式分为＿＿＿＿、＿＿＿＿和分离储存三种储存方式。

2. 危险化学品出入库验收的内容包括：危险化学品的数量、＿＿＿＿和＿＿＿＿。

3. 危险化学品管理中坚持按“三不放过”原则处理事故，其中的“三不放过”是指：①＿＿＿＿；②＿＿＿＿；③没有防范措施不放过。

4. 危险化学品企业的＿＿＿＿是单位的消防安全责任人，对本单位的消防安全负全面责任。

5. 新建、改建、扩建生产、储存危险化学品的建设项目，应当由＿＿＿部门进行安全条件审查。

6. 生产、储存危险化学品的企业，应当委托具备国家规定的资质条件的机构，对本企业的安全生产条件每＿＿＿年进行一次安全评价，提出安全评价报告。

二、简答题

1. 危险化学品储存养护包括哪些方面的内容？

2. 气瓶防火的要求有哪些？

3. 国家对危险化学品储存数量构成重大危险源的危险化学品储存设施有哪些规定？

三、案例分析题

1. 某化工厂有一批货物需要临时储存在仓库中，该仓库同时储有黄磷和一些软质聚氨酯泡沫塑料，因存放地点狭小，需要挪动仓库中的一些铁架，摆放到另外一个地方。领导指派电焊工将一铁架割开，在切割过程中，火星溅到软质聚氨酯泡沫塑料上引起软质聚氨酯泡沫塑料着火。厂消防队的消防员立刻用水枪灭火，为了防止相邻的黄磷发生爆炸，厂领导要求同时对密封的黄磷桶进行喷淋降温。

请指出以上案例中存在的错误做法和正确做法，并说明原因。

2. 2009 年 9 月 1 日，A 市金兰现代物流发展有限公司一辆车牌号为某 QB3000 的货车（一般运输资质，无危险货物运输资质）装载了 3t 耐火泥、200 套茶具和 2 套机械设备后，又从某化工厂装载了 8t H 型发泡剂（属危险化学品、易燃固体，受撞击、摩擦、遇明火或其他点火源极易起火燃爆）后运往 A 市。9 月 2 日 7 时，该货车将上述货物运至某物流基地 F3 区的 A 市运恒货物托运部，11 时起开始卸货，14 时左右所有货物卸完，然后驶离该物流基地。卸下的混装货物堆积在托运部营业室门口，仅留 60cm 左右宽的通道进出。15 时 30 分左右，堆积的 H 型发泡剂起火，火势迅速扩大并发生爆燃，造成正在运恒货物托运部营业室内领取工资、提货和收款的 18 人死亡，另有 10 人受伤。

火灾原因是现场存放的可燃物（H 型发泡剂）起火并发生爆燃造成火灾事故，事故现场通道不畅导致人员伤亡扩大。

现场调查还发现如下主要问题：一是金兰现代物流发展有限公司只有道路运输经营许可证，而其管辖的运恒货物托运部实际从事危险货物配送和储存活动；二是运恒货物托运部尚未取得工商营业执照，属非法经营，且现场管理混乱，安全意识差，卸下的危险化学品堵塞营业室唯一通道；三是运输车辆本身无危险货物运输资质，承运的货物却为危险货物，且与普通货物（耐火泥、茶具、机械设备）混装。

请就以上案例总结出事故教训并提出防火对策措施。

第四章 危险化学品运输防火

学习目标

1. 应了解、知道的内容：

危险化学品运输资质认定的方式。

2. 应理解、清楚的内容：

危险化学品运输基本安全要求；

危险化学品管道运输的火灾爆炸危险及其致灾因素。

3. 应掌握、会用的内容：

危险化学品管道运输的防火防爆技术措施和消防安全管理要求；

危险化学品公路运输工具、装卸作业及运输过程中的防火措施及消防安全管理要求；

危险化学品铁路运输工具、装卸作业及运输过程中的防火措施及消防安全管理要求；

危险化学品水路运输工具、装卸作业及运输过程中的防火措施及消防安全管理要求。

自学学时 10 学时

老师导学

本章首先以现行法律法规为依据，阐述了危险化学品运输管理规定和基本安全要求。重点分析了管道、公路、铁路和水路四种危险化学品运输方式的火灾危险性以及防火防爆技术措施和安全管理要求。在本章的学习中，对四种运输方式的防火要求可分别从运输工具、装卸作业和运输过程三个方面的特点和要求进行理解和领会。此外，在学习中还要注意理论联系实际，通过专门参观、平时观察等不同形式，了解危险化学品不同运输方式的实际过程，以加深对书本知识的理解，并学会具体应用。

第一节 危险化学品运输安全要求

危险化学品运输方式主要有公路运输、铁路运输、水路运输和管道输送四种。路途短、运量小，多采用公路运输；路途远、运量大，附近有铁路时，一般采用铁路运输；靠近江河或沿海时，多采用水路运输；管道输送既安全、环保，又比较经济，还不受运输方向限制。目前，我国建成的油品管道的总长度超过 2 万 km，已有 80% 以上的原油通过管道输送；建成的“西气东输”工程，将天然气输送到多个省市。

一、危险化学品运输资质认定

《中华人民共和国安全生产法》第 32 条规定，生产、经营、运输、储存、使用危险物品或者处置废弃危险物品的，由有关主管部门依照有关法律、法规的规定和国家标准或者行业标准审批并实施监督管理。《危险化学品安全管理条例》（国务院令第 591 号）规定，国家对危险化学品的运输实行资质认定制度；未经资质认定，不得运输危险化学品。

交通运输主管部门要按照职责分工，加强市场中的危险化学品运输管理和监督工作。严格按照《危险化学品安全管理条例》规定，对从事危险化学品运输车辆、船舶、车站和港口码头及其工作人员实行管理。

（1）公路运输企业的资格审查　其主要依据是交通部关于发布《道路危险货物运输管理规定》（中华人民共和国交通运输部令［2013］2号）。

1）有能保证安全运输危险货物的相应设施设备。

2）具有10辆以上专用车辆的经营规模，5年以上从事运输经营的管理经验，配有相应的专业技术人员。

3）具有较为完善的安全操作规程、岗位责任制、车辆设备保养维修和安全质量教育等规章制度。

4）从事道路危险货物运输、装卸、维修作业和业务人员，应具有经当地地（市）级以上道路运政管理机关考核并颁发的《道路危险货物运输操作证》。

5）运输危险货物的车辆、容器、装卸机械及工具，应符合《汽车危险货物运输规则》规定的条件，并具有经道路运政管理机关审验、颁发的符合一级车辆标准的合格证。

（2）申请与审批程序

1）从事道路危险货物运输单位提出书面申请。

2）交通运政管理机关审验。

3）根据审验结果，由交通运政管理机关核发危险化学品《道路运输经营许可证》和《道路运输营运证》。

对于非营利性运输单位从事道路危险货物运输，需向当地交通运政管理机关提出申请，经审查合格，由交通运政管理机关核发《道路危险货物非营利运输证》。

对于从事一次性道路危险货物运输的，须报经县级以上道路运政管理机关审查核准，发给《道路危险货物临时运输证》，方可进行运输作业。

水路运输企业的资格审查：水上运输危险化学品（剧毒化学品除外）单位运营资格，由国务院交通部门按其规定办理。

二、危险化学品运输基本安全要求

1）运输、装卸危险化学品，应当依照有关法律、法规、规章的规定和国家标准的要求并按照危险化学品的危险特性，采取必要的安全保护措施。

2）用于危险化学品运输工具的槽罐以及其他容器，必须依照《危险化学品安全管理条例》的规定，由专业生产企业定点生产，并经检测、检验合格，方可使用。

质检部门应当对专业生产企业定点生产的槽罐以及其他容器的产品质量进行定期的或者不定期的检查。

3）运输危险化学品的槽罐以及其他容器必须封口严密，能承受正常运输条件下产生的内部压力和外部压力，保证危险化学品运输中不因温度、湿度或者压力的变化而产生任何渗（撒）漏。

4）装运危险化学品的罐（槽）应适应所装货物的性能，具有足够的强度，并应根据不同货物的需要配备泄压阀、防浪板、遮阳物、压力表、液压计、导除静电等相应的安全装置；罐（槽）外部的附件应有可靠的防护措施，必须保证所装货物不发生“跑、冒、滴、漏”，并在阀门口装置积漏器。

5）通过公路运输危险化学品，必须配备押运人员，并随时处于押运人员的监管之下，不得超装、超载，不得进入危险化学品运输车辆禁止通行的区域；确需进入禁止通行区域的，应当事先向当地公安部门报告，由公安部门为其指定行车时间和路线，运输车辆必须遵守公安部门规定的行车时间和路线。

危险化学品运输车辆禁止通行区域，由设定的市级人民政府公安部门划定，并设置明显标志。

运输危险化学品途中需要停车住宿或者遇有无法正常运输的情况时，应当向当地公安部门报告。

6）运输危险化学品的车辆应专车专用，并有明显标志，要符合交通管理部门对车辆和设备的规定：

① 车厢、底板必须平坦完好，周围栏板必须牢固。

② 机动车辆排气管必须装有有效的隔热和熄灭火星的装置，电路系统应有切断总电源的装置。

③ 车辆左前方必须悬挂一黄底黑字“危险品”字样的信号旗。

④ 根据所装危险货物的性质，配备相应的消防器材和捆扎、防水、防散失等用具。

7）应定期对装运放射性同位素的专用运输车辆、设备、搬动工具、防护用品进行放射性污染程度的检查。当污染量超过规定的允许水平时，不得继续使用。

8）装运集装箱、大型气瓶、可移动罐（槽）等的车辆，必须设置有效的紧固装置。

9）各种装卸机械、工具要有足够的安全系数，装卸易燃、易爆危险化学品的机械和工具，必须有消除火花的措施。

10）三轮机动车、全挂汽车、人力三轮车、自行车和摩托车不得装运爆炸品、一级氧化性物质、有机过氧化物；拖拉机不得装运爆炸品、氧化性物质、有机过氧化物、一级易燃品；自卸汽车除二级固体危险货物外，不得装运其他危险货物。

11）危险化学品在运输中包装应牢固，各类危险化学品包装应符合安全要求。

12）性质或灭火方法相互抵触，以及配装与类项不同的危险化学品不能装在同一车、船内运输。

13）易燃易爆品不能装在铁帮、铁底的车船内运输。

14）易燃品闪点在28℃以下，气温高于28℃时应在夜间运输。

15）运输危险化学品的车辆、船只应有防火安全措施。

16）禁止无关人员搭乘运输危险化学品的车、船和其他交通工具。

17）运输爆炸品和需凭证运输的危险化学品，应有运往地县、市公安部门的《爆炸品准运证》或《危险化学品准运证》。

18）通过航空运输危险化学品的，应按照交通运输部门的有关规定执行。

三、剧毒品运输安全要求

《危险化学品安全管理条例》对剧毒品的运输进行了专项的规定：

1）通过公路运输剧毒化学品的，托运人应当向运输始发地或目的地的地县级人民政府公安部门申请办理剧毒化学品公路运输通行证。

办理剧毒化学品公路运输通行证，托运人应当向公安部门提交有关危险化学品的品名、数量、运输始发地和目的地、运输时间、运输路线、运输单位、驾驶人员、押运人员、经营单位和购买单位资质情况的材料。

剧毒化学品公路运输通行证的式样和具体申领办法由国务院公安部门制定。

2）剧毒化学品在公路运输途中发生被盗、丢失、流散、泄漏等情况时，承运人及押运人必须立即向当地公安部门报告，并采取一切可能的警示措施。公安部门接到报告后，应当立即向其他有关部门通报情况，有关部门应当采取必要的安全措施。

3）禁止利用内河以及其他封闭水域等航运渠道运输剧毒化学品以及国务院交通部门规定禁止运输的其他危险化学品。

4）铁路发送剧毒化学品时必须按照《铁路剧毒品运输跟踪管理暂行规定》执行：

① 必须在获批准的剧毒品办理站或专用线、专用铁路办理。

② 剧毒品仅限采用毒品专用车、企业自备车和企业自备集装箱运输。

③ 必须配备2名以上押运人员。

④ 填写运单一律使用黄色纸张印刷，并在纸张上印有骷髅图案。

⑤ 铁路部门负责全路剧毒品运输跟踪管理工作。

⑥ 铁路部门办理剧毒品的零担发送业务。

5）对装有剧毒品的车、船，卸货后必须清刷干净。

第二节　危险化学品管道输送防火

目前，采用长距离管道输送的危险化学品主要是油类和天然气。同公路、铁路和水路运输相比，长距离管道输送具有很多独特的优点：运费较低，能耗最小；管道多埋于地下，比较安全可靠；埋地管道受气候、环境影响小，对环境污染小；建设投资小，占地面积少等。

一、危险化学品管道输送的爆炸危险区域

危险化学品泄漏是管道输送危险化学品过程中的主要危险因素。危险化学品在密封管道中流动，相对比较安全，但管道上需要安装法兰、阀门等管件，输送危险化学品需要泵机组作动力，这些管件以及输送泵等都存在泄漏的隐患；灌装口、装卸口等处也有泄漏蒸气的危险。这些泄漏点都是释放源，并能形成火灾危险区域。

（一）管道泄漏的主要因素

管道泄漏的主要因素包括以下几个方面：①管线腐蚀；②设计不合理；③施工缺陷；④第三方无意损伤；⑤不法分子刻意破坏；⑥自然灾害；⑦疏于管理，错误操作，包括违章操作和误操作。

（二）管道爆炸危险区域范围

管道爆炸危险区域范围主要集中在以下三类装置的周围：①露天安装的管件（法兰、阀）和仪表；②露天设置的管道过滤器、清管装置；③管道上安装的排气阀、安全阀、取样阀（或排污阀）。

（三）危险化学品泵房（棚）阀室的爆炸危险区域范围

危险化学品泵房（棚）阀室的爆炸危险区域范围主要集中在以下三类部位：①易燃危

险化学品泵房、阀室；②易燃危险化学品泵棚内和露天泵站的泵；③生产场所内罐瓶间的气瓶灌装嘴等。

二、危险化学品管道输送的防火要求

（一）液体危险化学品管道输送的防火要求

1. 输液管道的防火措施

输液管道由于管径更大、线路更长、沿途情况更复杂，其消防安全要求相对更严格。

（1）输液线路的选择

1）一般情况下，输液管道不得通过城市水源区、工厂、飞机场、火车站、港口码头、军事设施、国家重点文物保护单位和国家级自然保护区。管道要避开滑坡、崩塌、沉陷、泥石流等不良工程地质区、矿产资源区和严重危及管道安全的地震区。当受条件限制必须通过这些区域时，应采取防护措施，选择合适位置，并尽可能缩小通过距离。

2）埋地管道与地面建（构）筑物的最小间距，与架空输电线路平行敷设时的安全距离，与其他地下管道、通信电缆、电力系统的各种接地装置等平行或交叉敷设时的安全距离等，要符合现行规范的规定。

3）管道同军事设施、易燃易爆仓库、国家重点文物保护单位和国家级自然保护区的最小距离，要同有关部门商定。

4）外加电流阴极保护管道与采取联合阴极保护的其他管道同沟敷设时，其间距不能小于 0.5m。

（2）管道的选材

1）输液管道、管道附件所采用的钢管、钢材要具有良好的韧性和焊接性。钢管最好采用专用输送钢管。

2）法兰等管道附件必须是符合国家标准的钢制锻件，严禁使用铸铁件。对于形状复杂的特殊管道附件，锻造比较困难且批量较小时，可采用铸钢制作。法兰及其连接方式如图 4-1 所示。

图 4-1　法兰及其连接方式

（3）管道的敷设　输液管道主要采用地下埋设方式。当受自然条件限制时，局部地段可以采用土堤埋设或地上敷设。

1）地下埋设。埋地输液管道管顶的覆土层厚度一般不小于 0.8m；埋地管道通过地面坡度大于 18% 的地段时，一般要采用设置倒流堤坝、挡土墙、护坡等措施，防止地面径流、渗水侵蚀或土体滑动影响管道的安全；管道穿、跨越的冲沟，或管道一侧邻近的冲沟或陡坎，必须对冲沟的边坡、沟底和陡坎采取加固措施；穿越管段敷设在套管内时，管道与套管之间要用绝缘支撑，绝缘支撑间距根据管径大小而定，一般不小于2m。套管底部要用防水、绝缘、耐用的材料密封。

2）土堤埋设。管道采取土堤埋设时，一般情况下，土堤顶宽不小于1.0m。管道在土堤中的径向覆土厚度不小于1.0m；修建在沼泽和低洼地区的土堤，堤肩一般要高出通常水位1.0m以上；当土堤阻挡水流排泄时，要设置泄水孔或涵洞等构筑物，泄水孔或涵洞的泄水能力要满足重现期为25年一遇的洪水流量；软弱地基上的土堤，要防止填土后基础的沉陷。要满足填方的强度和稳定性的要求。

3）地上敷设。一般情况下，管道行经天然或人工障碍物、永冻土地区或其他特殊自然条件地区，当别的敷设方式不经济或不安全时，才采用地上敷设。管道地上敷设时，要采取补偿管道纵向变形的措施。地上管道沿山坡敷设时，要采取防止管道下滑的措施。

（4）线路截断阀的设置　输液管道沿线安装的截断阀的间距一般不超过32 km，但在人烟稀少地区可适当加大。需防止管内危险化学品倒流的部位要安装止回阀。截断阀多设置在不受地质灾害及洪水影响、交通便利、检修方便的位置，并有保护设施进行保护。截断阀、止回阀必须能够通过清管器和管内检测设备。

（5）管道的锚固　为了限制管道位移和保证管道稳定，当输液管道的设计温度同安装温度相差较大时，一般要在管道出土端、弯头处、管径改变处，以及管道和清管器收发装置连接处设置锚固设施。管道同锚固墩（件）之间必须有良好的电绝缘。

（6）管道标志　管道沿线必须设置里程桩、转角桩、阴极保护测试桩和警示牌等永久性标志。

里程桩一般设在油流方向的左侧，沿管道从起点到终点，每隔1km设置1个。

阴极保护测试桩一般都和里程桩结合设置。

管道改变方向时要设水平转角桩，转角桩一般设在管道中心线的转角处左侧。

警示牌上一般要写有“警告：近处埋有危险品管道，禁止挖掘!”的提示，并且标有管道管理单位名称、紧急联系电话等内容。

管道穿、跨越人工或天然障碍物时，必须在穿、跨越处两侧及地下建（构）筑物附近设立标志。穿、跨越通航河流时，必须设置警告牌。

管道地上敷设时，要在行人较多和易遭车辆碰撞的地方设置具有发光功能的标志，必要时还要设置防护栅栏等防护设施。

2. 消防安全管理

（1）消防安全管理的一般要求

1）制订各种作业、安全技术操作规程，严格工艺管理，强化操作纪律和劳动纪律。输送站的生产区和生活区应当隔开，并设有明显的界线标示。进入生产区应按规定穿戴劳动保护用品。

2）最好采用密闭输液工艺，以最大限度减少危险化学品挥发和泄漏。爆炸危险区域必须使用防爆器具及防爆通信工具。站内不能使用易燃、易爆和具有腐蚀性的溶剂擦洗设备、地面和衣物。站内所有输液工艺设备、工艺管线（包括管线分支处）均应作防雷及防静电接地，法兰、阀门的连接处设金属跨接线。

3）顺序输送管道的维修和检修，要安排在管段通过安全性较高的危险化学品时进行。

4）输液管道动火作业时要严格执行动火审批制度。作好动火作业前的准备、作业过程中的监护和作业后的清理工作。动火作业坑除满足作业要求外，还要分别设置坡度小于50°的人员上、下专门通道，坑内应有施工人员逃生、救生措施。需要对管道进行封堵时，封堵作业坑与动火作业坑之间要有宽度不小于1m的间隔墙。

（2）长距离管道输液系统的运行准备　管道运行前，要制订清管扫线、试压作业的安全技术措施。

1）清管扫线。输液管道的清扫一般采用清管器分段进行，清扫次数不少于两次。清管时应当使用临时清管设施。当清管器的收发不在输送站时，分段清管要在地势较高的地方设临时清管收发装置，装置的50m范围内不应有居民或建筑物。清管前应确认清扫管内的线路截断阀处于全开状态。清管时的最大压力不能大于管道的设计压力。

2）管道试压。管道的试压介质一般用水。缺水、寒冷、人烟稀少地区，高差大的山区，在采取可靠安全措施的情况下，可以使用空气试压，但管材必须满足止裂要求；埋地管道要在下沟回填后进行强度和严密性试压；架空管道要在管道支吊架安装完毕并检验合格后进行强度和严密性试压；一般情况下，全线接通后可不再进行试压，但分段试压、单独试压合格的管段相互连接以及同原管道连接的碰死口焊接，要采用射线探伤进行100%的检查；试压过程中若发现管道泄漏，要查明原因，在管道泄压后才能进行修理。

（3）加压系统的运行管理

1）输液泵房的消防安全管理。泵房内要保持通风良好，电气线路和设备要符合相应的防爆要求，泵房和非防爆电机间之间的防爆隔墙要保持完好，没有缝隙和孔洞；泵房设置的可燃气体浓度检测设备和消防设施、器材要保持灵敏有效，完整可靠；泵房内的电缆沟要用沙砾埋实，电缆沟进出配电间处要用土方填实，严密隔开，以防止蒸气在沟内积聚并窜入配电间。

2）机泵检修。泵机组检修时，要切断泵机组的电源，并在相关的开关柜上悬挂“严禁合闸”的警告牌。要关闭进、出口及相关阀门，并在阀门上悬挂“正在检修”的警示牌。要采取防止阀门开启的措施，电动阀的手柄要放置在空挡上，并加以固定；检修泵与运行泵要采取有效的安全隔断。检修前，要清除机泵内和泵机组周围的可燃物。

（4）清管操作的安全管理

1）一般要求。要制订科学合理的清管周期，清管时要严格执行清管操作规程，对于长期没有清管的管道，清管前要制订具体实施方案。首次清管时，清管器一般要携带跟踪定位装置；清管前清管球行进管段的截断阀门要保持全开状态，以防止阀门“卡球”或清管球损坏阀门；清管中，要保持运行参数的稳定，及时分析清管器运行情况，若发现“卡球”情况，要准确判断卡阻位置，并采取相应措施保证管道的输油安全；管道有支线时，要在清管球通过分支点前后安排支线停输，以防止清扫下来的污物进入支线，影响支线的运行安全。

2）含蜡原油管道。管道结蜡严重时，要分次逐步清管，或从末站间开始清管，以防止管线内产生蜡堵。不定期清管的含蜡原油管道，最好在清管前3～5天提高运行油温和输油量，利用较高流速的热油可能冲刷掉沉积在管道内壁的凝油层。

(5) 运行线路的安全管理

1) 重点穿越管段一般要设置守卫人员或监控设备。

2) 大型穿越管段、经过水源地和环境敏感区的管段、地震活动频繁及老矿井塌陷区域的管段、易发生滑坡或泥石流等事故区域的管段、人口密集区的管段等，管道重点部位或重点管段要制订预案。应急预案至少应该包括对管道断裂、跑液、着火、爆炸、通信中断等事故的应急救援处理内容。

3) 应根据沿线情况对管道进行经常性的徒步巡查。雨季、汛期或其他灾害发生时，要加大巡查频次和密度。一般每 10km 左右要设 1 名巡线员，站领导应至少每月进行 1 次查线。巡查的内容主要包括：管道阀组是否完好，有否渗漏；埋地管线是否有裸露，防腐层有否损坏；跨越管段是否稳固，构配件有否缺损，明管是否有锈蚀；穿越管段是否稳固，有无裸露、悬空、移位和受水流冲刷、剥蚀损坏等情况；里程桩、转角桩、阴极保护测试桩和警示牌等永久性标志有无缺损或被破坏的情况；护堤、护坡、护岸、堡坎等有无垮塌或被破坏的情况；有无在管道上打孔偷油的情况；在管道的安全防护带内，有无取土、采石、挖塘、修渠和修建其他建（构）筑物，以及种植根深植物的情况；在管道中心线两侧各 500m 范围内，有无开山、爆破和修筑大型建设工程等。

4) 巡检人员还要积极配合当地政府有关部门做好对管道沿线群众的有关管道安全的宣传教育工作，要积极配合公安机关做好管道及其附属设施的安全保卫工作。

5) 各公司的具体管理部门（如管道科），每半年应用检漏仪和管道监测车对防腐层质量和泄漏情况进行 1 次检查。对防腐层质量和弯头热应力变形情况，也可用挖坑的方法进行检查。

(6) 运行管道的维修与抢修　管道防腐涂层修补或大修时，必须结合实际制订具体实施方案，施工中要采取有针对性的安全保障措施。

1) 管沟开挖。管沟开挖一般采用人工开挖，当管道走向、深埋不明时，更不能使用机械开挖。在狭窄通道边缘挖土方时，要设置围栏、安全警告标志和夜用红色警告灯。在挖掘区内发现有事先未预料到或不可辨认的设施、物体时，要立即停止作业，并报告上级处理。挖土中发现土壤有坍塌、大型石块滑落或裂缝危险时，作业人员必须立即撤离，在相关技术人员采取防塌安全措施后方可继续施工。在铁塔、电杆、铁道、地下埋设物、通信和电力线路下以及其他建筑物附近作业时，要先行调查，并在采取相应安全措施后才能施工。

2) 管道抢修。管道抢修机具、设备要齐全、完好，专业抢修队要业务熟练，并定期进行培训和演练。抢修现场要设置隔离区，并采取切实可行的安全防火措施。抢修作业施焊前，要测定焊点周围可燃气体浓度，采取相应的防火、防爆措施。遇到突发性管道断裂事故时，要立即启动应急预案，采取减少危险化学品外泄和防止热输管道凝管的措施，切实防止事故扩大和次生灾害。

(二) 气体危险化学品管道输送的防火要求

1. 管道工程的基本防火措施

1) 气源应布置在火源的最小频率风向的上风侧。按厂、站级别确定防火安全距离，在同一站、厂内布置有不同火灾危险设施时，应按其级别较高者进行分级。在厂、站之间或它们与其他设施之间，应留出一定的防火安全距离。

2）避免或减少发生火灾的可能性，控制火源。防火间距应满足消防扑救作业所需的距离要求。

3）应根据所属各生产设施的火灾危险性类别、生产工艺流程特点、功能及其交通运输联系情况，合理集中，分区块布置。生产设施、储罐区、污水处理的污油池等场所是站的主体部分，又是散发可燃气体的危险区域，在布置时应避免与明火相遇，布置在加热炉、锅炉或变配电间等的全年最小频率风向的上风侧。

4）各级厂、站与外部公路相连的道路至少有一条能保证在任何气候条件都能畅通无阻，但对于较大规模、火灾危险性较大的厂、站，应有两个出入口与外部公路相通。厂、站及其储罐区宜设环形消防车道，罐组之间有宽 3.5m 的消防道路与环形消防车道相连。

5）进出厂、站的总管应装设紧急切断阀，且阀门应安装在方便操作、与可能发生事故地点有一定距离的较安全的地方。

6）放空火炬的可燃气体应首先经冷凝分离罐分离，如果气中带油使得火炬带“火雨”，会对周围造成大影响。放空管线要畅通无阻。放空火炬及其构成如图 4-2 所示。

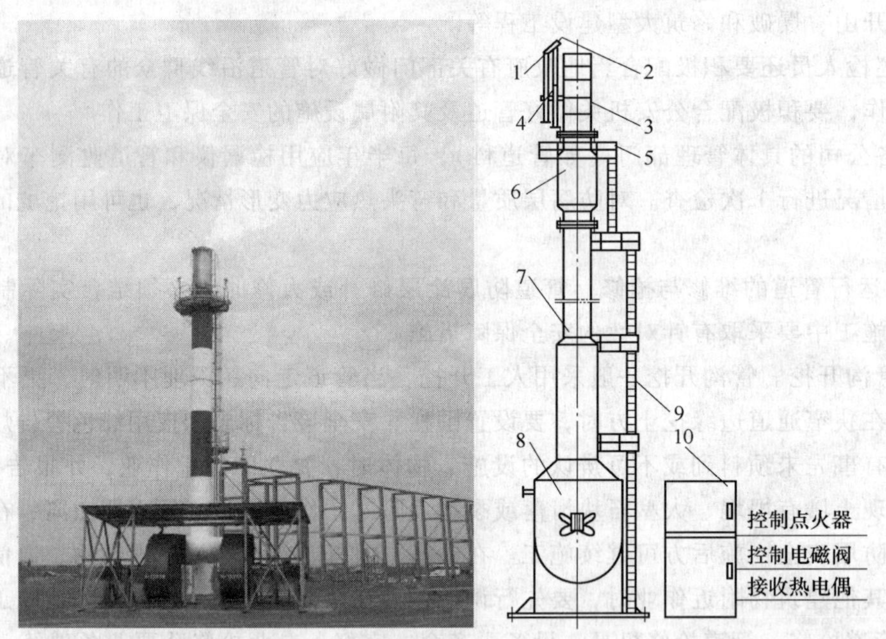

图 4-2 放空火炬及其构成

1—长明灯 2—热电偶 3—火炬头 4—点火枪 5—操作平台
6—分子密封器 7—竖筒 8—分液罐 9—楼梯 10—控制柜

7）尽可能消除或减少可燃气体、易燃液体的蒸气或薄雾的产生及积聚；应防止爆炸性气体混合物的形成，减少其达到爆炸极限的概率。

8）电火花是引起着火爆炸的一个主要火源。因此，具有爆炸危险的厂、站内的所有电气动力设备和照明装置，必须符合防火防爆的安全要求。为避免雷电引起的危害，对于易遭受雷击的建（构）筑物、露天生产的设备及储存容器，必须安装避雷设备和防雷接地。

2. 消防安全管理

气态危险化学品场所一般都是重大危险源，是消防安全管理的重点单位，应该按照《中华人民共和国消防法》和《机关、团体、企业、事业单位消防安全管理规定》的要求，认真履行本单位的消防安全管理职责。

（1）管理机构和制度

1）管理机构。生产经营单位一般必须设置消防安全管理机构，并任命具备相应知识和管理能力的专业技术人员为消防安全管理人员。消防安全管理机构的主要任务有：

① 制订各岗位和设备的安全操作规程及相应的岗位责任制、交接班制。安全防火和巡回检查等各项安全管理制度，并监督制度的落实。

② 建立运转设备、压力容器等设备的技术档案和防火档案，及时如实地填写各岗位的运行、充装和装卸操作记录，并归纳存档。

③ 组织落实设备的技术检验和维修计划，对锅炉压力容器等特种设备，及时按规定向当地质监部门提报申请计划，严禁设备带病或超检验期使用。

④ 定期请有资质的专业公司对静电接地、防雷设施、安全附件、计量设备、消防设施和紧急疏散设施进行检查维修和测试，并将维修保养、检查测试结果记录归档。

⑤ 采取有效措施加强对生产区内的明火管理，严格禁止将火种带入生产区内，对维修、扩建、改造需要发生的动火，按动火手续的要求和规定进行分析、审批和监护，确保动火安全。

⑥ 做好气体泄漏的检测和监控工作，及时有效地消除生产中出现的异常情况。

⑦ 做好全体员工的安全教育培训工作，并定期对操作人员进行考核和劳动防护设施的检查。

⑧ 制订站内的事故应急救援预案，定期组织员工进行事故应急演练，并将事故应急救援预案报政府相关部门备案。

⑨ 发生事故时，除积极组织抢救和疏散人员外，要保护好现场，并及时上报，参与对事故的调查分析。

⑩ 构成重大危险源的场所，还应按规定制订重大危险源的安全检查表，并定期进行安全检查、考核。

2）消防安全管理制度。按照国家有关规定，结合场所的特点，单位应建立健全各项消防安全管理制度，主要包括：防火防爆制度；生产区安全管理规定和巡回检查制度；安全教育培训制度；设备、设施维修保养管理制度；安全隐患整改制度；消防（控制室）值班制度；专职（或志愿）消防队的组织管理制度；用火、用电安全作业管理制度；事故应急救援预案及其演练；电气设备（包括防雷、防静电）的检查和管理制度；消防安全工作考评和奖惩制度；消防安全会议制度；事故处理制度等。

（2）消防安全组织　根据《中华人民共和国消防法》等法律法规的有关规定，生产经营单位属易燃易爆危险场所，应建立专职（或志愿）消防队，配备相应的消防装备、器材，并组织开展消防业务学习和灭火技能训练，提高预防和扑救火灾的能力。

（3）消防安全教育与培训　生产经营单位应通过多种形式开展经常性的消防、劳动安全卫生方面的宣传教育。对每名员工应当每年至少进行1次消防、劳动安全卫生方面的培训教育。

1）三级安全教育培训。三级安全教育培训是指对新招收或调入的员工及实习人员，在分配到岗位前进行的厂站级、车间级和岗位级安全教育。

厂站级安全教育主要由厂站安全管理部门来实施，主要让员工学习消防、劳动安全卫生法律法规、通用安全技术、劳动保护和安全文化的基础知识，本单位消防、安全管理规章制度，扑救初起火灾及自救逃生的知识和技能，以及有关事故案例等内容。

车间级的安全教育由车间负责人组织实施，学习教育的内容是本单位、本岗位的火灾危险性和防火措施，劳动安全卫生状况和规章制度，主要危险危害因素及安全事项，预防事故的主要措施，有关消防设施的性能、灭火器材的使用方法、典型事故案例和事故应急处理措施等。

岗位级安全教育由班长组织实施，教育内容包括遵章守纪、岗位安全操作规程、岗位之间工作衔接配合等安全注意事项，典型事故案例，劳动保护用品的性能和正确使用方法。

新职工应通过三级安全教育培训并考核合格后上岗操作。

2）特种作业人员消防安全培训。生产经营的电工、充装工、电气焊工、锅炉工、槽车驾驶员、押运员、起重工等岗位操作人员均属特种作业人员，除需按常规进行三级安全教育外，还应由有关部门对其进行特种作业安全培训，经考试合格并取得相应工种的操作证后，方可独立上岗操作。

自动消防系统的操作人员，也必须持证上岗，并严格遵守消防安全操作规程。

3）经常性消防安全教育培训。经常性消防安全教育培训是根据岗位特点、工作任务、现场实际情况和应注意的事项等内容进行的安全教育，如在布置工作、安排任务、班前班后会等过程中，提出安全要求，进行安全知识和信息的教育。

安全教育的形式和方法多种多样，如安全生产活动月、安全生产竞赛、防范事故演练、消防安全检查等。在安全宣传教育方面有安全检查通报、事故处理通报、黑板报、宣传栏、观看安全教育录像等有效的方法。

（4）防火安全管理措施

1）加强明火管理，严防火种带入。场所的出入口设置“严禁烟火”、“禁火区”等警戒标语和安全标志，除办理了相关动火手续外，禁止任何人带火种进入生产区。

车辆进入生产区必须经过批准，检查并佩戴阻火器后方可进入。严格限制无关车辆进入生产区。手机、照相机、化纤衣服等易产生火花的物品，也应严格限制带入生产区。

2）站内动火，须经审批。场所因生产需要的扩建、改造和维修等活动，应严格实行动火审批制度，在认真落实好各项动火安全措施后，经负责人同意后方可动火。

3）做好抢险演练，及时堵住泄漏点。为提高场所防范事故的能力，积累对应急事故抢险的经验，应根据工艺特点、设备和分区布置情况，制订出切实可行的事故应急救援预案，至少每半年组织事故应急救援队伍有针对性地进行事故抢险演练，使职工掌握处理事故的能力，以便在出现突发事件时，能够准确判断险情、抢险措施得当、及时消除事故，将突发事件消除在初始阶段，避免或减弱由突发事件造成的人员伤亡和财产损失。

4）搞好电气设施的管理，预防电火花的产生。电器火花、雷电火花、静电火花均能引起燃烧和爆炸，因此场所除在设计选型、安装施工时按规定采取预防此类火源的措施外，还应加强日常管理：定期对电气设备和设施进行检查、维护与保养；雷雨季节前对避雷设施进行全面检查（避雷设施的组成如图 4-3 所示），雷雨期间停止液化石油气的装卸作业；生产区的接地装置每半年应校验 1 次，其他建筑每年检验 1 次，保证接地电阻在 10Ω 以下，工作人员禁止穿戴化纤衣服或钉鞋进入生产区内；安全附件必须齐全可靠，要定期进行校验，确保其读数准确可靠。

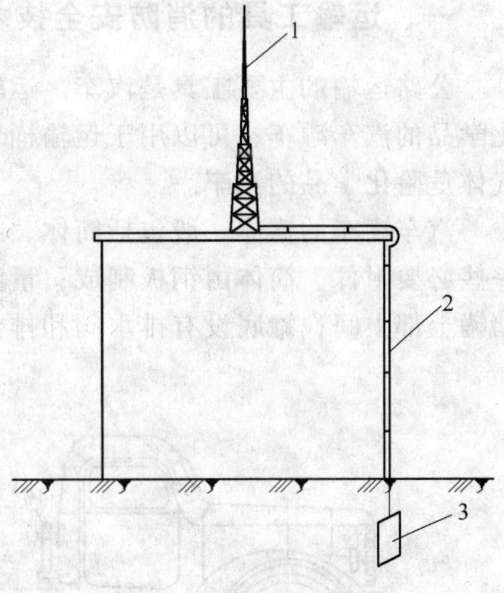

图 4-3 避雷设施的组成

1—接闪器 2—引下线 3—接地装置

【案例分析】

大连新港油库输油管道爆炸火灾事故

一、基本情况

2010 年 7 月 16 日 18 时 10 分，位于辽宁省大连市大孤山新港码头的中石油国际储运有限公司保税区油库输油管线发生爆炸，引发大火并造成大量原油泄漏，导致部分原油、管道和设备烧损，另有部分泄漏原油流入附近海域造成污染。事故造成作业人员 1 人轻伤、1 人失踪；在灭火过程中，消防战士 1 人牺牲、1 人重伤。据统计，事故造成的直接财产损失为 2.2 亿元。

二、事故原因

经过调查，这起事故的直接原因是：中石油国际储运有限公司（中国联合石油有限责任公司）下属的大连中石油国际储运公司同意中油燃料油股份有限公司委托上海祥诚公司使用天津辉盛达公司生产的含有强氧化剂过氧化氢的“脱硫化氢剂”，违规在原油库输油管道上进行加注“脱硫化氢剂”作业，并在油轮停止卸油的情况下继续加注，造成“脱硫化氢剂”在输油管道内局部富集，发生强氧化反应，导致输油管道发生爆炸，引发火灾和原油泄漏。

三、经验教训

事故暴露出以下主要问题：一是事故单位对所加入原油脱硫剂的安全可靠性没有进行科学论证；二是原油脱硫剂的加入方法没有正规设计，没有对加注作业进行风险辨识，没有制订安全作业规程；三是原油接卸过程中安全管理存在漏洞，指挥协调不力，管理混乱，信息不畅，有关部门接到暂停卸油作业的信息后，没有及时通知停止加剂作业，事故单位对承包商现场作业疏于管理，现场监护不力；四是事故造成电力系统损坏，应急和消防设施失效，罐区阀门无法关闭。另外，罐区间距较近导致控火灭火难度增加，港区内原油等危险化学品大型储罐集中布置，也是造成事故潜在危险大的重要因素。

第三节 危险化学品公路运输防火

公路运输灵活、便捷，能够深入城乡、矿场，非常适合运量较小、运送路途较短、交付时间很紧，以及没有铁路、水路、管道运输条件的危险化学品运输项目。

一、运输工具的消防安全技术条件

公路运输的主要工具是汽车。运输危险化学品的汽车大致分为：专门用于运输散装危险化学品的汽车罐车；可以用于运输桶装危险化学品的汽车；用于运输固体危险化学品和灌装气体危险化学品的汽车。

汽车罐车的罐体一般包括筒体、封头、量液口、人孔、灌液口、卸液口、通气阀和其他一些必要附件。筒体由钢板制成；量液口装在储罐的前端，并有导尺筒直通罐底；人孔设在储罐上部中间；罐底设有排水阀和排污阀。半挂油罐车组成结构如图4-4所示。

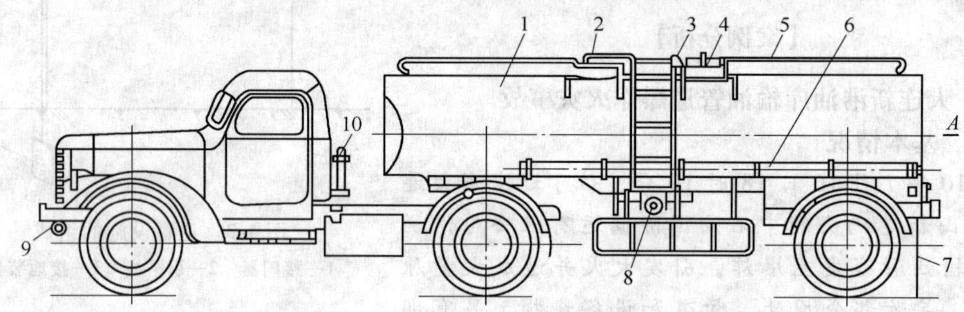

图4-4　半挂油罐车组成结构

1—油罐　2、4—加油口　3—扶梯　5—连通气管　6—输油软管
7—接地链条　8—放油阀　9—排气管及消声器　10—灭火器

只有运输危险化学品的车辆具备了相应的消防安全技术条件，才能从事危险化学品的装卸和运送作业。

（一）安全行驶条件

车辆必须是国家汽车行业主管部门公告的车辆，按经规定程序批准的图样和技术文件制造，技术状况达到国家和行业相关标准规定的一级完好车的要求。

（二）灭火和应急救援条件

车辆上一般配有不少于两具的手提式干粉灭火器。灭火器必须是合格产品，其规格要和危险化学品的装载质量相适应。灭火器配置在车体外部的灭火箱（架）内，箱（架）体与底座之间装有防撞橡胶垫。车辆还可根据所运危险化学品的特性选择配备一些合格的消防防护面具、阻燃手套、灭火毯、捆扎绳等应急处理器具和劳动保护用品。

（三）危险化学品运输标志条件

运输甲、乙类危险化学品的车辆要按照《道路运输危险货物车辆标志》的规定安装道路运输危险货物车辆标志灯和标志牌。常见B型标志灯的结构及其安装位置分别如图4-5和图4-6所示。

（四）熄灭排气管火花条件

储罐车的排气管一般安装在车身前部，普通载重汽车的排气管一般安装在车身后部。当车辆用于运送甲、乙类危险化学品时，排气管口都要安装符合规定的火星熄灭器，如图4-7所示。

（五）防静电积聚条件

1）车辆尾部要安装符合规定的导静电橡胶拖地带。

图 4-5　B 型标志灯

图 4-6　B 型标志灯安装位置

图 4-7　火星熄灭器及其安装位置

2）桶装危险化学品运输车辆的载货部位，一般要加垫厚度不小于 6mm 的防静电橡胶板。

3）储罐车尾部靠近罐体处，要加设不锈钢材质的导除静电接地板；罐车的金属管路上任意两点间、金属管路上任意一点到接地线插钎末端、罐体或车身导电部件上任意一点到导静电橡胶拖地带末端，及装卸软管两端金属件之间的电阻值一般都不大于5Ω。

4）储罐车罐体与车辆底盘（或底架）的连接要牢固、可靠，罐体内一般装有不少于两个的防荡板，把罐体内分隔成 3 个可以相通的隔间。防荡板带有镀锌孔眼，可以减轻液料在行车时的振荡冲击，减少静电负荷在油罐内的产生、聚积。防荡板的设置方式如图 4-8 所示。

（六）有效通气条件

罐体上部的通气阀要保持完好，能够起到有效调节罐内外压差的作用。

（七）保障装卸安全条件

罐车的泵送系统及装卸阀门一般要和发动机排气管分开设置，并保持 1.5m 以上的距离。罐体不准使用后封头作为装卸阀门，装卸阀门多采用不发火花的铝合金或不锈钢材质的球阀，其公称直径一般不大于65mm。

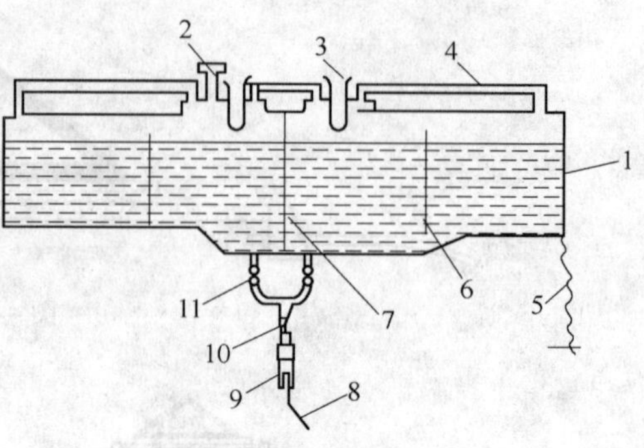

图4-8　防荡板的设置方式

1—罐体　2—呼吸阀　3—加油口　4—连通气管　5—接地链条　6—防荡板　7—隔板　8—接地导线　9—放油软管　10—放油阀　11—底阀

二、液体危险化学品公路运输防火

（一）装卸车场的防火措施

汽车罐车装卸车场，主要由高架罐、泵房、装车棚（亭）、装车栈桥、卸车台、装卸鹤管、控制室等危险化学品装卸设施组成。

1. 装卸车场的平面布置

装卸车场一般布置在石油天然气站场、石油化工企业、石油库和化工企业的边缘地带，并用围墙和其他区域隔开。装卸车场要设有单独的出入口和能保证消防车辆顺利接近火灾场地的消防车道。当出入口合用时，装卸车场内要设消防车回车场。来车量很大时，要在出入口外设置专门停车场，以便待装车辆等候和有秩序地出入。

2. 危险化学品的装车棚（亭）

向汽车罐车灌装液料时，一般都在装车棚（亭）内进行。棚（亭）内的装卸操作平台采用非燃烧材料建造，常见鹤管装卸平台的结构如图4-9所示。

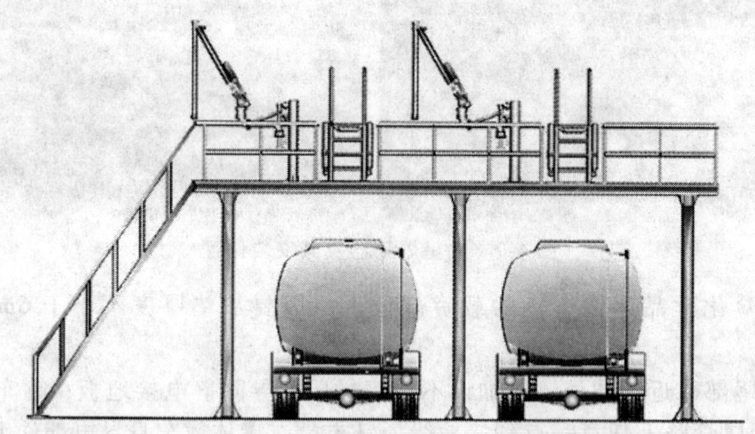

图4-9　常见鹤管装卸平台的结构

原油等稠液装车场装载汇管、支管一般要有伴热和扫线接头，汇管高度约为4m，装载鹤管上一般要安装闸阀和旋塞阀，鹤管不可移动部分与油罐车要保持0.5m的净距，使用鹤管与罐车进行装卸作业的过程如图4-10所示；卸车场卸载管道一般都要伴热，汇管卸载口标高约高于卸装台面0.5m，坡度为0.5%～1.0%，卸载口直径比罐车卸载口直径大一级，间距4m左右，附近有蒸汽接头。

3. 防火间距

装卸车鹤管之间的距离，一般不小于4m。装卸车鹤管与缓冲罐之间的距离，一般不小于5m。汽车装载鹤管与其泵房属同一操作单元，其间距可适当缩小。

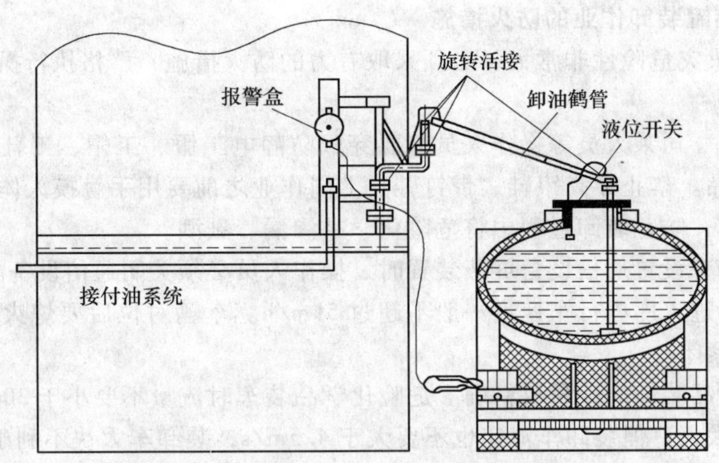

图 4-10　使用鹤管与罐车进行装卸作业的过程

4. 电气防爆

处在爆炸危险区域范围内的电气设备、线路都要采取相应的防爆措施。电气线路要采用钢管配线并做好隔离密封。

5. 装卸设施的防雷、防静电

(1) 防雷　在装车棚（亭）内进行易燃危险化学品灌装作业，需要装设避雷针（带）予以保护。危险化学品管道进入危险化学品装卸区时，要在进入点接地。防雷装置一般每年应进行两次检测（其中一次检测在雷雨季节前进行）。

(2) 防静电

1）危险化学品的汽车罐车装卸设施要设置与罐车跨接的防静电接地装置；轻质危险化学品的装卸作业区内操作平台的扶梯入口处，要设置消除人体静电的装置。

2）危险化学品装卸场所用于跨接的防静电接地装置，一般采用能检测接地状况的防静电接地仪器。移动式的接地可连接线，最好采用绝缘附套导线，通过防爆开关，将接地装置与危险化学品装卸设施相连，如图4-11所示。

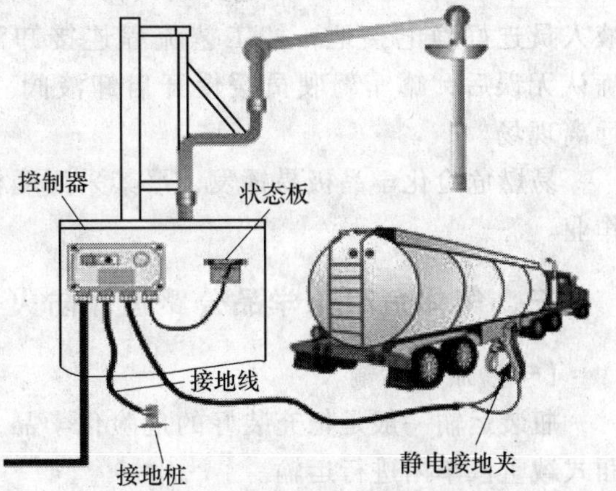

3）防静电接地装置的接地电阻一般不大于 100 Ω。

图 4-11　罐车装卸作业静电接地示意图

6. 应急设备和消防设施、器材

在装卸管道上，必须设置事故情况下便于操作的紧急切断阀。

消防给水系统、灭火器、灭火毯、防火砂等消防设施和器材要按规定设置，并保证齐全、完整、有效、好用。

有条件的大型企业，可以考虑设置汽车罐车专用的固定气体灭火系统。该系统的储存容器一般放置在装车棚（亭）内，喷头安装在防溢装卸鹤管垂直管的最上端，按下按钮后，灭火气体能够迅速进入罐体内实施灭火。

（二）汽车储罐装卸作业的防火措施

装卸作业的火灾危险性非常大，必须采取有力的防火措施，严格执行操作规程。

1. 一般要求

1）装卸人员、司乘人员等操作人员都要穿戴防静电工服、工帽、工鞋和纯棉手套，内衣最好是纯棉制品。禁止穿高跟鞋、带钉鞋。上岗作业之前要用手触摸人体静电消除装置。

2）精心操作，防止装卸过程中将危险化学品渗漏、溅洒。

3）装卸车场未设置通信设备屏蔽装置时，操作人员必须关闭通信设备。

4）装卸车辆进入库内行车速度一般不超过5km/h。车辆对位后要熄火，装卸过程中要保持车辆的门窗紧闭。

5）危险化学品装卸的计量要精确。危险化学品装车时流量不要小于$30m^3/h$，以免大吨位罐车装车时间太长。但装卸车流速也不要大于4.5m/s，装卸车太快不利于静电的导除。

2. 装液操作

装载员进入岗位后要检查相关设备和装载线路，确认管件、仪表密封良好，无滴、漏液现象，电源、流量计工作正常。装载员接到装载单后，要及时填写装载记录，确认危险化学品的规格，检查线路，打开相应阀门。司乘人员要将灭火毯放在罐口附近，将防溢探头放入罐口内，站在上风侧缓慢放下鹤管至储罐底部。装载员检查无误后，输入数据，启动装液系统。付液过程中司乘人员要监视罐口，防止意外冒液。装车棚（亭）、栈桥内设有固定气体灭火系统时，付液员要做好随时起动灭火设施的准备。付液完毕后拔出鹤管时，要尽量避免手套上沾上油污，然后司乘人员脱掉手套、断开接地线，待罐车静置3~5min后，才能发动车辆缓慢驶离。

3. 卸液操作

卸液人员进入岗位后要检查罐车的安全设施是否齐全有效，作业现场要准备至少一只4kg干粉灭火器、一只泡沫灭火器和一块灭火毯。罐车熄火并静置不少于3min后，卸液人员连好静电接地，按工艺流程连接卸液管，保持接头结合紧密。卸液管自然弯曲，确认无误后，罐车驾驶员缓慢开启卸液阀。在卸液过程中，卸液人员和罐车驾驶员不得远离现场。

易燃危险化学品极易挥发，严禁采用明沟（槽）卸车系统卸车。雷雨天不得进行卸液作业。

三、气体危险化学品公路运输防火

（一）瓶装运输

瓶装运输一般是把充装好的危险化学品（如液化石油气、乙炔气、氧气等）钢瓶装在厢式载重汽车内进行运输。

1. 瓶装运输的特点

瓶装运输主要用于城市中灌装站与各销售点之间的运输。运输气瓶的车辆不得在繁华市区、重要机关单位附近行驶；瓶装运输车停靠时，驾驶员与押运人员不得同时离开。瓶装运输费用较高，并且钢瓶在运输过程中容易发生碰撞肇事，很不安全，因此，禁止压力容器钢瓶的长途运输。

2. 瓶装运输的消防安全管理

1）装运气瓶的车辆应有“危险品”的安全标志，严禁烟火，配备灭火器材。

2）运输车上码放钢瓶不得超过两层，并妥为固定，搬运气瓶要轻装轻卸，防止振动，不得拖、滚、摔、砸、倒、卧，禁止抛、掷、摔及其他容易引起撞击的操作。

3）运瓶车不得在重要单位附近和人员密集场所停放。

4）运瓶车不得人货混装，车上除驾驶、押运员外，禁止其他人员搭乘，并严禁吸烟。

5）运送气瓶的车辆，应使用设有通排风口的厢式货车，并有严禁烟火措施；运输车辆排气管应装有有效的隔热和熄灭火星装置。电路系统应有切断总电源和隔离电火花装置；停车时不准靠近明火或高温场所；夏季运输应有遮阳措施，避免暴晒；在城市的繁华地区应避免白天运输。

6）装有危险化学品气瓶的运输车辆，严禁运输距离超过50km。

（二）汽车槽车运输

汽车槽车通常是指采用某种固定方式把罐体与载重汽车底盘固定连接成一个整体的专用运输车辆，一般由车辆行驶部分（底盘）、罐体、装卸系统和安全附件四部分组成。汽车槽车主要是运输液化石油气、天然气等。

1. 汽车槽车的类型及特点

目前，我国运输液化石油气的汽车槽车主要是固定式汽车槽车（10～15t）和半拖挂式汽车槽车（20～25t）。

（1）固定式汽车槽车　固定式汽车槽车的罐体是永久性固定在载重汽车的底盘大梁上，一般采用螺栓联接，将罐体和汽车底盘组成一个整体，能够经受运输过程中的剧烈振动，并配备完善的装卸系统和安全附件。它具有牢固、美观，运行平稳，整体性能好，使用灵活方便，行车速度较快等特点，但车载量不大。

（2）半拖挂式汽车槽车　半拖挂式汽车槽车是由牵引汽车和装有罐体的挂车组成的。半拖挂式汽车槽车充分利用汽车的牵引性能，不受底盘尺寸的限制，装载能力大，稳定性能好，运输成本较低。但半拖挂式汽车槽车一般车身较长，整体灵活性较差，对公路的行驶要求较高，行驶速度较慢。

汽车槽车具有机动性好、灵活性强、运输设备制造投资较低，且制造周期短等特点，但运输能力小，运费较高，一般只适用于距离短（通常500km以内）、运输数量小的情况。

2. 汽车槽车的基本要求

由于汽车槽车既是一个移动式压力容器设备，又是一部完整的车辆，因此汽车槽车既要符合压力容器的基本要求，同时又要符合公路交通运输的有关规定和要求，既要安全可靠、经久耐用、方便检修，又要行驶稳定、经济合理。

1）为及时扑灭可能发生的初期火灾，汽车槽车必须安装2只以上4kg的ABC干粉灭火器。

2）为确保行程安全，液化石油气汽车槽车安装了GPS定位装置，以便及时了解槽车的运行情况，便于有关部门加强对重大危险源的汽车槽车进行监督管理。

3）汽车槽车进出液化石油气储配站时，在发动机的排气口应加装阻火器。

4）槽车使用单位应持罐车出厂文件到当地质量技术监督部门锅炉压力容器安全监察机构申报和办理使用登记手续，领取“液化气体汽车槽车使用证”。

5）按规定到当地交通管理部门、车辆管理部门办理有关证件。

6）运输途中，汽车槽车还应随车携带各种必要的证件和液位计指示刻度与容积的对应关系表、不同温度下介质密度、压力、体积对照表、运输检查记录本、汽车槽车装卸记录等文件资料。

3. 装卸作业要求

汽车槽车装卸作业时应遵循下列安全规则：

1）进入储配站前，在排气管上安装阻火器，并接受储配站的安全检查。

2）在指定的充装位停车，关闭发动机和车内所有电气设备，用手闸制动。

3）在后车轮处加防滑三角木，在车前放置指示牌。

4）接好接地线，牢固连接管道及接头，排尽管内空气。

5）装卸作业时，操作人员、驾驶员、押运员禁止离开现场，驾驶员不得随意起动车辆。

6）充装时使用液位计、流量计、地磅等计量装置计量，确保充装量不得超过槽车允许的最大充装量，如超装应立即采取措施卸出超装部分介质，否则禁止驶离储配站。

7）装卸完成后应按操作规程关闭紧急切断阀和阀门，检查各处有否泄漏，以及储罐内的压力；应认真及时填写装卸记录，双方签字并妥善保存。

8）槽车驾驶员只有在确认充装软管（或鹤管）拆除后，方能发动汽车离开。

9）槽车到站后应检查各安全附件并及时卸液，单车式槽车禁止作为储罐使用。

10）槽车禁止直接向气瓶灌装。

11）遇雷雨和大风天气（8级以上），或在附近有明火作业时，应严禁装卸。周围有易燃、易爆物品泄漏或罐内压力异常时也应禁止装卸。

4. 运输和停放要求

槽车在运输和停放过程中应遵守相关的规定：

1）严格遵守交通法规，按指定的线路行驶。

2）押车员必须随车押运，并严禁其他人员搭乘。

3）车上不得携带其他危险品，并严格禁烟。

4）通过隧道、涵洞、立交桥时应注意标高并减速行驶。

5）行驶过程中密切关注罐内压力、温度的变化。

6）停车位置应通风良好，附近不得有明火，驾驶员和押运员不得同时离开槽车，如离开超过6h，应在指定的专用停车场停放。

7）不得在机关、学校、厂矿、桥梁、仓库和人员密集处停放。

8）停车维修应使用不产生火花的工具，并安排专人看管。

9）每次行车前，应认真检查车辆，如发现异常情况，应及时妥善处理，达到要求后方能行车。

5. 汽车槽车的安全管理

要保证汽车槽车的安全作业与安全运行，除要选择质量可靠的汽车槽车外，还必须采取科学的方法进行管理。

(1) 定期检验　槽车的定期检验包括对罐体和各种附件的检查和维修。

1）罐体检验。罐体检验分为年度检验（外部检验）和全面检验（内外部检验）两种。

年度检验每年至少1次，而全面检验的时间，则根据罐体的实际情况，确定3~6年检验1次。罐体发生重大事故或停用时间超过1年的，使用前应进行全面检验。罐体的检验应符合《压力容器安全技术检查规程》的有关规定。

2）安全附件检验。安全附件的检查与校验包括安全阀、紧急切断装置、液位计、温度计、静电接地装置、装卸软管和其他附件的检查和校验。

（2）制定制度　汽车槽车的使用单位，应根据《液化气体汽车罐车安全监察规程》、《压力容器使用登记管理规则》和当地质量技术监督、公安机关交通部门的相关规定，结合本单位的具体情况，制订相应的责任制、操作规程和管理制度，做好人员、充装、使用、运输、日常维护和定期检验的管理工作。

（3）教育培训　槽车使用单位应配备专人管理、专人驾驶和专人押运汽车槽车，上述人员必须进行严格训练，熟悉槽车的技术性能，掌握液化石油气的基本知识，会处理紧急事故或故障，会使用消防器材。上述人员必须经过地市级以上质量技术监督部门、交通管理部门和消防部门的培训考核，取得合格证书，并取得驾驶员驾驶证和押运员的押运证后，方能进行汽车槽车的正式运行。

四、运输车辆行驶中的防火措施

装载危险化学品车辆具有很大的火灾荷载，是流动的危险源，必须采取措施保障车辆行驶过程中的消防安全。

1）危险化学品运输车辆一般都配有固定的专职驾驶人员。驾驶员要有一定的驾龄和足够的路面经验，并经过消防安全培训合格，懂得危险化学品的理化特性、各类事故的应急处理方法和相关防、灭火知识，掌握危险化学品公路运输的消防安全要求、运输车辆的技术性能、装卸车作业的安全操作规程，并能够熟练使用车上配置的灭火器材和各类安全、应急设施。

2）运送甲、乙类危险化学品的车辆，车况要良好，车辆的消防安全技术条件要齐备，不允许带病行驶，不允许拖带挂车。

3）车辆行驶时要严格遵守交通规则。必须按照当地公安交通管理部门规定的路线、时间、车速行驶，并主动和其他车辆保持距离。车上禁止吸烟，禁止无关人员搭乘，不准携带其他易燃易爆危险化学品。

4）车辆通过隧道、涵洞和立交桥时，要注意限高、限速，遵章行驶。

5）夏季运送甲、乙类危险化学品，要尽量避免每天的高温时段。必须在高温时段运送时，要对车辆罐体采取遮阳防晒或定期喷洒冷水降温的措施。

6）车辆途中停放时，驾驶员不要远离。停车位置要通风良好，10m以内不得有明火和建筑物，并尽量避开机关、学校、厂矿、桥梁、仓库和人员密集的地方，远离交叉口、急弯、陡坡、桥梁、隧道、涵洞等事故多发路段。夏季高温时段一般不要中途停放，必须停放时，要采取防止暴晒的遮阳措施。

7）汽车罐车或储罐车的活动罐体平时停放时，一般要停放在规定的车位上。

8）如果中途发生火灾，不要惊慌，要立即采取灭火扑救措施，及时向当地公安消防部门报警，并迅速将车辆移到不致危及周围建（构）筑物和人员的相对安全的地带。

五、其他防火要求

危险化学品具有特殊的物理、化学性能，运输中如防护不当，极易发生事故，并且事故所造成的后果较一般车辆事故更加严重。因此，为确保安全，在危险化学品运输中还应注意以下几点：

（1）注意包装　危险化学品在装运前应根据其性质、运送路程、沿途路况等采用安全的方式包装好。包装必须牢固、严密，在包装上做好清晰、规范、易识别的标志。

（2）注意装卸　危险化学品装卸现场的道路、灯光、标志、消防设施等必须符合安全装卸的条件。装卸危险化学品时，汽车应在露天停放，装卸工人应注意自身防护，穿戴必需的防护用具。严格遵守操作规程，轻装、轻卸，严禁摔碰、撞击、滚翻、重压和倒置，怕潮湿的货物应用篷布遮盖，货物必须堆放整齐，捆扎牢固。不同性质的危险化学品不能同车混装，如雷管、炸药等切勿同装一车。

（3）注意用车　装运危险化学品必须选用合适的车辆，爆炸品、Ⅰ级氧化性物质、有机过氧化物不得用全挂汽车列车、三轮机动车、摩托车、人力三轮车和自行车装运；爆炸品、Ⅰ级氧化性物质、有机过氧化物、一级易燃品不得用拖拉机装运。除二级固体危险化学品外，其他危险化学品不得用自卸汽车装运。

（4）注意火源　危险化学品在装卸时应使用不产生火花的工具，车厢内严禁吸烟，车辆不得靠近明火、高温场所和太阳暴晒的地方。装运石油类的油罐车在停驶、装卸时应安装好地线，行驶时，应使地线触地，以防静电引起火灾。

（5）注意驾驶　装运危险化学品的车辆，应设置《道路运输危险货物车辆标志》规定的标志。汽车运行必须严格遵守交通、消防、治安等法规，应控制车速，保持与前车的距离，遇有情况提前减速，避免紧急制动，严禁违章超车，确保行车安全。

（6）注意漏撒　危险化学品在装运过程中出现漏撒现象时，应根据危险化学品的不同性质，进行妥善处理。爆炸品散落时，应将其移至安全处，修理或更换包装，对漏撒的爆炸品及时用水浸湿，请当地公安消防人员处理；储存压缩气体或液化气体的罐体出现泄漏时，应将其移至通风场地，向漏气钢瓶浇水降温；液氨漏气时，可浸入水中。其他剧毒气体应浸入石灰水中。易燃固体物品散落时，应迅速将散落包装移于安全处所，黄磷散落后应立即浸入水中，金属钠、钾等必须浸入盛有煤油或无水液状石蜡的铁桶中；易燃液体渗漏时，应及时将渗漏部位朝上，并及时移至安全通风场所修补或更换包装，渗漏物用黄砂、干土盖没后扫净。

（7）注意停放　装载危险化学品的车辆不得在学校、机关、集市、名胜古迹、风景游览区停放，如必须在上述地区进行装卸作业或临时停车时，应采取安全措施，并征得当地公安部门的同意。停车时要留人看守，闲杂人员不准接近车辆，做到车在人在，确保车辆安全。

（8）注意清厢　危险化学品卸车后应清扫车上残留物，被危险化学品污染过的车辆及工具必须洗刷清毒。未经彻底清毒，严禁装运食用、药用物品、饲料及动植物。

【案例分析】

京沪高速淮安段“3.29”液氯泄漏特大事故

一、基本情况

2005 年 3 月 29 日 18 时 50 分，京沪高速江苏淮安段 103km 处发生一起重大交通事故，导致肇事车辆槽罐内大量液氯泄漏。此次事故波及淮安市淮阴、涟水 2 个县区的 3 个乡镇、11 个行政村，造成 29 名村民中毒死亡，400 余人住院治疗，疏散 1 万余人。液氯是剧毒物质，呈黄绿色且具有刺激性气味，液相变为气相体积扩大约 400 倍。氯气对人的眼睛和呼吸系统黏膜有极强的刺激性。

二、事故原因

18 时 50 分，1 辆载有约 30t 液氯的槽罐车由北向南行驶，因左前胎爆胎撞断隔离带至逆向车道，导致车头与罐体脱离，罐体侧翻。被由南向北行驶载有液化气钢瓶的货车撞断液氯槽罐进、出料口阀门，液氯大量泄漏。货车驾驶员当场死亡，槽罐车驾驶员未及时报警，逃离事故现场。

三、经验教训

事后经调查，肇事槽罐车所载储罐长 12m、高 2.4m，额定吨位 15t，实际装载约 30t。车辆有半年没有经过质检部门检测，左前轮胎已报废，达不到危险化学品运输车辆的性能要求。

第四节　危险化学品铁路运输防火

我国的铁路交通事业十分发达。纵横交错的铁路线，构建了庞大的铁路交通运输网格体系，特别是列车大提速带来的铁路危险化学品运输效率的提高，必将使危险化学品的铁路运输在危险化学品的输送过程中发挥不可替代的作用。

一、运输工具的消防安全技术条件

铁路运输危险化学品的主要工具是列车。列车由机车和车厢两部分组成，车厢大致分为两类，一类是专门用于运输散装危险化学品的铁路罐车；另一类是可以运输桶装危险化学品的棚车。

铁路罐车由罐体、储罐附件和底架三部分组成。罐体是带球形或椭球形头盖的内设防荡板的卧式圆柱体，由钢板焊接制成。通常，罐体下部的钢板要比上部钢板厚一些，以克服危险化学品的静水压力。油罐车常设有空气包、进入孔、进气阀和出气阀（或安全阀）等附件。黏油罐车的罐体下部外侧设有夹层加温套，罐体下部中央还设有卸液装置，常见 G50 型轻油罐车外观及结构示意图如图 4-12 所示。罐车可单车或成列发运，成列发运时，每列可编 35 ~ 40 辆，运量可达 2000t 左右。

棚车为全封闭式车厢，由车顶、侧壁、端壁、车窗和滑门构成，是运输桶装危险化学品的通用车辆。

为了保证危险化学品列车在装卸、运输危险化学品过程中的消防安全，危险化学品列车必须满足一定的消防安全技术条件。

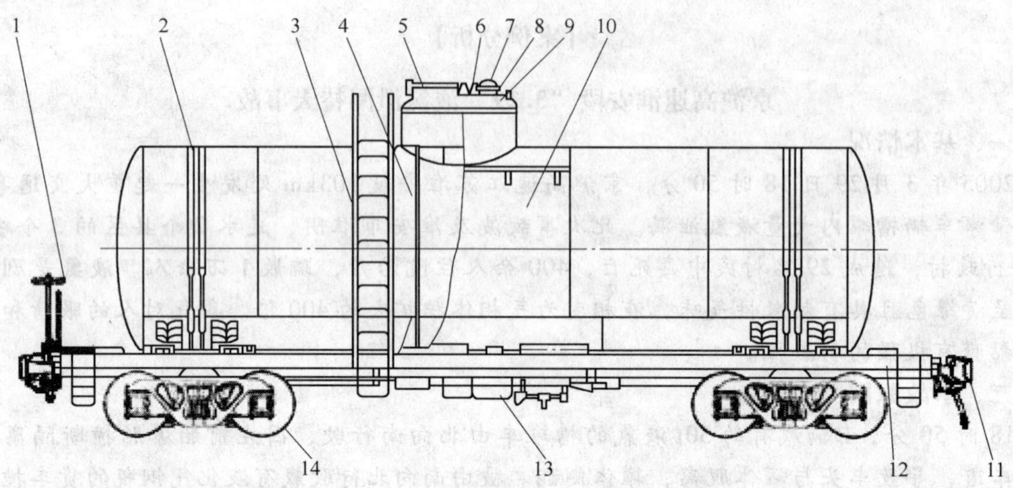

图 4-12　G50 型轻油罐车外观及结构示意图

1—手动制动装置　2—罐带　3—外梯　4—内梯　5—空气包及人孔　6—进风管　7—安全阀　8—排油管　9—透气阀　10—罐体　11—车钩缓冲装置　12—底架　13—空气制动装置　14—转向架

(1) 罐体识别条件　不同的危险化学品罐体外表颜色不同。如轻油罐车的罐体外表为银白色；运送原油、蜡油、渣油的黏油罐车外表为黑色；运送润滑油的黏油罐车外表为黄色。

(2) 黏油罐车防溢条件　旧型罐车通常在罐体上部设置空气包，来容纳因温度升高而膨胀出的危险化学品。新型罐车一般不设空气包，多在额定装载容积不变的情况下加长罐体，通过增加罐内总容积来避免因液体膨胀而造成危险化学品外溢。

(3) 罐车保障罐体结构安全条件　旧型罐车通常设置出气阀和进气阀（在罐体或空气包上），以减少运输途中危险化学品的呼吸损耗，并保证罐体结构的安全。新型罐车采用呼吸式安全阀取代了出气阀和进气阀。

(4) 熄灭火星条件　内燃机车运输危险化学品时，其排气装置上要安装火星熄灭器。罐车的呼吸式安全阀或出气阀上要安装阻火器。

二、装卸作业区的防火措施

铁路危险化学品装卸作业区一般布置在危险化学品生产、仓储区的边缘地带，主要由危险化学品装卸线、装卸鹤管、零位罐、缓冲罐、泵房等设备和设施组成。

(一) 铁路危险化学品装卸线

装卸线一般不与生产、仓储区的出入口道路相交，以避免铁路调车作业影响生产、仓储区内车辆正常的出入，以及发生火灾时外来救援车辆的顺利通过。

装卸线一般采取尽头式布置，其车位数根据危险化学品运量的大小确定。装卸线不能兼作机车的走行线，以防机车散发的火花引燃装卸线内积聚的蒸气。

由于原油的装卸量大，多是整列车装卸，因此，原油装卸作业区一般都设置两股装卸作业线。经营品种比较单一或收发危险化学品规模不大的企业，当车位数大于 12 时，常设两股作业线；当车位数在 12 及以下时，一般设单股作业线。不同的危险化学品散装和桶装作业线需要分段布置，相邻的作业线之间要保持 20m 以上的缓冲段。

（二）装卸栈桥

装卸栈桥采用非燃材料建造，是装卸危险化学品的操作台。装卸栈桥一般都设置在装卸线的一侧，通常与鹤管共同建造，并设有倾角不大于60°的吊梯，方便操作人员上到罐车顶部。栈桥的桥面上设有安全栏杆，栈桥的两端和沿栈桥每隔60～80m设有上下栈桥用的安全斜梯。栈桥段铁路须采用非燃材料的轨枕。在距离装卸栈桥边缘10m以外的危险化学品输入管道上，设有紧急切断阀。图4-13所示为铁路装卸栈桥的结构及作业效果图。

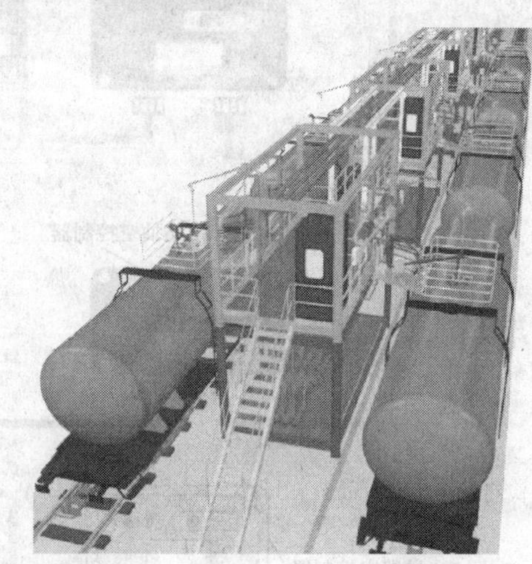

图4-13　铁路装卸栈桥的结构及作业效果图

（三）电气防爆

处在爆炸危险区域范围内的电气设备、线路都要采取相应的防爆措施。电气线路要采用钢管配线并做好隔离密封。

（四）防雷、防静电

（1）防雷　在棚内进行易燃危险化学品灌装作业的，需要装设避雷针（带）予以保护。

（2）防静电　装卸栈桥的首、末端及中间等处，要将钢轨、输液管道、鹤管等设施相互做电气连接并接地，两组跨接点的间距一般不大于20m，每组接地电阻不大于10Ω。铁路罐车装卸作业安全装置布置图如图4-14所示，从图中可以看到防静电的具体方法。

（五）消防车道的布置

铁路危险化学品装卸作业区内需设消防车道，消防车道要与作业区内道路构成环形。受条件限制的，可设置有回车场的尽头式消防车道。消防车道与装卸栈桥的距离一般不大于80m且不小于15m。消防车道与铁路危险化学品装卸作业区铁路平面相交时，交叉点要在铁路机车停车限界之外；平交的角度最好为90°，困难时一般不小于45°。

（六）消防设施和灭火器材的设置

附近有消防车的装卸栈桥，最好设置半固定消防给水系统，供水压力一般不小于0.15MPa，消火栓间距不大于60m。附近有固定消防设施可利用的装卸栈桥，最好设置消防给水设施，泡沫混合液量一般不小于0.03m^3/s，有顶盖的铁路危险化学品装卸栈桥（站台）消防冷却水量一般不小于0.03m^3/s。

装卸作业区一般要设置户外手动报警设施，值班室内要设报警电话。要按规定配置石棉被、灭火毯、灭火器等消防器材。

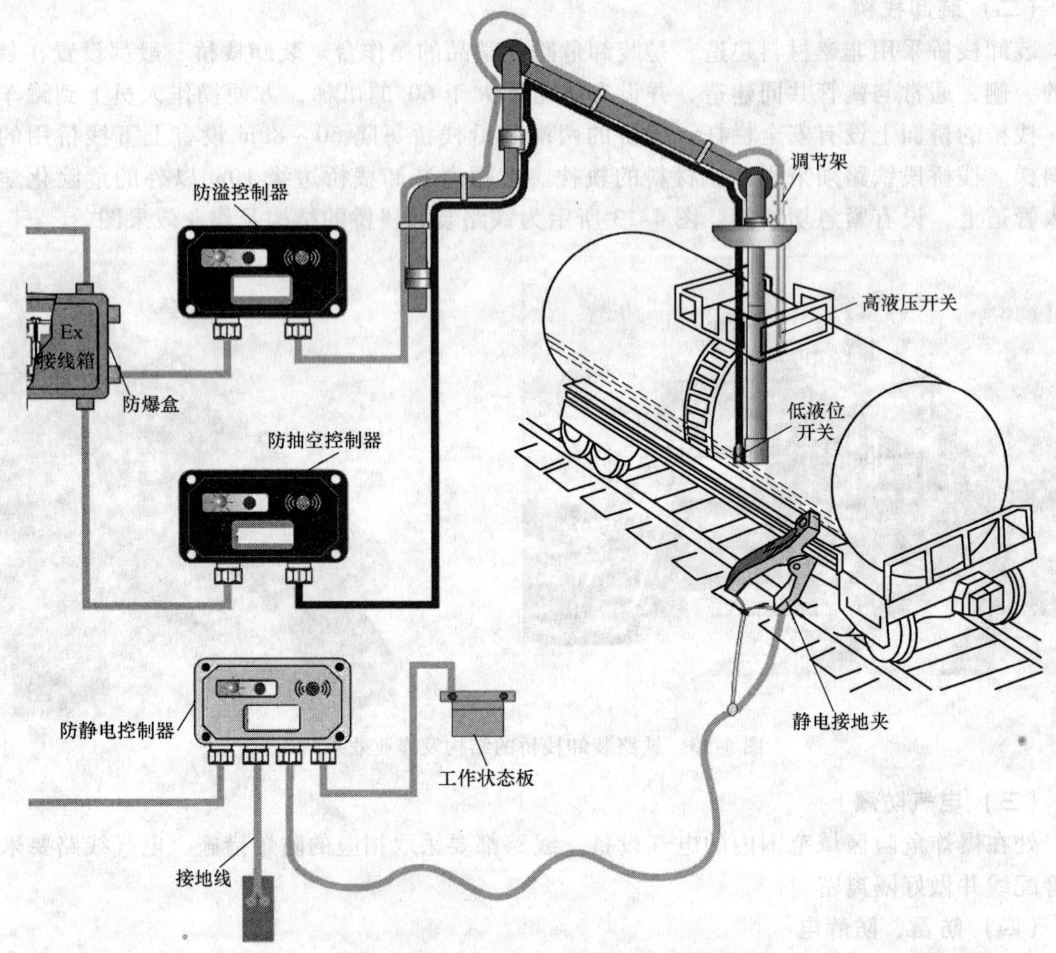

图 4-14 铁路罐车装卸作业安全装置布置图

三、铁路罐车装卸作业的防火措施

铁路罐车的装卸方式和汽车罐车的装卸方式类似，一般分为上部卸液和下部卸液、自流装卸和泵送装卸、密闭装卸和敞口装卸等。不同的装卸方式一般要选用不同类型的装卸鹤管，以满足罐车对位准确、装卸操作方便、安全可靠的要求。

铁路罐车装卸作业的火灾危险性很大，必须采用有力的措施确保消防安全。

1）装卸操作人员都要穿戴防静电工服、工帽、工鞋和纯棉手套。禁止穿高跟鞋、带钉鞋。上岗作业之前都要用手触摸人体静电消除装置。禁止使用手机等非防爆通信工具。

2）装卸作业之前，罐车需要在指定车位停稳，并采取固定措施，确认罐车罐体和各部件无渗漏，装卸设备和设施合格，栈桥、鹤管、铁轨的静电跨接线连接牢固，静电接地线接地良好，不用的阀门和支管管口已经关闭或用盲板堵死。

3）装车时，操作人员应站在管口上风侧（5 级以上大风天气不准装车），要轻开、轻关、轻放铁路罐车车盖、装卸鹤管等设备。装卸时，严禁使用铁器敲击罐口。灌装时按列车沿途所经地区最高气温下的允许灌装高度予以灌装，鹤管内的危险化学品流速要控制在 4.5m/s 以下。

4）装卸过程中要加强巡回检查，密切关注泵、电动机、仪表的工作情况，巡查输液管线、阀门、储罐等有无异常，发现问题立即报告并及时处理，必要时要停泵关阀进行检查。

5）装卸过程中不能用高压蒸汽吹扫栈桥、罐车上的油污。作业时不得带电修理电气设备和更换灯泡，不得使用非防爆移动照明灯具，夜间作业需设置防爆照明设施。作业期间，机车和其他车辆不得进入危险化学品装卸栈桥的严禁烟火区。

6）雷雨天气或附近发生火灾时，不得进行装卸作业，并应盖严罐车罐口，关闭储罐重要阀门，断开有关设备的电源。

7）危险化学品装卸完毕，须静止至少2min后，再进行计量等作业。作业结束后，要及时清理作业现场，整理工具，撤收消防器材，擦拭保养设备，清扫现场，切断电源，并通知车站调走罐车。满装罐车未调出前，应有专人警戒看守，防止罐车溜车或其他事故。

四、铁路槽车运输气体防火

在铁路建设接轨条件允许的情况下，可采用铁路槽车运输气体（如液化石油气）。

（一）铁路槽车运输的特点

铁路槽车运输液化气体具有运输能力大，运输费用低，运输距离远的经济优势。但是铁路运输调度和管理复杂，且受铁路接轨和铁路专用线建设条件以及自然环境限制。一般适用于运输距离远，运输量大的情况。

（二）铁路槽车运输的基本条件

1. 铁路装卸线

铁路槽车装卸线应设计成直线，其终点距铁路槽车端部不应小于20m。铁路装卸线与装卸栈桥边缘的距离，自轨面算起3m及以下范围内不应小于2m，3m以上范围内不应小于1.85m。铁路槽车装卸栈桥应采用不燃材料建造，其长度可取铁路槽车装卸车位数与车身长度的乘积，宽度不宜小于1.2m，两端应设置宽度不小于0.8m的斜梯。铁路槽车装卸栈桥的装卸管应设置便于操作的机械吊装设施。

2. 铁路槽车

用于铁路运输的槽车，应符合《液化气体铁路槽车安全管理规定》。槽车的承压能力必须高于所承运的危险化学品在最高温度下的饱和蒸气压。

铁路槽车必须在罐体上设置装卸阀门、紧急切断装置、安全阀、检测仪表（压力表、温度表和液位计等）、人孔、遮阳罩和操作台等。槽车罐体的设计制造和验收应符合《压力容器安全技术监察规程》的规定。

3. 铁路槽车的安全设施

槽车采用上装上卸的装卸方式，应设置的基本安全设施有：

1）槽车装卸鹤管应各设有气相和液相接头，若采用胶管法兰鹤管，其需用压力至少为系统最高压力的4倍。

2）全部装卸阀件和检测仪表均设置在人孔盖上，并用护罩防护。

3）紧急切断装置设在装卸管上，防止槽车在装卸过程中因管道破裂而发生事故。为便于作业人员操作，紧急切断装置还设有手拉阀，设在人孔罩外边，其控制手柄设在槽车爬梯的中下部。

4）在火车槽车装卸台附近，应设置静电接地线的接头。

（三）铁路槽车运输的消防安全管理

1）槽车投入使用前，应由槽车所属单位组织专人进行验收，并向地、市级以上质量技术监督部门登记备案后方可投入使用。

2）槽车投入使用后，槽车所属单位应对其进行严格管理，按规定要求进行定期检验和修理，并建立完整的技术档案。

3）充装单位应建立、健全充装制度，对槽车的每次充装都需作详细的充装记录。

4）充装前，充装单位必须有专人对槽车进行检查，符合要求后，才能充装。

5）充装或卸料时，应在铁路线上设置标记或信号。雷雨天气，或附近有明火，或周围有易燃、有毒气体介质泄漏和液压异常，或出现其他不安全因素等特殊情况时，严禁充装或卸料。充装量必须严格控制，严禁超载。

6）运行中发生严重故障时，铁路部门与押运人员应及时向当地政府、公安部门报告，设立警戒线，组织人员向逆风方向疏散，最大限度减少人员伤亡和国家财产的损失。

7）铁路装卸区应设与库内道路构成环形的消防车道，或设有回车场的尽头式道路。

五、危险化学品列车运行中的防火措施

危险化学品列车常需穿越地形、地貌不同的区域，跨越江、河、湖泊等，运行情况较为复杂，必须采取有效的防火措施确保运行中的消防安全。

1）运行时，内燃机车必须戴好火星熄灭器，机车不得拖带敞车运输桶装危险化学品，进出站信号要保持完好，禁止使用明火作信号灯。

2）机车取送罐车时要按规定拖挂离车，未见到进车信号，禁止取送。机车送、取液罐车要推车进库、拉车出库，运行速度不得超过5km/h。

3）危险化学品列车要保证平稳起步和运行。禁止溜放，禁止越过停车标志停车，严禁在消防车道和铁路线的平交道口上停留。在高坡地区调速时，要采用短波浪式制动，制动带闸最好不要超过2min。禁止大闸制动、小闸全部缓解和一闸到底的制动方法，要大小闸交替使用，以保证车轮、闸瓦有间歇的凉闸时间。运行途中必须保证在车站的凉闸时间，不得随意缩短。

六、其他注意事项

1）铁路危险货物仅办理整车和10t以上集装箱运输（部分品类）。

2）铁路危险货物运输实行资质认证制度。即办理铁路危险货物运输的托运人和承运人必须分别取得铁路危险货物托运人资质和铁路危险货物承运人资质。

3）托运人托运危险货物时，应在货物运单“货物名称”栏内填写“危险货物品名索引表”内列载的品名和相应编号，在运单的右上角用红色戳记标明类项名称，并在货物运单“托运人记载事项”栏内填写《托运人资质证书》、经办人身份证和《铁路危险货物运输业务培训合格证》号码，对派有押运员的还需填写押运员姓名和《液化气体铁路罐车押运员证》或《培训合格证》号码。托运爆炸品（烟花爆竹）时，托运人还须出具到达地县级人民政府公安部门批准的《民用爆炸物品运输许可证》（《烟花爆竹道路运输许可证》），注明许可证名称和号码，并在运单右上角用红色戳记标明“爆炸品（烟花爆竹）”字样。

4）铁路运输的危险货物的品名、发到站（专用线、专用铁路）、运输方式、作业能力、安全计量等实行明细化管理。凡是具有承运人、托运人资质的单位在办理危险货物运输时，按《铁路危险货物运输办理站（专用线、专用铁路）办理规定》（单行本）执行。

5）凡在《铁路危险货物运输办理站（专用线、专用铁路）办理规定》中未列载的办理站（专用线、专用铁路）不得办理危险货物运输。批准办理危险货物运输的办理站（专用线、专用铁路）只准办理列载的危险货物，如需增加或修改有关内容，须申报批准。

6）禁止运输《铁路危险货物运输管理规则》中未确定运输条件的过度敏感或能自发反应而引起危险的物品，如叠氮铵、无水雷汞、高氯酸（质量分数 >72%）、高锰酸铵、4-亚硝基苯酚等。

凡性质不稳定或由于聚合、分解在运输中能引起剧烈反应的危险货物，托运人应采用加入稳定剂或抑制剂等方法，保证运输安全，如乙烯基甲醚、乙酰乙烯酮、丙烯醛、丙烯酸等。

7）受理、承运危险货物时，必须符合下列规定：

①《托运人资质证书》、经办人身份证和《培训合格证》与运单记载一致。

② 运单记载的品名、类项、编号等内容与《危险货物品名表》（GB 12268—2012）的规定一致，并核查《危险货物品名表》（GB 12268—2012）有无特殊规定。

③ 发到站、办理品名、运输方式与《铁路危险货物运输办理站（专用线、专用铁路）办理规定》一致。

④ 货物品名、质量、件数与运单记载一致。

⑤ 具有危险货物运输包装检测合格证明。

⑥ 运单右上角用红色戳记标明编组隔离、禁止溜放或限速连挂等警示标记。

⑦ 国内运输危险货物禁止代理。

⑧ 其他有关规定。

8）采用集装化运输的危险化学品，使用的集装器具必须有足够的强度，能够经受堆码和多次搬运，并便于机械装卸。

9）货物包装上应牢固、清晰地标明《危险货物包装标志》和《包装储运图示标志》中相应的包装标志和储运标志。进出口危险化学品在国内段运输时必须粘贴相应的中文危险化学品包装标志和储运标志。

七、消防安全管理

危险化学品铁路运输企业一般要建立健全各项消防安全制度和安全操作规程，落实消防安全责任制。要设置专、兼职消防安全管理人员，对各项防火措施的执行情况开展防火巡查和消防安全检查。定期组织消防安全知识培训和技能训练，确保操作人员熟练掌握操作技术和本岗位的消防安全要求。

装卸栈桥两侧从铁道外轨起及栈桥两端从第一根支柱起 20m 以内为栈桥严禁烟火区。装卸作业区主要进出口处要设置醒目的“严禁烟火”和其他消防安全标志。爆炸危险区域要悬挂警示牌。要保持装卸线的畅通无阻及装卸区内无油污和其他易燃易爆物品。不允许在铁路装卸作业区内检修机车。

【案例分析】

西延线蔺家川隧道3161次货物列车火灾事故

一、基本情况

西安至延安（西延线）蔺家川隧道全长为1137m，隧道平面呈“S”形，隧道内弯道半径为300m，坡度为3‰。1993年6月12日10时53分，一列油罐列车下行至隧道内，油罐车突然爆炸起火，事故造成8人死亡，10人受伤，同时，报废机车1辆，报废罐车16辆，损坏轨道250m，损失原油343t，直接经济损失561.42万元，中断行车579h 17min。

二、事故原因

经调查，事故主要原因如下：

1）该次列车装载油品时没有严格按照相关规定对车辆进行检查，油罐车人孔盖部分螺栓没有紧牢固，卸油阀关闭不严，致使罐车漏油，编列的25、26号罐车原油几乎漏完。

2）油品中挥发性组分含量较高。运输前部分原油未作油、气分离或稳定处理，气体逸出。加之在运行条件和较高温环境下，加快了油气的挥发速度。

3）蔺家川隧道平面呈“S”形，两端为曲线，隧道中部为直线，空间狭小，通风不畅，容易使逸出的油蒸气和空气混合形成爆炸性混合物。

4）列车进入蔺家川隧道内，列车驾驶员采取减压调速，闸瓦与轮毂摩擦制动产生火星。

三、经验教训

此次事故的主要教训：一是危险化学品在铁路运输过程中，要按照规程严格做好装卸车工作，防止危险化学品外逸；二是在装罐运输前，应针对原油特点进行油气分离或稳定处理；三是应从隧道设计和建设方面考虑防止此类事故发生及其应急处置的问题。

第五节　危险化学品水路运输防火

水路运输包括远洋运输、沿海运输和内河运输。同其他运输方式相比，危险化学品的水路运输具有运载量大、能耗少、成本低等特点。

一、运输工具的消防安全技术条件

危险化学品水路运输的主要工具是船。根据有无自航能力，船分为轮和驳两种，轮能自航，可以自行装卸；驳依靠拖船的牵引航行，一般不能自行装卸。

（一）安全航行条件

危险化学品船必须具有船舶检验部门签发的，能够证明船的布置、结构和设备均符合安全要求的检验合格证书，或入级证书和相应的安全证书，才能投入运营。危险化学品船的布置、结构、管系及电气、消防和防污染设备等，未经船舶检验部门同意，不得擅自更改。

（二）危险化学品货舱设置条件

危险化学品船一般被分隔成若干个单独的货舱，既可以减少轮船航行时危险化学品的水力冲击，也可以使卸液时船逐渐向船首或船尾倾斜，便于将危险化学品抽吸干净。货舱、管道的各部件必须具有良好的气密性，舱盖要保持密封良好。

在船的货舱与机器舱、燃料舱、艏尖舱、泵舱等其他舱室之间，一般设有隔离舱。当装卸汽油等甲类危险化学品时，隔离舱内应灌满水。机器舱位于货舱、污油水舱、泵舱和隔离空舱的后方。货舱应设置膨胀舱，或者在装液时留有膨胀容积，以防溢液。严禁违规设置装载危险化学品的暗舱。

（三）轮驳安全拖带条件

拖带驳的拖轮必须是设有自动灭火系统和自动报警系统的专用拖轮。拖轮的烟囱要设置火星熄灭器，且拖轮船尾至船首的安全距离一般不小于50m。拖轮上的缆绳要采取措施防止产生静电或火花。

（四）火源消除条件

发动机和锅炉的排气烟道口要装设有效的火星熄灭器，货舱的呼吸阀、阻火器要保持完好。

泵舱、燃油间、油漆间、蓄电池间、未用隔离舱隔开的物料间、输液管存放场所、主甲板，以及靠近货舱5～10m范围内，必须使用防爆电气装置，防爆灯罩、白炽灯泡和避雷针头上不得涂刷油漆。

货舱的管道法兰接口处要进行跨接，电缆要用标定麻缆，不得使用钢缆和尼龙缆。

设有前驾驶室的内河小型船需合理安排桅杆，以防止船过桥把桅杆向后放倒时，桅杆上的非防爆型桅灯、信号灯引燃积聚的蒸气。

（五）防晒降温条件

轮船一般要设置专门的喷淋洒水装置，喷淋装置通常沿主甲板全长敷设管道，管道上开设喷水孔。

（六）消防应急救援条件

船上的消防设施、器材必须保持完整、好用。

船长40m及以上的轮船运载甲、乙类危险化学品，要按船上的总人数配备阻燃或不燃材料制成的救生艇，且至少要有一艘机动救生艇。

根据有关规定和运载危险化学品的性质，轮船要配备一定数量和形式的呼吸器、给氧器、安全索、耐火救生索、防护口罩等应急器材和用品。

二、轮船装卸作业的防火措施

轮船装卸作业的火灾危险性很大，必须采取有力的防火措施，严格执行操作规程。

1）装卸操作人员应穿着防静电服装和鞋，作业前应触摸静电消除装置。禁止穿带钉的鞋、靴，禁止穿着或更换尼龙、化纤服装。禁止使用非防爆式手电筒，禁止使用手机等非防爆式通信工具。

2）轮船一般不允许靠近的两船同时装卸。必须有两艘及以上轮船同时装卸时，两船之间要有20m以上的防火间距。遇有雷雨天气或雷电当空、大风、大雪或高温产生气阻的天气以及烟囱冒火时，要立即停止作业，关阀封舱。

3）装卸作业前轮船应熄火，旋转机、炉舱风斗要背向货舱，通烟管（包括厨房烟囱）和锅炉管要停止吹灰。关闭朝向货舱甲板的水密门、窗和货舱甲板上舱室的左右舷门、窗，并关闭靠近装液口及透气口的电动机、开关、继电器，严防蒸气进入。在货舱附近要备好消火栓、灭火器、灭火毯、黄砂等消防和防油污器材，并备妥应急拖缆。码头操作人员要备齐作业工具、消防器材、通信联络设备，并对油泵、管道、阀门、电气装置、通信、消防、静电接地装置等技术设备进行周密的检查，确保良好的技术状态。

4）作业期间，严禁非轮船操作人员在舱口附近停留。轮船操作人员要严守岗位，认真开展巡回检查，经常观测装液速度，勤测液面高度，防止跑液、冒液。换舱装液前，要先打开下一个空舱阀门，再关闭即将满舱的货舱阀门。装液至最后一舱时，满舱前要留有适当的舱容空间和时间，以备联系停泵或停装。装液过程中调换储罐时，码头操作人员必须先打开待换储罐阀门，再停罐调换。装卸过程中要严防因撞击或摩擦而产生火花。接拆管道要用防爆工具。吊运物件时，须停止装卸，关阀封舱，放好衬垫，轻吊轻放。凡接触铁质设备和使用铁质工具的，严禁敲打撞击。开闭油舱盖时，应轻、缓、稳，防止撞击。轮船要随时保持适航性，一旦发生意外，要立即离泊，遇有影响适航的检修而无法离泊时，要采取有效的措施确保安全。

5）装卸完毕后，必须关妥所有货舱口和输液管线阀门。正确操作扫线、顶水，将管道和输液臂内的液料除净。要擦净现场油污，经检验确认无可燃蒸气存在后，轮船要立即离开。

三、轮船航行中的防火措施

危险化学品轮船的航行情况复杂，尤其是海洋航行，受风浪、雷电、寒流、高温、台风、海啸等影响很大，必须采取有效的防火、安全措施。

1）轮船出航前，要绑牢可移动的物件，关紧各舱口水密孔盖和水密门、窗。大风浪袭击前，对上述物件要重新检查加固。轮船靠离码头时要采用平靠、平离、慢速等安全靠离的措施，并按规定显示慢车信号。需要拖轮协助时，拖轮要有足够数量及相应马力。

2）轮船在航行、停泊时应悬挂或显示规定的信号，要采取保证船航行平稳的措施，呼吸阀要置于自动调节位置。航行时尽可能远离其他船舶或设施，禁止与冒火星的船靠近。轮船与其他船舶相遇时，要注意按照航行和避碰规则的规定，尽早采取相应措施。载运闪点在28℃以下的危险化学品的轮船，不能与其他驳船混合编队、拖带。在热带航行时，要经常打开喷淋洒水系统，进行冷却降温。

3）在气候恶劣、能见度低的情况下，不要进出港口、靠离码头或通过桥梁、船闸。甲、乙类危险化学品船通过狭窄或拥挤的航道，或在气候、风浪比较恶劣的条件下航行、停泊、作业时，要加强瞭望，谨慎操作，采取相应的安全、防护措施。必要时，还应当落实辅助船舶待命防护等应急预防措施，或者向海事管理机构请求导航或护航。

4）轮船从事水上过驳作业，要选择缓流、避风、水深、底质等条件较好的水域，尽量远离人口密集区、船舶通航密集区、航道、重要的民用设施以及军用水域。两船之间还要加垫足够的软靠把，使用尼龙缆系带，对缆绳、管道等设施要有专人看管。要制订安全防护措施和应急计划，并保证有效实施。

四、气体危险化学品的槽船运输防火

运输气体危险化学品的槽船应符合国家船舶检验部门制定的相关规范，并取得认可的适航证书。

（一）槽船的种类

气体危险化学品槽船通常分为常温压力式和低温常压式两种。

1. 常温压力式槽船

常温压力式槽船上设置的气体储罐是根据气体最高使用温度下的饱和蒸气压和运输操作时的附加压力设计的。这种槽船上的储罐由于罐体壁厚，自重大，装载危险化学品的能力较小，主要用于沿海及内河航运。常温式压力槽船一般采用卧式圆筒储罐。

2. 低温常压式槽船

低温常压式槽船设置的储罐借助于制冷装置使气体在低温常压下运行。这种船采用双层壳体，在外壳与船体之间填充绝热材料。罐体内层采用耐低温钢制造，一般能耐 -42℃以下的低温。低温常压式槽船可以通过货泵直接将冷冻的气体危险化学品送到岸上的冷冻式储槽内，也可根据用户需要，通过海水换热器将气体加温到 0℃左右，送到岸上常温式压力储罐内储存。这种槽船装载能力大，多用于远洋运输。图 4-15 中给出了常见液化天然气船外形（图 4-15a）及其船内储罐纵截面结构（图 4-15b）。

a)

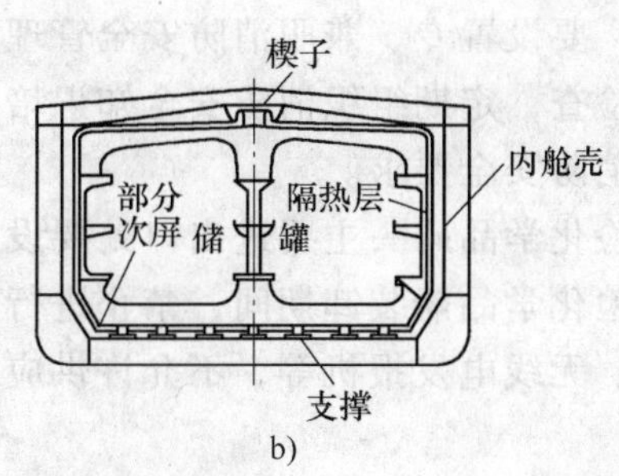

b)

图 4-15　常见液化天然气船及其船内储罐

a）外形　b）截面结构

（二）槽船运输的特点

槽船运输运量大，运输费用低，运输距离远，适用于具有水路运输条件的情况。但槽船建造技术难度大，建造费用高，同时要配套建设必要的运输管道和码头。另外，特别需要注意的是，低温船在卸低温气体时，输送管道及管件需选择耐低温的材料，以免输送管道及管件会发生冷碎现象，引起气体泄漏，导致事故的发生。

（三）槽船配置的安全设施

槽船必须设置一系列必要的安全设施，主要有：罐体的喷淋水装置（常压船）；在输送的管道上设置紧急安全阀；设置安全阀、温度计、压力表和液位计等安全附件；在易泄漏处设置可燃气体报警指示、报警装置；远距离操作的水炮和干粉炮；船舱内设置通风装置；设置可靠制冷用的压缩机和海水换热器（低温船）；设置船岸静电接地装置等。

（四）槽船运输的消防安全

1）槽船投入使用前，应由槽船所属单位组织专人进行验收，并向当地海事部门登记备案，取得适航证书后方可投入使用。

2）槽船投入使用后，槽船所属单位应对其进行严格管理，按规定要求定期进行检验，并建立完整的档案。

3）槽船的装卸单位应建立健全严格的装卸制度，对槽船的每次装卸都需作详细的装卸记录。

4）槽船装卸前，必须有专人对槽船进行认真检查，发现问题，应按特殊船舶管理的相关要求妥善处理后，才能进行装卸作业。槽船必须严格控制充装量，严禁超载。

5）槽船在装卸作业前后，应进行检测，测定出物料的液位，并密切注意舱内压力的变化。出现雷雨天气或附近有明火，周围有易燃、有毒气体介质泄漏和液压异常或出现其他不安全因素等特殊情况时，严禁装卸作业。

6）在装卸过程中槽船发生严重事故时，应尽可能离开码头，避免事故殃及码头及岸上设施，造成更大的经济损失，并及时向当地政府、公安部门报告。

7）槽船装卸作业应在消防船的严格监控下进行，在消防船无法到位的情况下，也应在消拖两用船的监控下进行装卸作业。

8）码头上应设置供槽船使用的接地装置。

五、消防安全管理

危险化学品水路运输企业要建立健全各项消防安全制度和安全操作规程，落实消防安全责任制；要设置专、兼职消防安全管理人员，对各项防火措施的执行情况开展防火巡查和消防安全检查，定期组织消防安全知识培训和技能训练，确保操作人员熟练掌握操作技术和本岗位的消防安全要求。

危险化学品码头主要进出口处要设置醒目的消防安全标志，爆炸危险区要悬挂警示牌。

危险化学品船装卸期间，禁止进行电、气焊及可能产生火花的一切作业，不得检修和使用雷达、无线电发报机等，不允许供应船同时进行加油、加水等作业。

自学指导

本章学习重点：危险化学品管道、公路、铁路和水路运输防火要求。

1. 危险化学品管道运输防火：液体危险化学品管道运输防火；气体危险化学品管道运输防火。

2. 危险化学品公路运输防火：液体危险化学品公路运输防火；气体危险化学品公路运输防火。

3. 危险化学品铁路运输防火：危险化学品铁路装卸作业区防火；铁路槽车运输气体防火。

4. 危险化学品水路运输防火：轮船装卸作业防火；气体危险化学品槽船运输防火。

复习思考题

一、填空题

1. 根据对道路危险货物运输单位的审验结果，由________机关核发危险化学品《道路运输经营许可证》和《道路运输营运证》。

2. 通过公路运输剧毒化学品的，托运人应当向运输始发动或目的地的县级人民政府________部门申请办理剧毒化学品公路运输通行证。

3. 埋地输液管道管顶的覆土层厚度一般不小于________m。

4. 输液管道沿线安装的截断阀的间距一般不超过________km，但在人烟稀少地区可适当加大。

5. 当车辆用于运送甲、乙类危险化学品时，排气管口都要安装符合规定的________。

6. 液体危险化学品公路运输装卸车鹤管之间的距离，一般不小于________ m。装卸车鹤管与缓冲罐之间的距离，一般不小于________ m。

7. 液体危险化学品公路运输装卸设施的防静电接地装置的接地电阻一般不大于________ Ω。

8. 运输气体危险化学品的铁路槽车必须在罐体上设置装卸阀门、________、________、检测仪表、人孔、遮阳罩和操作台等。

9. 气体危险化学品槽船通常分为________式和________式两种。

10. 轮船装卸操作人员应穿着________服装和鞋，作业前应触摸________装置。禁止穿带钉的鞋、靴，禁止穿着或更换尼龙、化纤服装。禁止使用________等非防爆式通信工具。

二、选择题

1. 运输危险化学品途中需要停车住宿或者遇有无法正常运输的情况时，应当向当地(　)部门报告。

A. 城管　　B. 公安　　C. 交通　　D. 以上都不对

2. 气体危险化学品输送管道上的厂、站及其储罐区宜设环形消防车道，罐组之间有宽(　　)的消防道路与环形消防车道相连。

A. 3.5m　　B. 4.0m　　C. 4.5m　　D. 5.0m

3. 装有危险化学品气瓶的运输车辆，严禁运输距离超过(　　)。

A. 20km　　B. 40km　　C. 50km　　D. 100km

4. 铁路危险化学品装卸作业区装卸栈桥的首、末端及中间等处，要将钢轨、输液管道、鹤管等设施相互做电气连接并接地，两组跨接点的间距一般不大于(　　) m。

A. 20　　B. 50　　C. 30　　D. 10

5. 附近有消防车的装卸栈桥，最好设置(　　)消防给水系统，供水压力一般不小于0.15MPa，消火栓间距不大于60m。

A. 固定式　　B. 移动式　　C. 半固定式　　D. 以上都可以

6. 液化天然气船储存天然气的方式是(　　)。

A. 常温压力式　　B. 低温常压式　　C. 常温常压式　　D. 低温压力式

三、简答题

1. 管道的爆炸危险区域范围有哪些？

2. 简述气体危险化学品输送管道工程的基本防火措施。

3. 运输工具防静电积聚方法有哪些？

4. 危险化学品铁路运输装卸作业区消防设施和灭火器材的设置要求有哪些？

5. 槽船配置的安全设施有哪些？

第五章　常见易燃易爆危险场所防火

学习目标

1. 应了解、知道的内容：

石油库、汽车加油站、液化石油气加气站和轻烃储配站的基本工艺过程和设施。

2. 应理解、清楚的内容：

石油库、汽车加油站、液化石油气加气站和轻烃储配站易燃易爆危险性。

3. 应掌握、会用的内容：

石油库、汽车加油站、液化石油气加气站和轻烃储配站防火防爆的技术措施；

石油库、汽车加油站、液化石油气加气站和轻烃储配站消防安全管理要求。

自学学时　10 学时

老师导学

本章介绍了石油库、汽车加油站、液化石油气加气站和轻烃储配站四类常见的易燃易爆场所的工艺流程和主要设施，分析了不同场所的易燃易爆危险性，重点阐述了不同场所防火防爆的技术措施和消防安全管理要求。在学习本章时，应结合第二、三章的有关内容，领会易燃易爆危险场所的火灾爆炸危险性和消防安全管理要求。

易燃易爆危险品是危险化学品生产、储存、运输、经营和使用中数量最大的一类。本章所述的易燃易爆危险场所特指储存、经营易燃易爆危险品的场所。常见易燃易爆危险场所主要包括石油库、汽车加油站、汽车加气站和轻烃储配站。由于这些场所存在易燃易爆性，是火灾爆炸事故多发的场所，预防和控制这些场所的火灾爆炸事故是危险化学品防火的重要任务之一。

第一节　石油库防火

石油库是指收发和储存原油、汽油、煤油、柴油、喷气燃料、溶剂油、润滑油和重油等整装、散装油品的独立或企业附属的仓库或设施。它能够协调原油生产、原油加工、成品油供应及运输。随着经济发展对石油及其产品的需求大量增加，同时出于国家战略石油储备安全等原因，近年又出现了统称为石油储备库的国家石油储备库和总容量大于或等于 $1.2\times10^6m^3$ 的企业石油库。

由于石油及其产品的易燃易爆特性和相对集中的储存，石油库一旦发生火灾爆炸事故，极易造成惨重人员伤亡和巨大经济损失，同时还会对周边环境造成严重的危害。石油库火灾爆炸事故是危险化学品储存场所火灾中危险性极大的一类事故，比如 1989 年 8 月 12 日 9 时 55 分，中国石油总公司管道局胜利输油公司黄岛油库发生特大火灾爆炸事故，造成 19 人死亡，100 多人受伤，直接经济损失 3540 万元。1993 年 10 月 20 日，南京炼油厂汽油罐发生泄漏后引发爆炸，造成 2 人死亡，直接经济损失 38.96 万元。还有第一章第一节提到的事故案例二也属石油库火灾。

一、石油及其产品的组成

石油又称原油，是一种黏稠的深褐色液体。主要成分是碳氢化合物，组成石油的化学元素主要是碳（83% ~87%）、氢（11% ~14%），其余为硫（0.06% ~0.8%）、氮（0.02% ~1.7%）、氧（0.08% ~1.82%）及微量金属元素（镍、钒、铁、锑等）。由碳和氢化合形成的烃类构成石油的主要组成部分，占95% ~99%，各种烃类按其结构分为：烷烃、环烷烃、芳香烃。石油的性质因产地而异，密度为0.8 ~1.0g/cm^3，黏度范围很宽，凝固点差别很大（-60 ~30℃），沸点范围为常温到500℃以上，可溶于多种有机溶剂，不溶于水，但可与水形成乳状液。

石油主要用作燃料，当前开采的石油88%被用作燃料，其他的12%作为化学工业的原料。

石油产品可分为石油燃料、石油溶剂与化工原料、润滑剂、石蜡、石油沥青、石油焦等6类。常见的石油产品包括汽油、柴油、煤油、润滑油和液状石蜡等。

二、石油及其产品的火灾危险性

1. 易燃性

油品属于有机物质，主要由碳氢化合物组成，油品遇火、受热以及与氧化性物质接触都有发生燃烧的危险。油品的闪点和自燃点越低，发生燃烧的危险性越大。

2. 蒸气的易爆性

油品蒸气与空气的混合比例达到其爆炸极限浓度范围时，遇火花即能爆炸。

3. 易积聚静电

油品是静电荷的不良导体，电阻率较高，油品在装卸、灌装、泵送等作业过程中由于摩擦会产生静电，并积聚产生强电场，当静电放电时会导致石油产品燃烧爆炸。

4. 易扩散、易流淌

黏度低的油品流动扩散性强，如有渗漏会很快向四周流散，油品的扩散、流淌性是导致火灾的重要因素。

5. 受热膨胀性

石油产品受热后蒸气压升高，体积膨胀，若容器灌装过满或储存于密闭容器中，会导致容器膨胀，甚至爆裂引起火灾。有些储油的铁桶出现顶、底鼓凸现象，就是受热膨胀所致。

6. 沸溢喷溅性

沸溢和喷溅在原油和重质石油产品火灾中危害极大，沸溢可使原油溅出距离达几十米，大油罐储油多时，其溢出的面积可达几千平方米，从而使火灾大面积扩散。喷溅时，原油的火焰突然腾空，火柱可高达70 ~80m，火柱顺风向喷射距离可达120m左右。火焰下卷时，向四周扩散，容易蔓延至邻近油罐，扩大灾情，并且可能使灭火人员突然处于火焰包围中，造成人员伤亡。根据石油及其产品闪点的不同，《石油库设计规范》（GB 50074—2002）对石油库储存油品的火灾危险性进行了分类，见表5-1。

表 5-1　石油库储存油品的火灾危险性分类

类　别		油品闪点 F_t/℃	类　别		油品闪点 F_t/℃
甲		$F_t<28$	丙	A	$60\leqslant F_t\leqslant 120$
乙	A	$28\leqslant F_t\leqslant 45$			
	B	$45<F_t<60$		B	$F_t>120$

三、石油库的分类和分级

石油库按储油品种分为原油库和成品油库。根据管理体制和经营性质分为独立油库、军用油库和企业附属油库三类。按照储油方式可以分为地面油库、隐蔽油库、山洞油库、水封石洞油库和海上油库等。按照油品的种类可分为原油库、润滑油库、成品油库等。

石油库储存油品的数量也是影响其火灾危险性的重要因素。油品储量越大，石油库的火灾危险性就越大，一旦发生火灾爆炸事故所造成的后果也就越严重。为针对不同火灾危险性的石油库采取相应的安全设计及措施，达到安全与经济协调发展的目标，我国国家标准《石油库设计规范》（GB 50074—2002）根据储存油品总容量将石油库分为五个等级，见表 5-2。

表 5-2　石油库的等级划分

等　级	石油库总容量 TV/m^3	等　级	石油库总容量 TV/m^3
一级	$100000\leqslant TV$	四级	$1000\leqslant TV<10000$
二级	$30000\leqslant TV<100000$		
三级	$10000\leqslant TV<30000$	五级	$TV<1000$

注：1. 表中总容量 TV 系指油罐容量和桶装油品设计存放量之总和，不包括零位罐和放空罐的容量。

2. 当石油库储存液化石油气时，液化石油气罐的容量应计入石油库总容量。

四、石油库储油罐的类型

储油罐是储存油品的容器，它是石油库的主要设备。储油罐按材质可分金属油罐和非金属油罐；按所处位置可分地下、半地下和地上油罐；按安装形式可分立式、卧式油罐；按形状可分圆柱形、方箱形和球形油罐。

石油库的油罐设置应采用地上式，有特殊要求时可采用覆土式、人工洞式或埋地式。石油库的油罐应采用钢制油罐。地上钢制油罐的类型包括固定顶油罐、浮顶油罐、内浮顶油罐和卧式油罐，其中，固定顶油罐、浮顶油罐、内浮顶油罐属于立式储罐。

（一）固定顶油罐

固定顶油罐结构比较简单，由于气相空间大，油品蒸发损耗大，故不宜储存轻质油品和原油，主要用于储存低挥发性及重质油品。最常用的容积为 100～10000m^3。固定顶油罐分为自支撑式锥顶、支撑式锥顶和自支撑式拱顶三种。立式拱顶油罐由球冠形的拱顶及立式圆柱形罐壁所构成，罐底是由若干块钢板焊接而成，直接铺在基础上，其直径略大于罐壁底圈直径。立式拱顶油罐的总体构造示意图如图 5-1 所示。

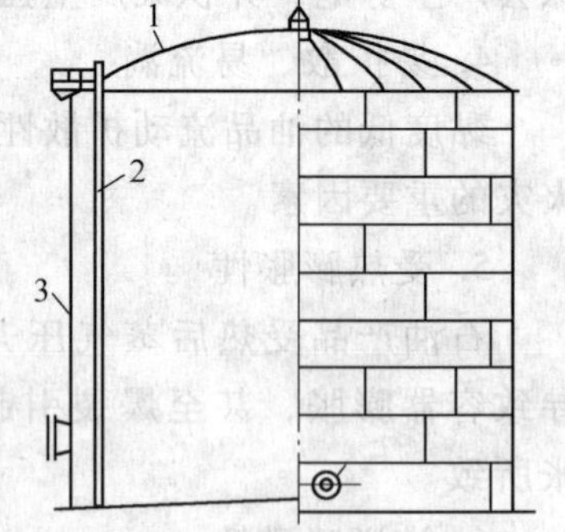

图 5-1　立式拱顶油罐的总体构造示意图

1—拱顶　2—量油管　3—罐壁

（二）浮顶油罐

浮顶油罐是由浮顶和立式圆柱形罐壁所构成。浮顶是一个漂浮在油品表面上的浮动顶盖，随着油品的输入输出而上下浮动，浮顶与罐壁之间有一个环形空间，环形空间设有密封装置，使罐内液体在顶盖上下浮动时与大气隔绝。浮顶油罐罐顶与油面之间基本上没有气相空间，油品没有蒸发的条件，因而不会出现如固定顶油罐因环境温度变化而产生的油品损耗，也基本上消除了因收、发油而产生的损耗，避免污染环境。浮顶不仅降低了油品的损耗，而且减少了发生火灾的危险性，尤其是不存在气相空间，消除了爆炸的危险。所以尽管这种油罐钢材耗量和安装费用比固定顶油罐大得多，但对收发油频繁的油库、炼油厂原油区等仍优先选用，用于储存原油、汽油及其他挥发性油品。

浮顶油罐的种类很多，有单盘式、双盘式等，如图5-2和图5-3所示。常用的单盘式浮顶油罐在浮顶周围建造环形浮船，用隔板将浮船分隔成若干个不渗漏的船室，在环形浮船范围内的面积以单层金属板覆盖。而双盘式浮顶油罐的浮顶则是上、下两面分别以金属板覆盖。不论是单盘浮顶油罐还是双盘浮顶油罐，浮盘上面都安装有梯子、平台和栏杆。

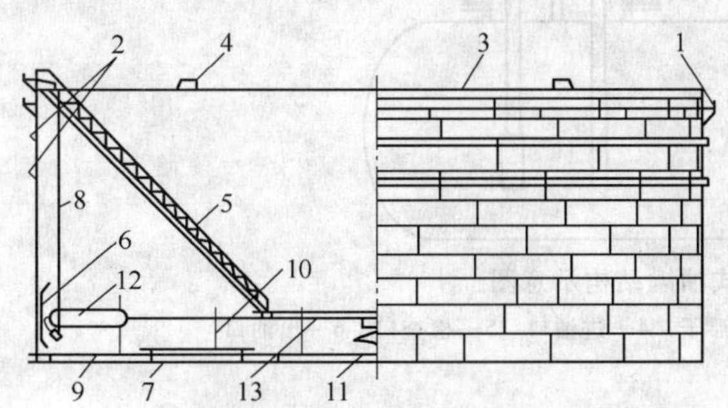

图5-2 单盘式浮顶油罐结构示意图
1—抗风圈 2—加强圈 3—包边角钢
4—泡沫消防挡板 5—转动扶梯 7—加热器
8—量油管 9—底板 10—浮顶立柱
11—排水折管 12—浮船 13—单盘板

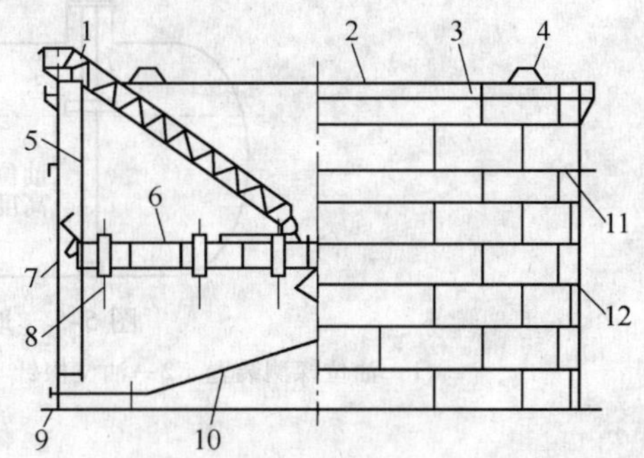

图5-3 双盘式浮顶油罐结构示意图
1—转动扶梯 2—包边角钢 3—抗风圈
4—泡沫消防挡板 5—量油管 6—浮船
7—密闭装置 8—浮顶立柱 9—罐底板
10—中央排水管 11—加强圈 12—罐壁

（三）内浮顶油罐

内浮顶油罐是带罐顶的浮顶油罐，也可看做拱顶罐和浮顶油罐相结合的一种油罐，结构如图5-4所示。这种油罐有两层顶，外层为与罐壁焊接连接的拱顶，内层为能沿罐壁上下浮动的浮顶。内浮顶油罐既有拱顶罐的优点也有浮顶罐的优点，它解决了固定顶油罐由于气相空间大、油品蒸发损耗大，且污染环境又不安全的缺点。与浮顶油罐相比较，因为有固定顶，能有效地防止雨雪、砂尘的侵入，保证储液的质量，因此，内浮顶油罐特别适合储存高级汽油、航空煤油等要求较高的油品及有毒的石油化工产品。

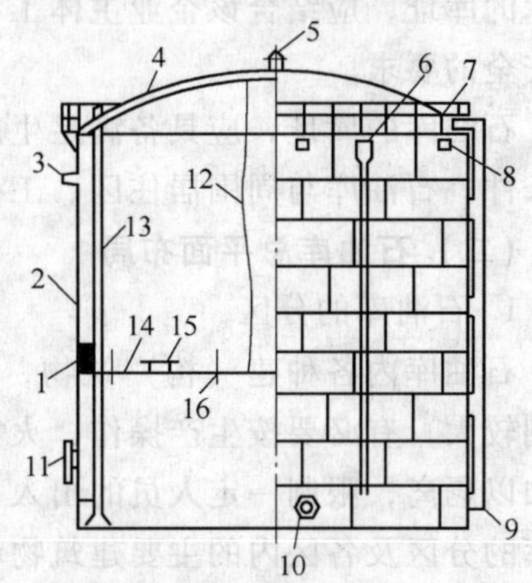

图5-4 内浮顶油罐结构示意图
1—密封装置 2—罐壁 3—高液位报警器
4—固定罐顶 5—罐顶通气孔 6—泡沫消防装置 7—罐顶人孔 8—罐壁通气孔
9—液位计 10—罐壁人孔 11—高位带芯人孔
12—静电导出线 13—量油管 14—浮盘
15—浮盘人孔 16—浮盘立柱

但内浮顶罐也存着与拱顶罐相比，钢板耗量比较多，施工要求高；与浮顶罐相比，维修不便，尤其是密封结构，以及不易大型化的问题。

（四）卧式油罐

卧式油罐具有承受较高的正压和负压的能力，有利于减少油品的蒸发损耗，也减少了发生火灾的危险性。它可在制造工厂成批制造，然后运往工地安装，便于搬运和拆迁，机动性较好，所以应用非常广泛。卧式储罐的容积一般较小，通常用于生产环节或加油站，在大型油库中也用来作为附属油罐使用，如放空罐和计量罐等。

卧式储罐环向焊缝采用搭接，纵向焊缝采用对接。圈板交互排列，取单数，使端盖直径相同。卧式储罐的端盖分为平端盖和碟形端盖，平端盖卧式储罐可承受 40kPa 内压，碟形端盖卧式储罐可承受 0.2MPa 内压。地下卧式储罐必须设置加强环，加强环用角钢煨制而成。图 5-5 为一种地下卧式油罐结构示意图。

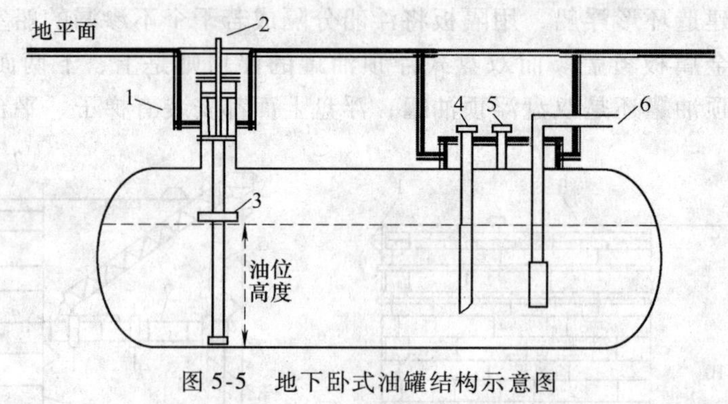

图 5-5　地下卧式油罐结构示意图

1—油位探测装置　2—油位探针　3—油浮子　4—进油口　5—检查口　6—出油口

五、石油库的防火防爆措施

（一）库址选择

石油库库址选择应符合城镇规划、环境保护和防火安全要求，且交通方便。企业附属石油库的库址，应结合该企业主体工程统一考虑，并应符合城镇或工业区规划、环境保护和防火安全的要求。

石油库的库址，应具备满足生产、消防、生活所需的水源和电源的条件，还应具备排水的条件。石油库与周围居住区、工矿企业、交通线等要保持安全的距离。

（二）石油库总平面布局

1. 石油库的分区

石油库内各种建（构）筑物，火灾危险程度、散发油气量的多少、生产操作的方式等差别较大，有必要按生产操作、火灾危险程度、经营管理等特点进行分区布置。把特殊的区域加以隔离，限制一定人员的出入，有利于安全管理，并便于采取有针对性的消防措施。石油库的分区及各区内的主要建筑物和构筑物，见表 5-3。

2. 石油库内建（构）筑物和油罐之间的防火距离

为了避免或减少发生火灾时石油库内各建（构）筑物和油罐之间的相互影响，需要确定它们之间的防火距离。石油库内经常散发油气的油罐和铁路、公路、水路等油品装卸设施同其他建（构）筑物之间的距离应该大些。

油罐与其他建（构）筑物之间的防火距离的确定尤为重要。

1）火灾的发生必须具备可燃物质、空气和火源等三个条件。为避免或减少发生火灾的

表 5-3 石油库的分区及各区内的主要建筑物和构筑物

分区		区内主要建筑物和构筑物
储油区		油罐、防火堤、油泵站、变配电间等
油品装卸区	铁路油品装卸区	铁路油品装卸栈桥、站台、油泵站、桶装油品库房、零位罐、变配电间等
	水路油品装卸区	油品装卸码头、油泵站、灌油间、桶装油品库房、变配电间等
	公路油品装卸区	高架罐、灌油间、油泵站、变配电间、汽车油品装卸设施、桶装油品库房、控制室等
辅助生产区		修洗桶间、消防泵房、消防车库、变配电间、机修间、器材库、锅炉房、化验室、污水处理设施、计量室、油罐车库等
行政管理区		办公室、传达室、汽车库、警卫及消防人员宿舍、集体宿舍、浴室、食堂等

可能性，散发可燃气体的油罐与明火的距离应大于在正常生产情况下油气扩散所能达到的最大距离。

2）对于散发油气、容易着火、一经着火既不易扑灭且影响油库生产的建筑物和构筑物，其与油罐的距离应大些，其他的可以小些，从而尽量减少火灾可能造成的影响和损失。

3）按油罐容量及油品危险性的大小规定不同的防火距离。

4）在相互不影响的情况下，尽量缩小建（构）筑物之间的防火距离。

5）在确定防火距离时，应考虑操作安全和管理方便。

3. 油罐的布置

石油库的油罐应采用钢制油罐。油罐的设计应符合国家现行油罐设计规范的要求。选用油罐类型应符合下列规定：

1）储存甲类和乙 A 类油品的地上立式油罐，应选用浮顶油罐或内浮顶油罐，浮顶油罐应采用二次密封装置。容量小于或等于 $100m^3$ 的地上油罐，可选用卧式油罐。

2）石油库的地上油罐应按下列规定成组布置：甲、乙和丙 A 类油品储罐可布置在同一油罐组内；甲、乙和丙 A 类油品储罐不宜与丙 B 类油品储罐布置在同一油罐组内。沸溢性油品储罐不应与非沸溢性油品储罐同组布置。同一个油罐组内的油罐，当单罐容量等于或大于 $1000m^3$ 时，油罐数量不应多于 12 座；单罐容量小于 $1000m^3$ 的油罐组和储存丙 B 类油品的油罐组内的油罐数量不限。单罐容量小于 $1000m^3$ 的储存丙 B 类油品的油罐不应超过 4 排；其他油罐不应超过 2 排。立式油罐排与排之间的防火距离不应小于 5m；卧式油罐排与排之间的防火距离不应小于 3m。

4. 防火堤

地上油罐组应设防火堤，防火堤的设置应符合下列规定：

1）防火堤应采用非燃烧材料建造，并应能承受所容纳油品的静压力且不应泄漏。

2）立式油罐防火堤的计算高度应保证堤内有效容积需要。防火堤的实高应比计算高度高出 0.2m。防火堤的实高不应低于 1m（以防火堤内侧设计地坪计），且不宜高于 2.2m（以防火堤外侧道路路面计）。卧式油罐的防火堤实高不应低于 0.5m（以防火堤内侧设计地坪计）。如采用土质防火堤，堤顶宽度不应小于 0.5m。

3）严禁在防火堤上开洞。管道穿越防火堤处应采用非燃烧材料严密填实。在雨水沟穿越防火堤处，应采取排水阻油措施。

4）油罐组防火堤的人行踏步不应少于两处，且应处于不同的方位上。

5）防火堤内的有效容量，对于固定顶油罐，不应小于油罐组内一个最大油罐的容量；对于浮顶油罐或内浮顶油罐，不应小于油罐组内一个最大油罐容量的一半；固定顶油罐与浮顶油罐或内浮顶油罐布置在同一油罐组内时，应取以上两款规定的较大值；立式油罐罐组内应按规定设置隔堤。

六、石油库的消防设施

石油库应设消防设施。石油库的消防设施设置，应根据石油库等级、油罐形式、油品火灾危险性及与邻近单位的消防协作条件等因素综合考虑确定。

（一）泡沫灭火系统

石油库的油罐应设置泡沫灭火设施；缺水少电及偏远地区的四、五级石油库中，当设置泡沫灭火设施较困难时，亦可采用烟雾灭火设施。

1. 泡沫灭火系统的设置

泡沫灭火系统的设置，应符合下列规定：

1）地上式固定顶油罐、内浮顶油罐应设低倍数泡沫灭火系统或中倍数泡沫灭火系统。

2）浮顶油罐宜设低倍数泡沫灭火系统；当采用中心软管配置泡沫混合液的方式时，亦可设中倍数泡沫灭火系统。

2. 油罐泡沫灭火系统的设置

油罐泡沫灭火系统设施的设置方式，应符合下列规定：

1）单罐容量大于1000m^3的油罐应采用固定式泡沫灭火系统。

2）单罐容量小于或等于1000m^3的油罐可采用半固定式泡沫灭火系统。

3）当企业有较强的机动消防力量时，其附属石油库的油罐可采用半固定式或移动式泡沫灭火系统。

（二）消防冷却水系统

油罐应设消防冷却水系统。消防冷却水系统的设置应符合下列规定：

1）单罐容量不小于5000m^3或罐壁高度不小于17m的油罐，应设固定式消防冷却水系统。

2）单罐容量小于5000m^3或罐壁高度小于17m的油罐，可设移动式消防冷却水系统或固定式水枪与移动式水枪相结合的消防冷却水系统。

3）油罐的消防冷却水的供应范围。着火的地上固定顶油罐以及距该油罐罐壁不大于1.5D（D为着火油罐直径）范围内相邻的地上油罐，均应冷却。当相邻的地上油罐超过3座时，应按其中较大的3座相邻油罐计算冷却水量。着火的浮顶、内浮顶油罐应冷却，其相邻油罐可不冷却。当着火的浮顶油罐、内浮顶油罐浮盘为浅盘或浮舱用易熔材料制作时，其相邻油罐也应冷却。距着火的浮顶油罐、内浮顶油罐罐壁距离小于0.4D（D为着火油罐与相邻油罐两者中较大油罐的直径）范围内的相邻油罐受火焰辐射热影响比较大的局部应冷却。着火的覆土油罐及其相邻的覆土油罐可不冷却，但应考虑灭火时的保护用水量（指人身掩护和冷却地面及油罐附件的水量）。着火的地上卧式油罐应冷却；距着火罐直径与长度之和的1/2范围内的相邻罐也应冷却。

4）石油库的消防用水量，应按油罐区消防用水量计算确定。油罐区的消防用水量，应为扑救油罐火灾配置泡沫最大用水量与冷却油罐最大用水量的总和。但五级石油库消防用水量应按油罐消防用水量与库内建（构）筑物的消防计算用水量的较大值确定。

5）消防冷却水最小供给时间。直径大于20m的地上固定顶油罐（包括直径大于20m的浮盘为浅盘或浮舱用易熔材料制作的内浮顶油罐）应为6h，其他地上立式油罐可为4h，地上卧式油罐应为1h。

6）油罐抗风圈或加强圈没有设置导流设施时，其下面应设冷却喷水环管。冷却喷水环管上宜设置膜式喷头，喷头布置间距不宜大于2m，喷头的出水压力不应小于0.1MPa。

（三）消防车的配置

1）当采用水罐消防车对油罐进行冷却时，水罐消防车的台数应按油罐最大需要水量进行配备。

2）当采用泡沫消防车对油罐进行灭火时，泡沫消防车的台数应按着火油罐最大需要泡沫液量进行配备。

3）设有固定消防系统、油库总容量等于或大于50000m^3的二级石油库中，固定顶罐单罐容量不小于10000m^3或浮顶油罐单罐容量不小于20000m^3时，应配备1辆泡沫消防车或1台泡沫液储量不小于7m^3的机动泡沫设备。设有固定消防系统的一级石油库中，固定顶罐单罐容量不小于10000m^3或浮顶油罐单罐容量不小于20000m^3时，应配备2辆泡沫消防车或2台泡沫液储量不小于7m^3的机动泡沫设备。

4）石油库应和邻近企业或城镇消防站协商组成联防。联防企业或城镇消防站的消防车辆符合下列要求时，可作为油库的消防计算车辆：

① 在接到火灾报警后5min内能对着火罐进行冷却的消防车辆。

② 在接到火灾报警后10min内能对相邻油罐进行冷却的消防车辆。

③ 在接到火灾报警后20min内能对着火油罐提供泡沫的消防车辆。

（四）火灾报警系统

石油库内应设消防值班室。消防值班室内应设专用受警录音电话。一、二、三级石油库的消防值班室应与消防泵房控制室或消防车库合并设置，四、五级石油库的消防值班室可与油库值班室合并设置。消防值班室与油库值班调度室、城镇消防站之间应设直通电话。油库总容量等于或大于50000m^3的石油库的报警信号应在消防值班室显示。

储油区、装卸区和辅助生产区的值班室内，应设火灾报警电话。储油区和装卸区内，宜设置户外手动报警设施。单罐容量等于或大于50000m^3的浮顶油罐应设火灾自动报警系统。

七、石油库的消防安全管理

1. 油品装卸过程的安全管理

1）接到油罐车到库通知后应立即组织接卸，并同时检查油罐车和相关设备状况，确保正常使用。

2）按工艺流程要求连接卸油管，做到接头结合紧密，卸油管自然弯曲。油罐汽车应有可靠的静电接地部位，罐车的静电接地拖带应保持有效长度，符合接地要求。

3）驾驶员缓慢开启罐车卸油阀，油库工作人员要集中精力监视、观察卸油管线、相关阀门、过滤器等设备的运行情况，随时准备处理可能发生的问题。同时，罐车驾驶员不得远离现场。

4）泄油完毕，油库工作人员应登上油罐车确认油品卸净。监督罐车驾驶员关好阀门，拆卸油管，盖严罐口处的卸油帽，收回静电接地线。

2. 石油库电气防爆的安全管理

1）油库工作人员在作业现场不得穿着化纤衣物和外露铁钉的鞋。

2）油库必须严格遵守安全用电的有关规定，使用防爆开关，严禁私拉乱接电线。夜间停电应用手电筒照明，禁止使用明火灯。

3）启闭油罐（桶）的人孔、油盖、测量液面和取样等作业时，禁止使用钢、铁等黑色金属或石头等发火花的工具。

4）雷电时，必须停止输送油品，防止雷电感应而引发火灾事故。

5）加油区、油罐区等爆炸危险区域，禁止使用移动通信设备。

6）罐区、装卸作业区、油泵房、消防泵房、锅炉房、配发电间等重点部位设置安全标志和警示牌。

3. 石油库动火作业的安全管理

1）油库区要标识明显的禁火警告标志。

2）油库区内严格控制动火作业，如遇特殊情况确需动火时，必须办理动火许可证，落实措施，指定专人防火后，方能动火。

3）所有人员进入油库区内，禁止携带火柴、打火机等发火物品和易燃物品。

4. 石油库应急处置的要求

1）油库必须配备消防器材并放置在明显固定位置，属于灭火专用，禁止挪作他用。

2）使用单位须指定专人负责消防器材，定期检查，防止失效，如发现数量不足或损坏，应予及时补充或更换。

3）熟悉油库内消防器材的性能，且能正确使用油库内的消防器材。

4）油库工作人员必须熟悉输油管线分布及流向和全部阀门用途，以便一旦发生事故或火灾时，能迅速处理。

5）制订灭火作战方案、应急预案，绘制水源分布图、消防器材配置图等。

【案例分析】

沈阳市大龙洋石油有限公司油库区火灾事故

一、基本情况

大龙洋石油有限公司位于沈阳市于洪区沈新路140号，建于1994年，占地面积1.2万m^2。该公司储罐区共有立式储罐14个，均设在砖墙钢屋架石棉瓦屋盖的建筑物内。爆炸起火的是罐区东北侧建筑物内的8个储罐（其序号从南向北为1至8号），每个储罐容积均为400m^3，其中1号、2号、3号、4号为柴油罐，5号、6号、7号、8号为汽油罐，总容积为3200m^3。2001年9月1日，沈阳市大龙洋石油有限公司储油罐区发生火灾，造成1人死亡、8人受伤，直接财产损失约285万元。

二、事故原因

经调查确认起火原因是：8月31日夜，沈阳市大龙洋石油有限公司保管队3名工作人员，从11号储罐向8号储罐倒汽油。由于3名工作人员在倒罐过程中擅离职守，未及时发现8号储罐溢油，导致8号储罐汽油从测量孔溢出，汽油蒸气扩散至车库，遇到汽车发动时产生的火花引发爆炸，继而引起1至8号油罐爆炸。

三、经验教训

1. 该油库管理涣散，人员安全意识淡薄，倒罐作业组织不严密，分工不明确，作业过程中无领导值班或检查。作业人员既没有仔细检查液面上升情况，又不坚守岗位，导致溢油事故的发生。

2. 事后调查表明，该油库员工大部分未经培训，直接上岗，缺乏最基本的安全和消防常识，对油料易燃易爆特性和跑油等事故可能产生的危害了解很少。

3. 该油库设计不符合《石油库设计规范》的要求，工艺不合理，无配套消防设施。8个油罐建在库房内，形成封闭空间，极易造成油气大量积聚，形成安全隐患。

第二节　汽车加油站防火

汽车加油站是具有储油设施，使用加油机为机动车加注汽油、柴油等车用燃油并可提供其他便利性服务的场所。汽车加油站属危险性设施，所以必须采取适当的措施保证安全。

近年来，随着经济和人民生活水平的提高，全国汽车保有量大幅度增加，对于汽车燃油的需求也越来越大。据统计，2001 年全国汽车保有量约为 1800 万辆，2010 年全国汽车保有量已超过 8000 万辆，是 9 年前的 4 倍多；2002 年全国汽油和柴油消费量约为 1.1 亿 t，2010 年全国汽油和柴油消费量约为 2.3 亿 t，是 8 年前的 2 倍多；2001 年全国加油站数量约有 9 万座，由于城市加油站建设用地非常紧张和昂贵，10 年来加油站数量增长缓慢，至 2010 年全国加油站数量约有 9.5 万座。

一、汽车加油站的组成和分级

（一）汽车加油站的组成

汽车加油站主要由加油区、油罐区和场坪与辅助区组成，典型布局如图 5-6 所示。

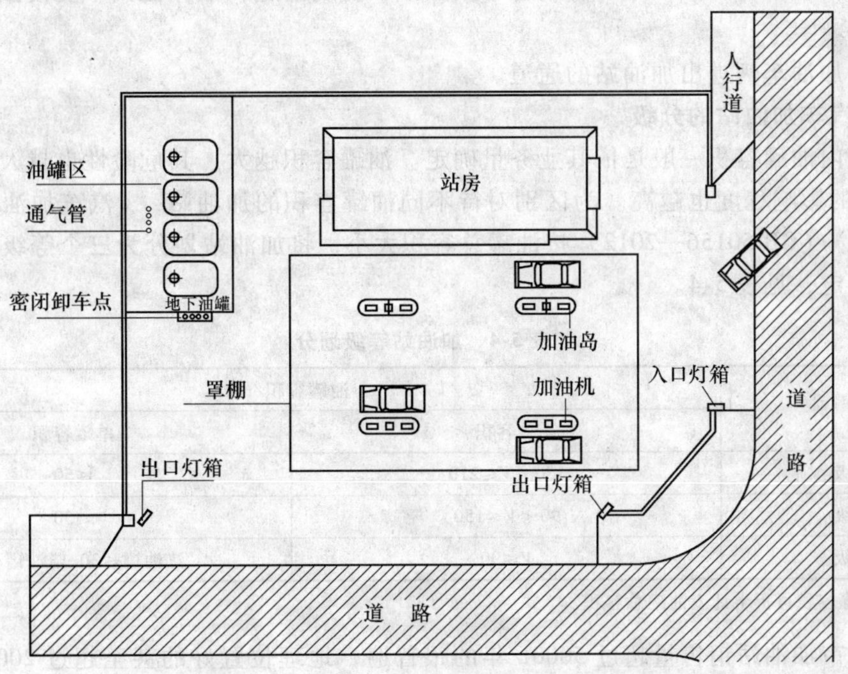

图 5-6　某加油站平面图

1. 加油区

加油区主要由站房、罩棚和加油场地组成。大部分加油站采用将站房置于罩棚后侧，加油场地和罩棚居前，面向街道的布局方式。

（1）站房　站房为加油站的主要建筑物之一，一般包括营业室、值班室、配电间、厨房和卫生间等几部分。其中营业室为加油站工作人员进行办公、开展业务活动的主要场所。

（2）加油场地　加油场地是加油站加油作业的场所，主要由加油车道、加油岛和加油机构成，通常处在罩棚罩盖保护下。加油岛的主要功能是为了安装加油机，保护加油工作人员的安全，防止加油机与罩棚受车辆撞击。现在都选用计算机加油机，每个加油岛安装两台，必要时采用双枪、双油品计算机加油机。

（3）罩棚　罩棚覆盖着整个加油场地，具有保护人员和设备，防止日晒雨淋的作用，罩棚的高度应根据车辆情况而定，一般不低于4.5m，如果是专供小汽车的加油站，高度可降至3.6m。

2. 油罐区

油罐区为加油站的危险区域，在总体布局时，既要考虑业务需要，又要有利于安全管理，尽可能将油罐集中布置，一般将油罐布置在出站口的一侧，这样可以使进站加油的车辆与卸油车错开，若在卸油的过程中发生意外情况，便于油槽车迅速撤离危险区域。油罐应选择卧式油罐，设置方式为地下直埋式，严禁设置在建筑室内或地下室内，在安装油罐时，应该使用抗浮措施，这样可以保证具有良好的安全性，油罐的着火几率小，且易于控制和扑救。

加油站的管线应该采用地下掩埋式，管沟应用沙子填实，严禁油气积聚空间，以防事故的发生，同时地下掩埋式油罐、管线应采用加强级防腐措施，以保证其不受侵蚀。

3. 场坪

场坪是加油车辆进出加油站的通道。

（二）汽车加油站的分级

加油站内油罐容积一般是依其业务量确定。油罐容积越大，其危险性也越大，对周围建（构）筑物的影响程度也越高。为区别对待不同油罐容积的加油站，《汽车加油加气站设计与施工规范》（GB 50156—2012）按油罐总容积大小，将加油站划分为三个等级，以便分别制定安全规定，见表5-4。

表5-4　加油站等级划分

级　别	油罐容积/m^3	
	总容积	单罐容积
一级	$150<V\leqslant210$	≤50
二级	$90<V\leqslant150$	≤50
三级	$V\leqslant90$	汽油罐≤30，柴油罐≤50

注：柴油罐容积可折半计入油罐总容积。

现在城市加油站销售量超过5000t/年的很普遍，地理位置好的甚至超过20000t/年。加油站油源的供应渠道是否固定、距离远近、道路状况、运输条件等都会影响加油站供油的及时性和保证率，从而影响加油站油罐的容积大小。一般来说，加油站油罐容积宜为3～5天的销售量，照此推算，销售量为5000t/年的加油站，油罐总容积需达到65～110m^3，故三级加油站的允许油罐总容积为90m^3。在城市建成区内，建（构）筑物的布置比较密集，加油站建设条件越来越苛刻，许多情况是只能建三级站，销售量超过20000t/年的在城市中心区较多，90m^{3}的油罐总容积基本可以保证油罐一天进一次油，能满足需求。加油站如果油罐总容积小，对于销售量大的加油站就需要多次进油，进油次数多，尤其是在白天交通繁忙时进油不利于安全。所以，三级加油站油罐的允许总容积为90m^{3}是合适的。

对于加油站来说，油罐总容积越大，其适应市场的能力也越强。建于城市郊区或公路两侧等开阔地带的加油站可以允许其油罐总容积比城市建成区内的加油站油罐总容积大些，将油罐总容积为151～210m^{3}的加油站划为一级加油站。二级加油站油罐规模取一、三级加油站的中间值定为91～150m^3。

油罐容积越大，其危险度也越大，故需对各级加油站的单罐最大容积作出限制，规定的单罐容积上限，既考虑了安全因素，又考虑了加油站运营需要。柴油的闪点较高，其危险性远不如汽油，故规定柴油罐容积可折半计入油罐总容积。

二、汽车加油站的火灾危险性

汽车加油站的火灾危险性来自于储存油品、作业原因和非作业原因。

（一）油品的火灾危险性

加油站储存的主要物质是汽油和柴油，具有易燃易爆性，汽油闪点一般在-50～-30℃之间，柴油的闪点一般在60～120℃之间，在任何大气温度下均能使其挥发出大量的油蒸气，汽油蒸气的爆炸极限为1.3%～6%，柴油为1.5%～6.5%，因而有很大的火灾危险性。只要遇上极小点火能量（一般只需0.2～0.25mJ）的火花就能点燃。汽油具有容易燃烧、蒸发、产生静电、受热膨胀、流动扩散等特征。

汽油的燃烧热值很高（46055kJ/kg），因而汽油引起的火灾，火势猛、不易扑救、危害性大。汽油燃烧易蔓延扩散形成流淌火，汽油密度为730kg/m^3，比水轻且不溶于水，属于低黏度的轻质油品，流动扩散性强，发生泄漏后易流淌扩散，加之汽油燃烧速度很快，加油站内一旦发生火灾，油品流淌蔓延开，火势将迅速扩展。易产生静电，油品在输送过程中，由于与管道之间的摩擦，会产生大量的静电荷，一旦聚集到一定程度形成高电位就可能火花放电，引起火灾爆炸事故。油品在流动过程中产生静电荷的能力主要受到油品本身介电常数、流速、管壁材料和粗糙程度的影响。

（二）作业原因

作业事故主要发生在卸油、量油、加油、清罐4个环节，这4个环节都可能使油品暴露在空气中，如果油品或油品蒸气在空气中遇到点火源，就会导致燃烧爆炸事故的发生。

1）卸油时易发生火灾。加油站火灾事故的60%～70%发生在卸油作业中。常见的事故有：

① 油品滴漏。由于卸油胶管破裂、密封垫破损、快速接头紧固栓松动等原因，油品滴漏至地面，遇火花立即燃烧。

② 静电起火。由于油管无静电连接、采用喷溅式卸油、油罐车无静电接地等原因，造成静电积聚放电，点燃油蒸气。

③ 卸油中遇明火。在非密封卸油过程中，大量油蒸气从卸油口溢出，当周围出现火花

时，就会产生燃烧等。

2）量油时易发生火灾。一般油罐车卸油完成后应静置稳油30min，待静电消除后方可开盖量油。如果刚刚卸完油便立即开盖量油，就可能引起静电起火。若量油口铝质镶槽脱落，在储油罐量油时，量油尺与钢质管口摩擦产生火花，也会点燃罐内油蒸气，引起爆炸燃烧。

3）加油时易发生火灾。如果加油站未采用密闭加油技术，加油时，大量油蒸气外泄，在加油口附近形成一个爆炸危险区域，遇烟火、金属碰撞、发电机排气管喷火等都可导致火灾。

4）在加油站油罐清洗作业时，如果未进行置换，由于没有彻底清除油蒸气和沉淀物，残余油蒸气遇到摩擦、静电、电火花等都会引起火灾。

（三）非作业原因

1. 与油品相关的火灾

与油品相关的火灾常见的有：

（1）油罐、管道渗漏　由于腐蚀、制造缺陷、法兰未紧固等原因，在非作业状态下，油品渗漏，遇明火燃烧。

（2）雷击　雷电直接击中油罐或者加油设施，或雷电感应作用在油罐或加油设施，产生间接放电，都会导致油品燃烧或油气混合气爆炸。

2. 与油品无关的火灾

与油品无关的火灾有电气火灾：电气老化、绝缘破损、短路、私拉乱接、超负荷用电、过载、接线不规范、发热、电器使用管理不当等引起的火灾等。明火管理不当：生产、生活用火失控，引燃站房或站外火灾蔓延殃及站内。

三、汽车加油站的防火防爆措施

（一）站址选择

汽车加油站的站址选择，应符合城乡规划、环境保护和防火安全的要求，并应选在交通便利的地方。在城市建成区不宜建一级加油站，在城市中心区不应建一级加油站。城市建成区内的加油站，宜靠近城市道路，但不宜选在城市干道的交叉路口附近。

加油站的汽油设备与站外建（构）筑物要保持安全间距。架空电力线路不应跨越加油站的加油作业区。

（二）站内平面布置

加油作业区内，不得有“明火地点”或“散发火花地点”。加油站的变配电间或室外变压器应布置在爆炸危险区域之外，且与爆炸危险区域边界线的距离不能小于3m。

加油站内设置的经营性餐饮、汽车服务等非站房所属建筑物或设施，不应布置在加油作业区内，其与站内可燃液体或可燃设备的防火间距应符合《汽车加油加气站设计与施工规范》（GB 50156—2012）的要求。经营性餐饮、汽车服务等设施内设置明火设备时，则应视为“明火地点”或“散发火花地点”。

加油站内的爆炸危险区域，不应超出站区围墙和可用地界线。加油站的工艺设备与站外建（构）筑物之间，宜设置高度不低于2.2m的不燃烧体实体围墙。

加油站内设施之间的防火距离不应小于《汽车加油加气站设计与施工规范》（GB

50156—2012）的规定。

（三）加油工艺及设施

1. 油罐

加油站的汽油罐和柴油罐（撬装式加油装置所配置的防火防爆油罐除外）应埋地设置。严禁设在室内或地下室内。汽车加油站的储油罐，应采用卧式油罐。

加油站的卧式油罐埋地敷设比较安全。从国内外的有关调查资料统计来看，油罐埋地敷设，发生火灾的概率很小，即使油罐着火，也容易扑救。

另外，埋地油罐与地上油罐相比，占地面积较小。因为不需要设置防火堤，省去了防火堤的占地面积。必要时还可将油罐埋设在加油场地及车道之下，不占或少量占地。加上因埋地罐比较安全，与其他建（构）筑物的要求距离也小，也可减少加油站的占地面积。这对于用地紧张的城市建设意义很大。另一方面，也避免了地面罐必须设置冷却水，以及油罐受紫外线照射、气温变化大，带来的油品蒸发和损耗大等不安全问题。

油罐应采取卸油时的防满溢措施。油料达到油罐容量 90% 时，应能触动高液位报警装置；油料达到油罐容量 95% 时，应能自动停止油料继续进罐。设有油气回收系统的加油站，其站内油罐应设带有高液位报警功能的液位监测系统。单层油罐的液位监测系统尚应具备渗漏检测功能，其渗漏检测分辨率不宜大于 $8\times10^{-4}m^3/h$。

2. 加油机

加油机不得设在室内。加油枪应采用自封式加油枪，汽油加油枪的流量不应大于 $0.05m^3/min$。加油软管上宜设安全拉断阀。以正压（潜油泵）供油的加油机，其底部的供油管道上应设剪切阀，当加油机被撞或起火时，剪切阀应能自动关闭。

3. 工艺管道系统

油罐车卸油必须采用密闭卸油方式。

近年来，汽车数量高速增长，成品油消耗量也显著增多，加油站发油时的油气污染及资源浪费也逐步被人们及政府部门加以重视，敞口式卸油（即将卸油胶管插入量油孔内）的方式，油气会从卸油口排出，有些油气中还夹带有油珠油雾，极不安全并多次引发事故。目前，国内部分大中城市参考国外推行多年的改善措施，即加装油气回收装置，取得了满意的效果。其回收分两个阶段进行，如图 5-7 所示。第一阶段是指油罐车密闭式卸油；第二阶段是指加油机发油时的油气回收。

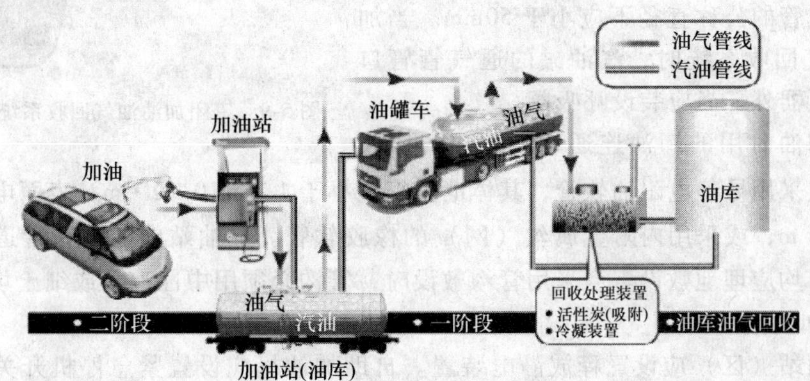

图 5-7　油气回收系统工作原理图

密闭卸油油气回收系统，是指在密闭的状态下，油罐车向地下油罐卸油的同时，使地下油罐排出的油气直接通过管道（即卸油油气回收管道）收回到油罐车内的系统，系统的工作原理图如图 5-8 所示。

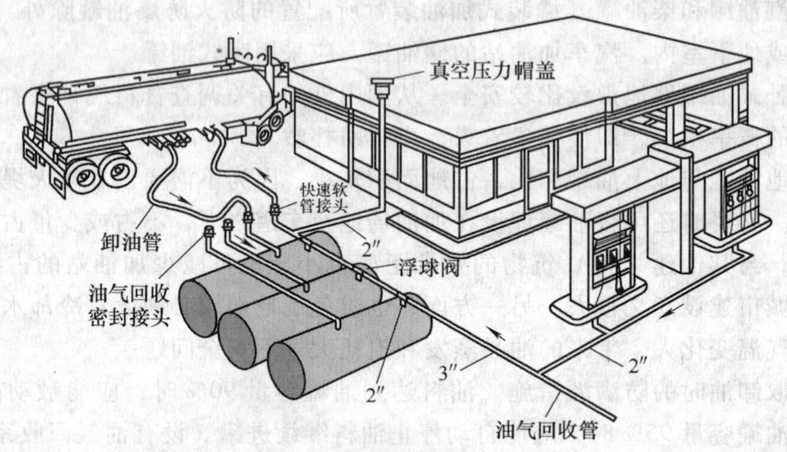

图 5-8　密闭卸油油气回收系统工作原理图

加油机发油时，把汽车油箱里产生的油气（汽油蒸气和空气的混合物）收集到地下储油罐内，称为第二阶段油气回收。把收集到的油气混合物变成汽油或高浓度的汽油蒸气回收再利用，把干净的空气排入大气，系统的工作原理图如图 5-9 所示。

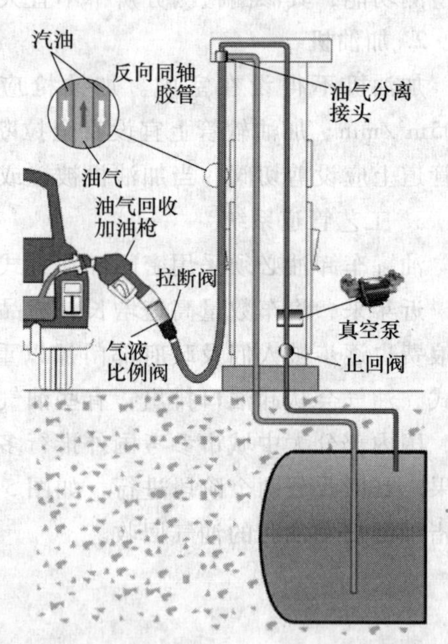

图 5-9　密闭加油油气回收系统工作原理图

进油管应伸至罐内距罐底 50～100mm 处。进油立管的底端应为45°斜管口或 T 形管口。进油管管壁上不得有与油罐气相空间相通的开口。

汽油罐与柴油罐的通气管应分开设置。通气管管口高出地面的高度不应小于 4m。沿建（构）筑物的墙（柱）向上敷设的通气管，其管口应高出建筑物的顶面 1.5m 及以上。通气管管口应设置阻火器。通气管的公称直径不应小于 50mm。当加油站采用油气回收系统时，汽油罐的通气管管口除应装设阻火器外，尚应装设呼吸阀。

油罐车卸油时用的卸油连通软管、油气回收连通软管，应采用导静电耐油软管，其体电阻率应小于 $1.0\times10^{8}\ \Omega\cdot m$，表面电阻率应小于 $1.0\times10^{10}\ \Omega\cdot m$，或采用内附金属丝（网）的橡胶软管。加油站内的工艺管道除必须露出地面的以外，均应埋地敷设。当采用管沟敷设时，管沟必须用中性沙子或细土填满、填实。

4. 自助加油站（区）

自助加油站（区）应设置释放静电装置。自助加油机应设置紧急停机开关。营业室内的监控系统应能在发生紧急情况时起动紧急切断开关，停止所有加油机运行。

四、加油站消防设施

加油站每2台加油机应配置不少于2具4kg手提式干粉灭火器，或1具4kg手提式干粉灭火器和1具0.006m^{3}泡沫灭火器。加油机不足2台应按2台配置。地下储罐应配置1台不小于35kg推车式干粉灭火器。当两种介质储罐之间的距离超过15m时，应分别配置。一、二级加油站应配置灭火毯5块、沙子2m^3；三级加油站应配置灭火毯不少于2块、沙子2m^3。

五、汽车加油站的消防安全管理

1. 加油站加油作业的安全管理

1）车辆停稳、熄火后，方可将车辆油箱盖打开，进行加油。

2）严禁向塑料桶内加油。

3）摩托车推出加油区后方可发动。

2. 加油站火种的安全管理

1）严禁在站内吸烟及携带火种入站。

2）严禁穿易产生静电的服装和带铁钉鞋进入油气区工作。

3）严禁在油罐区用钢、铁等黑色金属或易产生火花的工具敲打、撞击和作业。

4）严禁在加油站燃放烟花鞭炮。

5）加油站内严禁焚烧一切可燃物，禁止私自使用电炉、煤气炉等明火用具。

3. 加油站动火作业的安全管理

1）在加油站内进行动火作业，必须办理动火审批手续方可进行。

2）站内动火，应明确动火的地点、时间、范围，并须有动火方案、安全措施、现场监护人。

3）严禁在油罐、油管和加油机等带油设备上进行焊接等明火作业。动火区距离易燃、易爆库房、设备、阴井、排水沟、水封井等，不应小于30m。

4）进行电、气焊作业，其操作人员必须具备相应的资质。

4. 加油站油罐清洗的安全管理

1）油罐清洗作业前，应检测罐内油气浓度；罐内油气浓度不超过爆炸下限的4%时，可认为是安全进罐作业浓度。

2）进罐人员应装备整套的防护衣服、靴子和手套，以及佩戴合适、质量合格的通风防毒面具，并系好安全绳；进罐作业时，通常应分组进罐，每次作业时间一般不超过15min；罐外人孔应设有专人监护，并与罐内作业人员经常保持联络；发现有人中毒、窒息的紧急情况，抢救人员必须佩带隔离式防毒面具进入设备，并至少有一人在外部做联络工作。

3）严禁使用非防爆电气设备进行油罐清洗作业，如使用不防爆的油泵抽罐内底油、油污；用普通风扇向罐内吹风；用普通手电对油罐照明等。

4）对从油罐内清出的油污，应妥善处理，不得随意倾倒或堆放。

5. 加油站应急处置的要求

1）加油站应设安全员，负责检查安全管理措施的落实情况。加油站应编制消防应急预案，定期进行消防预案演练。

2）当油罐卸油过程中发生跑、冒油料时，应及时关闭油罐车卸油阀，切断电源，停止营业。

3）事故发生后，加油站应及时组织人员进行现场警戒，疏散站内人员，推出站内车辆，准备消防器材。

4）严禁堵塞消防通道及随意挪用或损坏消防设施。

【案例分析】

一、静电火花引起的事故

1. 1996年4月，某加油站职工使用长35cm的乙烯软管和金属漏斗，给小型货车上的聚乙烯塑料手提桶灌装汽油，大约灌装了0.015m^3时，突然漏斗内起火。

经调查，事故原因是由于汽油在流动中产生静电，同时聚乙烯塑料手提桶的表面与职工的纤维混纺工作服之间摩擦带电，使漏斗积聚静电荷，静电放电火花引起油气着火。

2. 1998年8月11日，某石油公司一台油罐汽车给农机站加油站送90号汽油，卸油约3.5 t时，加油站油罐突然起火，驾驶员立即关闭阀门，拔出胶管，将车开走。

经现场勘察，加油站5座油罐都没有设置静电接地，再加上喷溅式卸油，产生静电积聚和火花放电，引燃油气混合气体而发生着火。

3. 2001年9月10日，某加油站发生爆炸，2人死亡，1人重伤。

事故原因是该站卸油工艺是将胶管插入测量孔，喷溅式卸油，没有安装呼吸管道。卸油时，油气从胶管周围排出，形成爆炸性混合气体；喷溅式卸油产生静电积聚，放电引燃油气发生爆炸。

4. 2002年5月7日，某加油站发生爆燃事故，造成1人死亡，2人受伤。

事故经过是驾驶员违章操作，未利用密封式卸油工艺，而是将输油管插入油罐测量孔卸油。操作人员操作时，没有按要求穿着防静电工作服、鞋，当给塑料桶加油后，前去关阀门时，所穿的衣服产生静电放电，引发油气爆炸。

二、违章焊割引起的事故

1. 1998年7月26日9时49分，某加油站职工因违章焊接，地下油罐发生爆炸。26日上午，加油站职工焊接快速卸油管接头时，引爆油罐和输油管线内残留的汽油和油气，油罐头部被炸裂，屋面楼板被炸塌，20多米带铁栏围墙倒塌，附近建筑物窗户玻璃被震碎，现场5人全部受伤，其中2人因伤势过重抢救无效死亡。

这是一起因违章焊接造成的责任事故。这起事故说明储存、传输过油品的设备设施需要焊接时，必须经过清洗，并采取安全措施，才允许焊接。

2. 2000年3月18日13时，某加油站突发爆炸，死亡1人，受伤1人。

爆炸原因是工作人员在安装油罐的输油管时，违章使用乙炔气焊枪焊接油罐潜油泵与出油管接口，引爆空油罐内残余油气，爆炸产生的巨大冲击波将正在附近6m高的空中作业的工人冲飞21m远后落地，经抢救无效死亡。

加油站检修作业常常需要动火，油罐及其装油设备未清理、置换或未彻底清除就检修动火，极易引发爆炸。储油输油设备设施动火作业，必须严格遵守规定的作业程序和操作规程。

3. 2001年3月18日下午13点15左右，湖北宜昌某加油站外请施工队改造油罐上部出油管线。施工队在未向加油站工作人员请示的情况下，擅自在油罐区动火。焊枪一经点燃，油罐立即爆炸，造成1人死亡。

这起事故是因违章造成的，反映出在加油站改造、施工过程中，管理松懈，动火制度不落实等问题。

三、电气火花引发的事故

1. 1999年8月10日，某加油站发生特大油罐爆炸事故，死亡7人，10人重伤。

该加油站从初建、扩建一直到经营，均未报经当地消防部门审核，存在着将储油罐设置在地下室内、无防火间距等严重问题。爆炸是由于加油机内防爆继电器安装不规范，继电器内一根相线的绝缘包皮破损发生漏电，引燃加油机内、地沟内的爆炸性混合气体引起爆炸，经地沟传至地下室的爆炸性气体同时爆炸，造成加油站及毗邻的建筑物倒塌，并引发火灾。

2. 2000年7月23日15时左右，某加油站发生爆炸，造成4人死亡，11人受伤。

其原因是加油机下方输油管焊缝漏油，油品渗入地下室形成爆炸性混合气体，加油站1名职工打开电灯开关（不防爆）时，产生电火花点燃爆炸性气体发生爆炸起火。

3. 2000年9月山西榆次某加油站，一辆黄色出租车在该站加完油后，驾驶员发动车时，驾驶室发生轰燃，继而引燃地面残油。

经调查，事故原因是该车油箱漏油造成油蒸气扩散。另一方面由于车钥匙丢失，驾驶员用电线接通电源，起动时点燃油蒸气。

四、明火火源引发的事故

2002年12月9日16时，某石油公司加油站拆迁油罐时突然发生爆炸，当场炸死3人。

当天下午，加油站3名工人吊装、运送4台容量为40m^{3}的油罐，准备运往另一座加油站。16时，在对最后一台内有残油的油罐吊装时，3名工人违章操作，用两堆柴火对油罐进行加温，使罐内凝固的残油解冻、蒸发，油罐发生爆炸，3人当场死亡。

这是一起因用明火烧烤油罐引发的责任事故。在工人用明火烧烤油罐时，在场的加油站负责人不加制止，引发严重的事故。

五、非防爆工具引发的事故

1. 1998年7月1日晚9时，一辆货车在上海市某加油站加油时机械发生故障，驾驶员打手电筒修车，突然发生爆炸。

加油站是易燃易爆场所，严禁在站内检修车辆、敲打铁器等产生火花的作业。事故原因是驾驶员用旋凿敲打机械撞击产生火花，遇油蒸气发生爆炸。

2. 2001年4月26日下午，某加油站员工在清洗埋地式柴油罐时发生爆炸事故，1人死亡。

为了清除油罐底部污物，清洗人员将非防爆工具铁桶、铁铲、铁簸箕带入，用铁铲刮削油泥时产生火花，引燃油气发生爆炸。

第三节　液化石油气加气站防火

液化石油气一般简称LPG，既是十分重要的石油化工原料，也是重要的清洁燃料。汽车使用液化石油气与使用汽油、柴油相比，尾气排放的二氧化碳降低达95%，氮氧化合物降低23%，未充分燃烧的碳氢化合物降低22%，对减少大气污染极为有利，而且其具有高热值、高辛烷值、低污染、易储运等特点，目前已得到广泛的应用。液化石油气加气站是为LPG汽车储气瓶充装车用LPG的专门场所。目前，全世界约有1000万辆机动车使用LPG作为燃料，约20个国家在推广使用LPG汽车，汽车LPG加气站的数量已达到4万余座。

一、液化石油气

（一）基本理化性质

液化石油气为丙烷、丁烷、丙烯、丁烯等轻烃组成的混合物，一般前两者为主要组分。常温常压下为无色低毒气体。由炼厂气或天然气（包括油田伴生气）加压和降温后液化得到的一种无色、挥发性气体。当空气中含量达到一定浓度范围时，LPG遇明火即爆炸，故具有易燃易爆、低温、腐蚀等特性，添加增臭剂后，有特殊臭味，低温或加压时为棕黄色液体。

LPG是混合物，其密度随组成的变化而变化，气态时密度比空气大1.5~2.0倍，在大气中扩散较慢，易向低洼处流动。LPG的饱和蒸气压受温度、组成变化的影响，常温下为1.3~2.0MPa。LPG液态时和其他液体一样，受热膨胀，体积增大；温度越高，体积越大，同温下为水的11~17倍。LPG一旦气化，体积会膨胀250倍。LPG爆炸极限较窄，为2%~10%，而且爆炸下限比其他燃气低。着火温度为430~460℃，比其他燃气低，燃烧热值高。LPG从容器、设备、管道中喷出时产生的静电压能达到9000V。

（二）火灾危险特性

（1）易燃易爆性　LPG属甲类火灾危险物质。它只需极小的能量（0.2~0.3mJ）即可引燃，泄漏后形成的爆炸性混合物，遇火花即可发生化学性爆炸。

（2）易在低洼处聚积　LPG在充分气化后，气体的密度比空气要大1.5~2.0倍，极易在厂房和房屋等不通风或地面的坑、沟、下水道等低洼处聚积，形成爆炸性混合物。

（3）扩散性　LPG失去压力约束后易挥发而形成气体蒸气云，与空气混合后形成爆炸性气体混合物，遇到点火源会发生威力巨大的气体化学爆炸。2011年11月14日7时30分许，西安某腊汁肉夹馍店发生液化石油气泄漏爆炸重大事故，造成10人死亡、36人受伤。事故直接原因是一个液化石油气罐发生泄漏，泄漏气体与空气混合达到爆炸极限，遇火源爆炸。2012年11月23日19时52分，山西省晋中市寿阳县某火锅店因液化石油气泄漏发生爆炸燃烧事故，共造成14人死亡，17人重伤。

（4）易产生静电　LPG在机泵管线中输送、充装和移动的过程中，极易与输送管道、充装设备、LPG钢瓶摩擦产生高位静电。

（5）易造成人员冻伤　LPG的沸点在-47.7~-6.3℃之间，在气化过程中，需要大量吸收热量造成局部温度骤降，特别是在事故状态下，容易造成人员冻伤。

二、液化石油气加气站的基本组成及分级

（一）液化石油气加气站的基本组成

液化石油气加气站通常包括储罐区（储罐、残液罐、过梯、防护墙等）、压缩机房（压缩机及相关电动机）、汽槽装卸台（原料来源装卸的地方）、变配电房（变配电设备）、加气岛（加气机等）、避雷塔、消防设施和办公及生活楼等。

液化石油气槽车运至LPG加气站，在卸液点把液相和气相卸液管接在槽车上，利用压

缩机将液化石油气卸入 LPG 储罐中；当有 LPG 汽车进站加气时，利用加气泵将液化石油气注入 LPG 加气机中，最后通过 LPG 加气机为汽车加注液化石油气。LPG 汽车加气站的工艺原理图如图 5-10 所示。

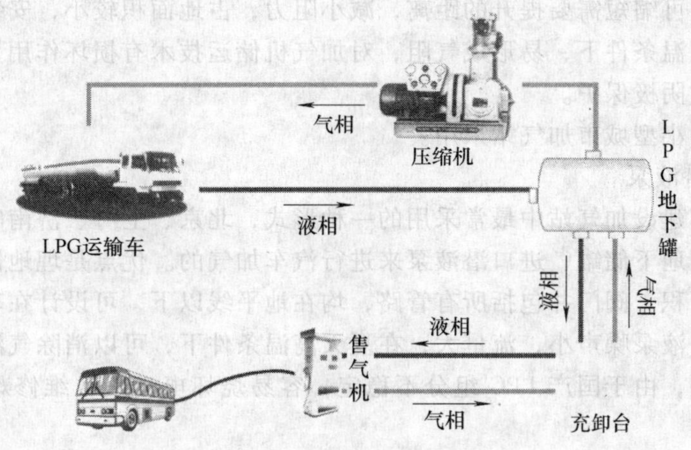

图 5-10 LPG 汽车加气站工艺原理图

（二）主要设备

1. 储罐

液化石油气储罐按照现行国家标准《压力容器》（GB 150.1 ~ GB 150.4—2011）、《钢制卧式容器》（JB/T 4731—2005）设计，液化石油气储罐应设置全启封闭式安全阀，安全阀装有相应口径的放散管，其口径不小于 40mm，并宜与安全阀接管共用一个开孔。储罐要设置就地指示的液位计、压力表和温度计，设置液位上、下限报警装置。

2. 泵、压缩机

加气站内液化石油气泵主要是卸车泵和加气时用的充装泵，液化石油气卸车可用卸车泵或压缩机，也可以用卸车泵和压缩机联合完成。加气用的充装泵可采用具有快速引液功能的抽吸泵；地下储罐宜采用潜液泵。

3. 管材及管件

加气站内的液化石油气管道选用符合要求的无缝钢管，其性能应符合现行国家标准《输送流体用无缝钢管》（GB/T 8163—2008）的规定，液化石油气管道宜采用焊接。阀门及其附件选用公称压力不小于 2.5MPa 的液化石油气介质的专用阀门及附件。埋地管道应做特加强级防腐绝缘处理。当地下管道穿越车行道时，应加设套管。卸车用的软管采用耐液化石油气介质腐蚀的承压不小于 6.4MPa 的钢丝缠绕高压胶管。

（三）工艺过程

液化石油气自气源厂用槽车输送到储配站，利用压缩机等设备将液化石油气卸入储罐；当采用管道输送时，液化石油气自气源厂用烃泵加压输送到储配站，经接收装置过滤、计量后输入储罐。为 LPG 汽车加气，储罐的液化石油气通过烃泵加压后，输送到加气岛，用加气机进行加气。残液回收是通过残液回收装置将残液回收到残液罐内。残液回收的方法目前多采用抽真空法。液化石油气加气站的工艺过程主要有地下罐—地面泵、地下罐—潜液泵和地上罐—地面泵三种。

1. 地下罐—地面泵

采用 LPG 压缩机（或泵）将液化石油气从槽车卸至埋地储罐内，通过固定在储罐附近地面上的加气泵，将 LPG 输送至汽车加气机，经计量加入汽车储瓶内。优点是将泵直接放置在储罐的顶部，可缩短需要提升的距离，减小阻力，占地面积较小，安装及维修方便，造价低。缺点是在高温条件下，易形成气阻，对加气机储运技术有损坏作用，并且有一定的计量误差，储罐需做阴极保护。

此工艺适合中小型城市加气站采用。

2. 地下罐—潜液泵

这是国内早期建设加气站中最常采用的一种形式，北京、上海、济南等大中城市的很多加气站，都是选用地下储罐、进口潜液泵来进行汽车加气的。优点是埋地储罐消防间距要求小，可减少占地面积。阀门井包括所有管路，均在地平线以下，可设计在车行道以下，更加节约占地。采用潜液泵噪声小，流量大，在夏天高温条件下，可以消除气滞现象。缺点是潜液泵多为进口机型，由于国产 LPG 组分不稳定，容易烧坏电动机，维修难度大，储罐需做阴极保护。

此工艺方式适合大中型城市加气站采用。

3. 地上罐—地面泵

这是一种普通的加气站形式，与一般罐站类似。优点是设备安装简单，维护方便，设备造价低。可消除气阻现象。储罐使用时间长。缺点是占地面积大，安全隐患较大。

此工艺适合临时性加气站使用。

（四）液化石油气加气站的分级

LPG 储罐为压力储罐，其危险程度比汽油罐高，所以要更严格地控制 LPG 加气站储罐。国家标准《汽车加油加气站设计与施工规范》（GB 50156—2012）按 LPG 罐总容积大小，将 LPG 加气站划分为三个等级，以便分别制定安全规定，见表 5-5。

表 5-5　LPG 加气站的等级划分

级　别	LPG 罐容积/m^3	
	总容积	单罐容积
一级	$45 < V \leqslant 50$	$\leqslant 30$
二级	$30 < V \leqslant 45$	$\leqslant 30$
三级	$V \leqslant 30$	$\leqslant 30$

三、液化石油气加气站的防火防爆措施

（一）站址选择

LPG 加气站的站址选择，应符合城乡规划、环境保护和防火安全的要求，并应选在交通便利的地方。在城市建成区不宜建一级加气站，在城市中心区不应建一级加气站。

LPG 加气站的 LPG 储罐与站外建（构）筑物的安全间距，不应小于《汽车加油加气站设计与施工规范》（GB 50156—2012）的规定。LPG 加气站的 LPG 卸车点、加气机、放散管管口与站外建（构）筑物的安全间距，不应小于《汽车加油加气站设计与施工规范》（GB 50156—2012）的规定。架空通信线路不应跨越加气站的加气作业区。

（二）站内平面布局

加气作业区内，不得有“明火地点”或“散发火花地点”。加气站的变配电间或室外变压器应布置在爆炸危险区域之外，且与爆炸危险区域边界线的距离不应小于3m。

加气站内设置的经营性餐饮、汽车服务等非站房所属建筑物或设施，不应布置在加气作业区内，其与站内可燃液体或可燃气体设备的防火间距，应符合《汽车加油加气站设计与施工规范》（GB 50156—2012）的规定。经营性餐饮、汽车服务等设施内设置明火设备时，则应视为“明火地点”或“散发火花地点”。

加气站的工艺设备与站外建（构）筑物之间，宜设置高度不低于2.2m的不燃烧体实体围墙。加油加气站内设施之间的防火距离，不应小于《汽车加油加气站设计与施工规范》（GB 50156—2012）的规定。

（三）LPG加气工艺及设施

1. LPG储罐

储罐的进液管、液相回流管和气相回流管上应设止回阀。出液管和卸车用的气相平衡管上宜设过流阀。

储罐必须设置全启封闭式弹簧安全阀。安全阀与储罐之间的管道上应装设切断阀，切断阀在正常操作时应处于铅封开状态。地上储罐放散管管口应高出储罐操作平台2m及以上，且应高出地面5m及以上。地下储罐的放散管管口应高出地面5m及以上。放散管管口应垂直向上，底部应设排污管。

储罐应设置检修用的放散管，其公称直径不应小于40mm，并宜与安全阀接管共用一个开孔。

储罐必须设置就地指示的液位计、压力表和温度计，以及液位上、下限报警装置。储罐宜设置液位上限限位控制和压力上限报警装置。在一、二级LPG加气站或合建站内，储罐液位和压力的测量宜设远程监控系统。

LPG储罐严禁设在室内或地下室内。在加油加气合建站和城市建成区内的加气站，LPG储罐应埋地设置，且不应布置在车行道下。地上LPG储罐应集中单排布置，储罐与储罐之间的净距不应小于相邻较大罐的直径；罐组四周应设置高度为1m的防护堤，防护堤内堤脚线至罐壁净距不应小于2m。

2. 加气机

加气机不得设置在室内。加气软管上应设安全拉断阀，其分离拉力宜为400~600N。

加气机的液相管道上宜设事故切断阀或过流阀。事故切断阀和过流阀应符合下列规定：

1）当加气机被撞时，设置的事故切断阀应能自行关闭。

2）过流阀关闭流量宜为最大工作流量的1.6~1.8倍。

3）事故切断阀或过流阀与充装泵连接的管道应牢固，当加气机被撞时，该管道系统不得受损坏。

加气机附近应设置防撞柱（栏），其高度不应低于0.5m。

3. LPG管道系统

LPG管道宜埋地敷设。当需要管沟敷设时，管沟应采用中性沙子填实。液态LPG在管道中的流速，泵前不宜大于1.2m/s，泵后不应大于3m/s；气态LPG在管道中的流速不宜大于12m/s。

液化石油气罐的出液管道和连接槽车的液相管道上，应设置紧急切断阀。

4. 槽车卸车点

连接 LPG 槽车的液相管道和气相管道上应设置安全拉断阀。安全拉断阀的分离拉力宜为 400 ~ 600N，拉断阀与接头的距离不应大于 0.2m。

5. 防雷防静电

LPG 罐车的卸气场地，应设卸车或卸气时用的防静电接地装置，并应设置能检测跨接线及监视接地装置状态的静电接地仪。

埋地 LPG 储罐，应与非埋地部分的工艺金属管道相互做电气连接并接地。

加气站的 LPG 罐车卸车场地和车载储气瓶组的卸气场地，应设卸车或卸气时用的防静电接地装置，并应设置能检测跨接线及监视接地装置状态的静电接地仪。

6. 紧急切断系统

加气站应设置紧急切断系统，该系统应能在事故状态下迅速切断 LPG 泵、LPG 压缩机的电源和关闭重要的 LPG 管道阀门。紧急切断系统应具有失效保护功能。LPG 泵的电源和加气站管道上的紧急切断阀，应能由手动启动的远程控制切断系统操纵关闭。

紧急切断系统应至少在下列位置设置起动开关：距加气站卸车点 5m 以内；在加气现场工作人员容易接近的位置；在控制室或值班室内。紧急切断系统应只能手动复位。

四、液化石油气加气站的消防设施

（一）灭火器材配置

每 2 台加气机应配置不少于 2 具 4kg 手提式干粉灭火器，加气机不足 2 台应按 2 台配置。地上 LPG 储罐，应配置 2 台不小于 35kg 推车式干粉灭火器。LPG 泵操作间（棚），应按建筑面积每 $50m^2$ 配置不少于 2 具 4kg 手提式干粉灭火器。

（二）消防给水

消防给水应利用城市或企业已建的消防给水系统。当无消防给水系统可依托时，应自建消防给水系统。LPG 设施的消防给水管道可与站内的生产、生活给水管道合并设置，消防水量应按固定式冷却水量和移动水量之和计算。

LPG 设施的消防给水设计应符合下列规定：

1）LPG 储罐采用地上设置的加气站，消火栓消防用水量不应小于 $0.02m^3/s$；总容积大于 $50m^3$ 的地上 LPG 的储罐还应设置固定式消防冷却水系统，其冷却水供给强度不应小于 $0.15\times10^{-3}m^3/(m^2\cdot s)$，着火罐的供水范围应按其全部表面积计算，距着火罐直径与长度之和 0.75 倍范围内的相邻储罐的供水范围，可按相邻储罐表面积的一半计算。

2）采用埋地 LPG 储罐的加气站，一级站消火栓消防用水量不应小于 $0.015m^3/s$；二级站和三级站消火栓消防用水量不应小于 $0.01m^3/s$。

3）LPG 储罐地上布置时，连续给水时间不应少于 3h；LPG 储罐埋地敷设时，连续给水时间不应少于 1h。

消防水泵宜设 2 台。当设 2 台消防水泵时，可不设备用泵。当计算消防用水量超过 $0.035m^3/s$ 时，消防水泵应设双动力源。LPG 设施的消防给水系统利用城市消防给水管道时，室外消火栓与 LPG 储罐的距离宜为 30 ~ 50m。三级站的 LPG 储罐距市政消火栓不大于 80m，且市政消火栓给水压力大于 0.2MPa 时，站内可不设消火栓。

（三）火灾报警系统

加气站、加油加气合建站应设置可燃气体检测报警系统。

加气站、加油加气合建站内设置有 LPG 设备的房间内、罩棚下，应设置可燃气体检测器。可燃气体检测器一级报警设定值应小于或等于可燃气体爆炸下限的 25%。LPG 储罐应设置液位上限、下限报警装置和压力上限报警装置。报警器宜集中设置在控制室或值班室内。报警系统应配有不间断电源。

五、液化石油气加气站的消防安全管理

1. 液化石油气加气站接卸气作业的安全管理

1）严格按操作规程进行卸气作业。

2）送气车应按指定位置停车、熄火，用木塞固定车轮，并将车钥匙交操作员暂时保管。

3）接卸气时，须先接临时接地线，确认气、液相软管上截止阀（球阀）处于关闭状态，再连接卸气管。槽车卸液设备应由送气方操作。

4）卸气期间，操作员应现场监护，随时检查压力、温度和液位，液化石油气储气罐液量不应超过储气罐容积的 85%。

5）送气驾驶员不应离开作业现场，装卸气时不得清扫、维修车辆。

6）卸气结束后，由操作员拆卸输气管、临时接地线，检查无误后，送气车辆方可离开现场。

2. 液化石油气加气站加气作业的安全管理

1）加气工在确认无明火后将前来加气的车辆安全引导到指定的位置。汽车停稳后，加气工应监督驾驶员拉紧手刹，发动机熄火，取下车钥匙，并离开驾驶室。夜间应关闭车灯。

2）加气工应要求驾驶员打开后盖箱，应对车辆的储气瓶仪表、阀门、管道进行安全检查，查看其是否在使用期内。严禁为无技术监督部门检验合格证的汽车储气瓶加气。严禁为非汽车储气瓶以外的任何燃气装置、气瓶加气。

3）加气工应用目视的方法检验容器液面计、阀门以及配管，如发现气体泄漏或出现其他异常状况，应立即通知驾驶员或采取应急措施。

4）加气工操作加气时，连接要牢靠，加气软管不允许相互交叉和缠在其他设备上。严禁加气车辆就地放气卸压。

5）加气作业时，严禁一人同时操作两把加气枪，并不得离开自己负责的车辆。应熟悉加气车辆的气瓶容积，对于液化石油气，加气量不得超过气瓶容积的 85%。

6）加气作业完毕，卸下加气枪，确认无泄漏。

3. 液化石油气加气站设备维护管理

1）应定期检查加气机各密封面，确保无渗漏。

2）加气机须具有紧急切断、过流切断、拉断切断、安全回流等安全装置并保持完好有效。紧急切断阀应每月进行一次校验，卸压后应在 3s 内关闭阀门，保证在紧急状态时发挥作用。

3）阀门应定期进行养护，保持启闭灵活，无渗漏现象。

4）储气罐或储气井、管道、机泵和加气机上的安全附件应按国家有关规定，定期进行校验：高压储气瓶每三年一次；压力表、温度计每半年一次；流量计每半年一次；液位计应

在每次开罐检查时进行一次校验；安全阀每年至少应校验一次。

5）加气站应配备设备管理人员，认真执行设备维修管理制度。

6）敷设管道的管沟应用沙子填实；管沟进入建筑物、构筑物、防火堤或加气机底部，应密封。

7）定期检查管线各部件的连接部位，保持密封良好，无渗漏。

【案例分析】

一、基本情况

2004年8月22日凌晨4时30分许，广州市天平架公交枢纽站内的液化石油气加气站，气罐中转站发生泄漏，白色雾状气体往上喷射，直达气罐上方约7m高的雨棚，气罐表面结成一块高35cm、面积约为$8m^2$的大冰块，附近$200m^2$内很快布满白雾，当时如果有一点火星导致爆炸，后果不堪设想。事故发生后，周边万余名群众被紧急疏散，3名老年人则因吸入过量的液化石油气晕倒被送到医院。广州消防支队特勤大队的两名消防员在10min内及时抢险关闭阀门，三个半小时后险情宣告解除。

二、事故原因

事故是因为地下管道的中转站处阀门泄漏。检测结果表明，阀门存在质量问题，阀门里面的圆球承受不了气罐的压力导致了泄漏。

三、主要教训

在易燃易爆场所必须严格使用质量合格的产品，并加强设备安全运行的监督检查，杜绝“跑、冒、滴、漏”等安全隐患。

第四节　轻烃储配站防火

“烃”就是碳、氢两种元素以不同的比例组成的一系列碳氢化合物。通常把相对分子质量较小的碳氢化合物叫做轻烃。天然气的主要成分是C_1（表示烃分子中含有一个碳原子，其他类同），含少量的C_2，液化石油气的主要成分是C_3、C_4，它们在常温常压下呈气态，叫做气态轻烃。作为原油和天然气开采及石油深加工过程中的副产品，$C_5 \sim C_{16}$的烃在常温常压下是液态，称为液态轻烃。液态轻烃中最轻的部分是C_5、C_6，再重一点的部分就是汽油、煤油和柴油等。把这类副产品转化成气态燃料，供城镇居民生活用气和工业用气属于国家能源综合利用政策上大力支持的能源转化项目。

一、压缩天然气储配站防火

（一）压缩天然气

压缩天然气（Compressed Natural Gas，简称CNG）指压缩到压力大于或等于10MPa且不大于25MPa的气态天然气，并以气态储存在容器中。

压缩天然气与管道天然气的组分相同，主要成分为甲烷（CH_4）。CNG可作为车辆燃料使用。液化天然气（LNG）可以用来生产CNG，以CNG为燃料的车辆叫做Natural Gas Vehicle，简称NGV。

压缩天然气是一种最理想的车用替代能源，其应用技术经数十年发展已日趋成熟。它具有成本低、效益高、无污染、使用安全便捷等特点，具有很好的发展前景。

压缩天然气可用作城镇燃气，特别是居民生活用燃料。随着人民生活水平的提高及环保意识的增强，大部分城市对天然气的需求明显增加。

压缩天然气的火灾危险性主要包括：燃烧爆炸性，可燃气体处于爆炸浓度范围内遇着火源能发生燃烧或爆炸；扩散性，气体扩散性受气体本身密度的影响，密度越小，扩散性越大；膨胀性，压缩气体因受热膨胀，使气瓶承受压力增大，可引起气瓶破裂或爆炸。

（二）压缩天然气储配站

压缩天然气储配站是具有将槽车、槽船运输的压缩天然气进行卸气、加热、调压、储存、计量、加臭，并送入城镇燃气输配管道功能的站场。

城镇压缩天然气储配站的作用包括：

1）作为在管道天然气到达之前的过渡阶段主气源。近年来我国的天然气事业发展很快，特别是长输管道的建设，截至2012年上半年，全国油气管道总长度已达 9.3×10^4 km。但目前仍有很多地区，特别是一些中小城镇在一段时期内长输管道还无法敷设到其附近，为能够在管道天然气到达之前使用上清洁、高效的天然气，建设压缩天然气储配站作为过渡阶段主气源便成为一种选择。

2）作为已有天然气城镇的季节性调峰气源或补充气源。随着燃气应用技术的不断扩展，城镇的燃气用气量也在逐年上升，气源紧张状况也时有发生。特别是在我国北方的冬季，为解决城镇燃气使用上的季节性不平衡问题或作为补充气源，压缩天然气储配站在我国已经较多地使用。

3）作为中小城镇的主气源。为使在输气管道无法到达的地区能够使用上天然气，可建设压缩天然气储配站作为主气源。由于压缩天然气储配站存在供应中断或供气不足的可能性，需采取可靠措施（设置应急备用气源或调峰储罐）以保证供气的连续性、可靠性。

4）作为城镇工业、商业用气的主气源或补充气源。

（三）压缩天然气储配站工艺流程及主要设备

1. 工艺流程

典型压缩天然气储配站工艺流程如图5-11所示。压缩天然气气瓶车进入压缩天然气储配站后，首先通过卸气柱上的高压软管将CNG气瓶车与减压计量加臭装置连接。在减压计量加臭装置内天然气经换热器换热，二级或三级调压后把压力调至所需要的压力，然后经计量、加臭后进入城市中压管网。

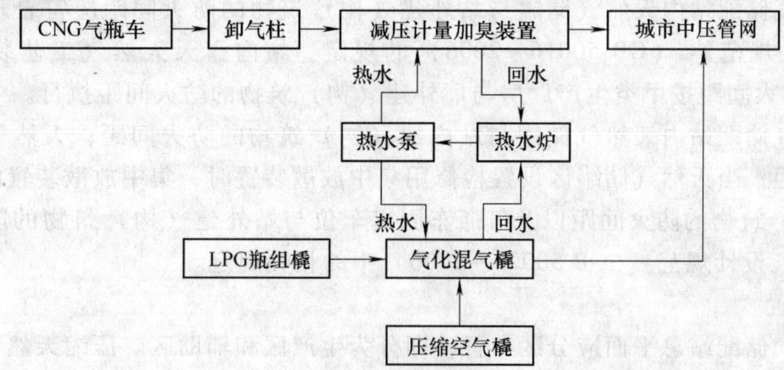

图5-11　典型压缩天然气储配站工艺流程

换热器中的热水由燃气热水炉提供，通过热水泵循环供给，燃气热水炉所用天然气可由站区中压管网提供。当 CNG 供应不足时启用应急备用气源（橇装 LPG 混气系统）。液态 LPG 自 LPG 瓶组橇送至气化混气橇，在气化混气橇内通过热水循环式气化器使液态 LPG 变成气态 LPG，经过滤、调压进入比例式混合器。在混合器内与净化、干燥后的压缩空气按一定的比例混合后，经热值分析仪检测、流量计计量后，送至城市中压管网。热水循环式气化器所需热水来自燃气热水炉和热水泵、膨胀水箱组成的热水加热循环系统。压缩空气系统（橇装）由活塞式空气压缩机、缓冲罐、除油过滤器和冷冻式干燥器等组成。上述系统为带有应急备用气源（橇装 LPG 混气系统）的城镇压缩天然气储配站工艺系统，其气化、混气、空气加压、净化、干燥、热水加热和热值检测、热值调整均可由仪表间内的中央控制盘监测、控制。简易的城镇压缩天然气储配站的工艺系统只需将应急备用气源（橇装 LPG 混气系统）或调峰储罐省去即可。

2. 压缩天然气储配站主要设备选择

压缩天然气储配站主要设备包括气瓶车、CNG 减压计量加臭装置、卸气柱、控制装置及应急备用气源或储气装置等。应根据储配站的供气规模、设计参数、工艺流程，本着技术上先进可靠、经济上合理适用的原则选择设备。一般可采用整体型橇装设备，既保证技术上先进可靠、自动化程度高，又因其结构紧凑、体积小，运输及安装都很方便。

（四）压缩天然气储配站防火防爆措施

1. 站址选择

压缩天然气储配站站址选择应符合城镇总体规划的要求；应具有适宜的地形、工程地质、交通、供电、给水排水及通信条件；少占农田、节约用地并注意与城市景观协调。

2. 储气规模

压缩天然气储配站的设计规模应根据城镇各类天然气用户的总用气量和供应本站的压缩天然气加气站供气能力及气瓶车运输条件等确定。

压缩天然气储配站的天然气总储气量应根据气源、运输和气候等条件确定，但不应小于本站计算月平均日供气量的 1.5 倍。

压缩天然气储配站的天然气总储气量包括停靠在站内固定车位的压缩天然气气瓶车的总储气量。当储配站天然气总储气量大于 30000m^3 时，除采用气瓶车储气外应建天然气储罐等其他储气设施。

3. 防火间距

压缩天然气储配站内天然气储罐与站外建（构）筑物的防火间距应符合现行国家标准《建筑设计防火规范》（GB 50016—2006）的规定。站内露天天然气工艺装置与站外建（构）筑物的防火间距按甲类生产厂房与厂外建（构）筑物的防火间距执行。

压缩天然气储配站内天然气储罐与站内建（构）筑物的防火间距；天然气储罐或罐区之间的防火间距；当天然气储罐区设置检修用集中放散装置时，集中放散装置的放散管与站内、外建（构）筑物的防火间距以及气瓶车固定车位与站外建（构）筑物的防火间距均应符合《城镇燃气设计规范》（GB 50028—2006）中的相关规定。

4. 平面布置

压缩天然气储配站总平面应分区布置，即分为生产区和辅助区。压缩天然气储配站宜设 2 个对外出入口。

当压缩天然气储配站与液化石油气混气站合建时，站内天然气储罐及固定车位与液化石油气储罐的防火间距应符合现行国家标准《建筑设计防火规范》（GB 50016—2006）的规定。

5. 防火防爆装置

1）在一级调压器进口管道上应设置快速切断阀。

2）调压系统应根据工艺要求设置自动切断和安全放散装置。

3）在压缩天然气调压过程中，应根据工艺条件确定对调压器前压缩天然气进行加热，加热量应能保证设备、管道及附件正常运行。加热介质管道或设备应设超压泄放装置。

4）各级调压器系统安全阀的安全放散管宜汇总至集中放散管，集中放散管管口的设置应符合防火间距的规定。

（五）压缩天然气储配站的消防安全管理

1）站区入口应设置（入站须知）警示牌，站区墙外和站区内应设置明显的（严禁烟火）警示牌。

2）严禁携带对讲机、手机等易产生电火花的通信设备进入站区。严禁携带火种和穿钉鞋进入站区。

3）进入站区内的车辆的排气管口应有火星消除装置，严禁拖拉机、电瓶车驶入站内。

4）站区内人员应穿防静电工作服。

5）对在站区内动用明火严格管理，禁止在站上使用明火；特殊情况下要进行电焊等明火作业的，应履行审批手续，现场有人监护，在确保安全的情况下动火施工。

6）每日应进行站区内防火巡查，并确立巡查的人员、内容、部位和频次，巡查应有记录。

7）每日应对站外周边防范范围内进行安全巡检，发现安全隐患或事故应及时处理并上报。

8）应及时对燃气设施运行、维护、巡检和抢修图档资料进行整理，做好完整记录，建立档案并对其实施动态管理。有条件的地区宜建立燃气管网地理信息系统。

二、液化天然气气化站防火

（一）液化天然气

液化天然气（LNG）是天然气经压缩、冷却至其沸点（-161.5℃）温度后变成液体，通常液化天然气储存在-161.5℃、0.1MPa 左右的低温储存罐内。其主要成分为甲烷，用专用船或罐车运输，使用时重新气化。20 世纪 70 年代以来，世界液化天然气产量和贸易量迅速增加，2005 年 LNG 国际贸易量达 1888.1 亿 m^3。

近年来，随着世界天然气产业的迅猛发展，LNG 已成为国际天然气贸易的重要部分。世界 LNG 贸易量出现强劲的增长势头。随着国家对能源需求的不断增长，引进 LNG 将对优化我国的能源结构，有效解决能源供应安全、生态环境保护的双重问题，实现经济和社会的可持续发展发挥重要作用。可以预见，在未来 10～20 年的时间内，LNG 将成为中国天然气市场的主产品。截至 2011 年底，我国共投运 LNG 接收站 5 座，接收能力合计达 1580 万 t/年；到 2014 年全部建成后，我国 LNG 接收能力将达 3380 万 t/年。

（二）液化天然气气化站

液化天然气气化站指的是具有将槽车或槽船运输的液化天然气进行卸气、储存、气化、调压、计量和加臭，并送入城镇燃气输配管道功能的站场，又称为液化天然气卫星站。

液化天然气气化站是城镇液化天然气供应的主要站场，是一种小型 LNG 的接收、储存、气化站，LNG 来自天然气液化工厂或 LNG 终端接收基地或 LNG 储配站，一般通过专用汽车槽车或专用气瓶运来，在气化站内设有储罐（或气瓶）、装卸装置、泵、气化器、加臭装置等，气化后的天然气可用做中小城镇或小区、大型工业、商业用户的主气源，也可用做城镇调节用气不均匀的调峰气源。

1. 液化天然气气化站工艺流程

LNG 通过低温槽车运到气化站，槽车储罐通过增压器进行增压，在压差作用下，通过卸车台的管道进入站内的低温储罐。低温储罐通过增压器使储罐压力达到一定值，罐内 LNG 通过出液管道进入气化系统，使 LNG 气化升温达到设定值，再通过出站调压器将压力降到要求值，然后通过计量和加臭系统进入燃气管网系统。液化天然气气化站工艺流程图如图 5-12 所示。

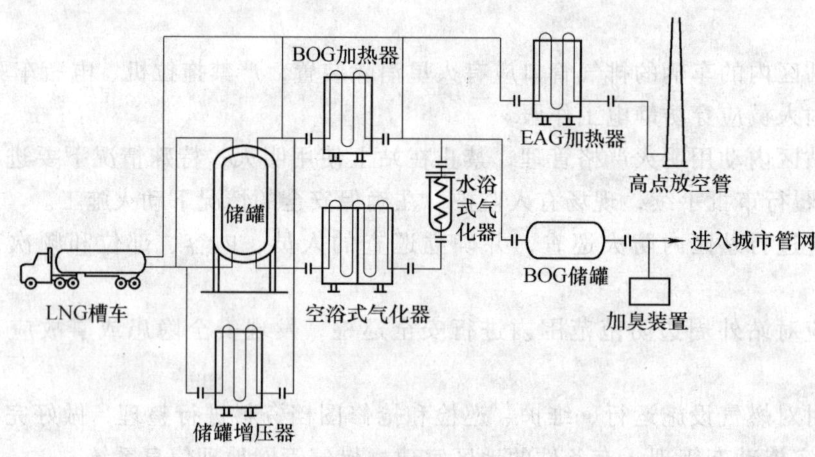

图 5-12　液化天然气气化站工艺流程图

由 LNG 槽车或集装箱车运送来的液化天然气，在卸车台通过槽车自带的自增压系统（对于槽车运输方式）或通过卸车台的增压器（对于集装箱运输方式）增压后送入 LNG 储罐储存，储罐内的 LNG 通过储罐区的自增压器增压到 0.5 ~ 0.6MPa 后，进入空浴式气化器。

气化器通常采用两组空浴式气化器，相互切换使用，当一组使用时间过长，气化器结霜严重，导致气化器气化效率降低，出口温度达不到要求时，则切换到另一组使用。在夏季，经空浴式气化器气化后天然气温度可达 15℃左右，可以直接进入管网；在冬季或雨季，由于环境温度或湿度的影响，气化器气化效率降低，若气化后的天然气温度达不到要求时，可启用水浴式气化器气化。气化站内设有 BOG（Boil off Gas，液化气体的低温闪蒸气）储罐，LNG 储罐顶部的蒸气经过 BOG 加热器加热后进入 BOG 储罐；卸车完毕后，LNG 槽车内的气体通过顶部的气相管被输送到 BOG 加热器加热，然后进入 BOG 储罐。当 BOG 储罐内的压力达到一定值后，将储罐内的气体并入中压供气管网。LNG 储罐设计温度 -196℃，LNG 气化器后设计温度一般不低于环境温度 8 ~ 10℃。LNG 储罐设计压力根据系统中储罐的配置形式、液化天然气组分及工艺流程确定。当采用储罐等压气化时，气化器设计压力为储罐设计压力，采用加压强制气化时，气化器设计压力为低温加压泵的出口压力。

2. 液化天然气气化站主要工艺设备

LNG 气化站工艺设备主要有储罐、气化器、调压计量装置、低温泵等。其中最主要的是储罐。

LNG 储罐是 LNG 气化站内最主要的设备。天然气的主要成分甲烷常温下是永久性气体，即在常温下不能用压缩的方法使其液化，只有在低温条件下才能变为液体。LNG 储罐的工作压力一般为 0.3～0.6MPa，工作温度约 －140℃，设计压力为 0.8MPa，设计温度为 －196℃。

LNG 储罐有单容罐、双容罐和全容罐，如图 5-13 所示。单容罐内容器内壁一般为镍质量分数为 9% 的合金钢，外壁为碳钢，而辅助容器只是由较低防护堤围成的收液槽，用于防止在内容器发生事故时 LNG 外溢扩散。与单容罐相比双容罐的辅助容器则是在内容器外围设置的一层高度与罐壁相近，并与内容器分开的圆柱形混凝土防护墙。全容罐内壁为镍质量分数为 9% 的合金钢、不锈钢薄膜或预应力混凝土，外壁为预应力混凝土。因此全容罐外壁不仅可防止罐内 LNG 泄漏时外溢，还可防止子弹击穿、热辐射等，也起到了辅助容器的作用。这三种形式的储罐各有优缺点，选择罐型时应综合考虑技术、经济、安全性能、占地面积、场址条件、建设周期及环境等因素。

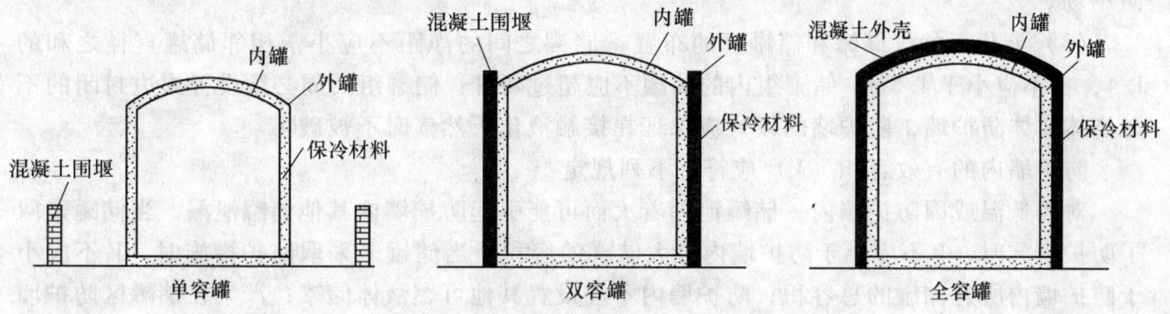

图 5-13　液化天然气储罐结构示意图

（三）液化天然气气化站防火防爆措施

液化天然气的主要成分是甲烷，属易燃易爆气体，能与空气混合形成爆炸性混合物，其爆炸下限较低，少量泄漏一旦遇到明火就易引起爆炸；同时液态天然气又有低温的特性，如果发生 LNG 溢出或泄漏，在 －107℃ 以下时，气体密度比空气大，容易向下积聚，溢出的 LNG 蒸发速度非常快，并会迅速冷却周围空气中的水蒸气，形成大量的白色蒸气云，并四处扩散，如果遇到火源将引起火灾，造成严重后果，低温还会导致灼伤、冻伤、体温降低等。

1. 液化天然气气化站站址的选择

站址选择既要符合城镇的总体规划和合理布局的要求，也要有利于生产、方便运输和保护环境。因此在站址选择过程中，要考虑到既能完成当前的生产任务，又要想到将来的发展。站址选择一般应考虑以下方面的内容：

1）站址应选在城镇和居民区的全年最小频率风向的上风侧。若必须在城镇建站时，尽量远离人口稠密区，以满足卫生和安全的要求。

2）考虑气化站的供电、供水和电话通信网络等条件，站址宜选在城镇边缘。站址至少要有一条全天候的汽车公路。

3）气化站应避开油库、桥梁、铁路枢纽站、飞机场等重要战略目标。

4）站址不应受洪水和山洪的淹灌和冲刷，站址标高应高出历年最高洪水位 0.5m 以上。要考虑站址的地质条件，避免布置在滑坡、溶洞、塌方、断层、淤泥等不良地质条件的地区。

2. 液化天然气气化站平面布置

液化天然气气化站内总平面应分区布置，即分为生产区（包括储罐区、气化及调压等装置区）和辅助区。生产区宜布置在站区全年最小频率风向的上风侧或上侧风侧。液化天然气气化站应设置高度不低于 2m 的不燃烧体实体围墙。

（1）防火间距　液化天然气气化站的液化天然气储罐、集中放散装置的天然气放散总管与站外建（构）筑物的防火间距，液化天然气气化站的液化天然气储罐、集中放散装置的天然气放散管与站内建（构）筑物的防火间距不应小于《城镇燃气设计规范》（GB 50028—2006）中的规定。

（2）消防车道　液化天然气气化站生产区应设置消防车道，车道宽度不应小于 3.5m。当储罐总容积小于 $500m^3$ 时，可设置尽头式消防车道和面积不小于 12m×12m 的回车场。

（3）液化天然气储罐和储罐区的布置　储罐之间的净距不应小于相邻储罐直径之和的 1/4，且不应小于 1.5m；储罐组内的储罐不应超过两排；储罐组四周必须设置周边封闭的不燃烧体实体防护墙，防护墙的设计应保证在接触液化天然气时不被破坏。

防护墙内的有效容积（V）应符合下列规定：

对因低温或因防护墙内一储罐泄漏着火而可能引起防护墙内其他储罐泄漏，当储罐采取了防护措施时，V 不应小于防护墙内最大储罐的容积；当储罐未采取防护措施时，V 不应小于防护墙内所有储罐的总容积；防护墙内不应设置其他可燃液体储罐；严禁在储罐区防护墙内设置液化天然气钢瓶灌装口；容积大于 $0.15m^3$ 的液化天然气储罐（或容器）不应设置在建筑物内。任何容积的液化天然气容器均不应永久地安装在建筑物内。

（4）集中放散装置　液化天然气集中放散装置的汇集总管，应经加热将放散物加热成比空气轻的气体后方可排入放散总管；放散总管管口高度应高出距其 25m 内的建（构）筑物 2m 以上，且距地面不得小于 10m。

3. 防火防爆安全装置

（1）紧急切断阀　储罐进出液管必须设置紧急切断阀门，并与储罐液位控制联锁。液化天然气气化器的液体进口管道上宜设置紧急切断阀，该阀门应与天然气出口的测温装置联锁。

液化天然气气化站内设置的事故切断系统应具有手动、自动或手动自动同时启动的性能，手动启动器应设置在事故时方便到达的地方，并与所保护设备的间距不小于 15m。手动启动器应具有明显的功能标志。

（2）储罐仪表　液化天然气储罐仪表的设置，应符合下列要求：

应设置两个液位计，并应设置液位上、下限报警和连锁装置。

应设置压力表，并应在有值班人员的场所设置高压报警显示器，取压点应位于储罐最高液位以上。

(3) 安全阀　LNG 的体积膨胀系数很高，通常可达 600 倍，在密闭情况下，LNG 受热膨胀，引起管道内压急剧升高会导致管道发生破裂，因此，应在液相管道两道阀门之间加设安全阀。此外，LNG 储罐也应设有安全阀，一旦罐内压力超高，安全阀起跳，可将超压气体排出，保护储罐。

液化天然气气化器或其出口管道上必须设置安全阀，安全阀的泄放能力应满足以下要求：

环境气化器的安全阀泄放能力必须满足在 1.1 倍的设计压力下，泄放量不小于气化器设计额定流量的 1.5 倍。

加热气化器的安全阀泄放能力必须满足在 1.1 倍的设计压力下，泄放量不小于气化器设计额定流量的 1.1 倍。

(4) 气体泄漏报警装置　储罐区、气化装置区域或有可能发生液化天然气泄漏的区域内应设置低温检测报警装置和相关的连锁装置，报警显示器应设置在值班室或仪表室等有值班人员的场所。

爆炸危险场所应设置燃气浓度检测报警器。报警浓度应取爆炸下限的 20%，报警显示器应设置在值班室或仪表室等有值班人员的场所。

4. 消防设施

(1) 消防给水系统　液化天然气气化站在同一时间内的火灾次数应按一次考虑，其消防水量应按储罐区一次消防用水量确定。

液化天然气储罐消防用水量应按其储罐固定喷淋装置和水枪用水量之和计算，其设计应符合下列要求：

总容积超过 $50m^3$ 或单罐容积超过 $20m^3$ 的液化天然气储罐或储罐区应设置固定喷淋装置。喷淋装置的供水强度不应小于 $0.15\times10^{-3}m^3/(m^2\cdot s)$。着火储罐的保护面积按其全表面积计算，距着火储罐直径（卧式储罐按其直径和长度之和的一半）1.5 倍范围内（范围的计算应以储罐的最外侧为准）的储罐按其表面的一半计算。水枪宜采用带架水枪。水枪用水量不应小于表 5-6 的规定。

表 5-6　水枪用水量

总容积/m^3	≤200	>200
单罐容积/m^3	≤50	>50
水枪用水量/(m^3/s)	0.02	0.03

液化天然气立式储罐固定喷淋装置应在罐体上部和罐顶均匀分布。

消防水池的容量应按火灾持续时间 6h 计算确定，但总容积小于 $220m^3$ 且单罐容积小于或等于 $50m^3$ 的储罐或储罐区，消防水池的容量应按火灾持续时间 3h 计算确定。当火灾情况下能保证连续向消防水池补水时，其容量可减去火灾持续时间内的补水量。

(2) 灭火器　站内具有火灾和爆炸危险的建（构）筑物、液化天然气储罐和工艺装置区应设置小型干粉灭火器，其设置数量除应符合表 5-7 的规定外，还应符合现行国家标准《建筑灭火器材配置设计规范》(GB 50140—2005) 的规定。

表 5-7　干粉灭火器的配置数量

场　　所	配 置 数 据
储罐区	按储罐台数,每台储罐设置 8kg 和 35kg 各 1 具
汽车槽车装卸台（柱、装卸口）	按槽车车位数,每个车位设置 8kg、2 具
气瓶灌装台	设置 8kg 不少于 2 具
气瓶组	设置 8kg 不少于 2 具
工艺装置区	按区域面积,每 50m² 设置 8kg、1 具,且每个区域不少于 2 具

（四）液化天然气气化站的消防安全管理

1. 液化天然气气化站卸车的安全管理

1）LNG 操作工应使用橡胶安全工作鞋、防静电工作服、皮手套、安全帽等劳动保护品。

2）卸车时，确认静电接地线连接完好，严禁车辆移动，以免拉断软管造成大量 LNG 泄漏。

3）下列情况禁止卸车：雷雨天等异常天气；附近发生火灾；检查发现有燃气泄漏时；LNG 储罐及管道压力异常；有发生其他灾害的可能时。

4）严禁储罐超装。

2. 液化天然气气化站火种的安全管理

1）站内生产区严禁一切烟火，任何人不得携带火种和易燃、易爆、有毒、易腐蚀物品进入生产区。

2）非气化站职工，未经批准一律不得进入生产区，经批准进入，也必须有站内工作人员陪同，必须自觉遵守本站的有关安全规定。

3）所有人员一律不得穿带钉鞋和易产生静电的服装进入生产区，未经许可不得在生产区内使用手机、照相机和摄像机等电器。

4）禁止车辆在生产区停放，确需进入的工作车辆，必须安装火星熄灭器，并尽快离开。

5）卸车和放空作业时，无关人员不得进入，雷雨天气禁止卸车和放空作业。

6）生产区因安装或维修需要动火时，要经安全部门批准，并持有动火通知书，方可进行。

3. 液化天然气气化站储罐的安全管理

1）液化天然气的维护、操作和技术人员应熟悉储罐的结构、原理，严格按操作规程进行作业。

2）液化天然气储罐外筒为外压真空容器，严禁在负压下进行焊接作业。

3）经常检查储罐外筒体、连接管道和阀门等，观察有无结水结霜现象。发现有结水结霜时，查明原因立即处理。

4）经常检查储罐的压力表、压力变送器、液位计、液位变送器，看指示是否正常。

5）经常检查连接阀门的密封性能及开关动作，保证工作正常。

6）按规定定期对安全阀、天然气报警器、固定式可燃气体探测仪、压力表、压力变送器、液位计、液位变送器等进行校验，保证工作正常。

7）定期对储罐的真空度进行检测，掌握储罐的工作情况。

4. 液化天然气气化站气化器的安全管理

1）使用前检查密封性，试压 0.8MPa，保压 30min，不渗透。发现漏气，必须消除后才能使用，试压气源应用干燥氮气。

2）气化器必须定期检漏，间隔时间为 12 个月。

3）当单台空浴气化器竖向第三格开始出现结霜时，必须切换到另一组气化器，将该组气化器停运。

4）若要对气化器进行消缺或局部检修，必须关闭气化器进出口阀，并做降压处理，若需要动火作业，必须进行吹扫、检测，待确认合格后，方可作业。

5. 液化天然气气化站消防设施的安全管理

1）消防水罐内的水应保持在规定的水位之上，保证有足够的消防用水。

2）定期检查消防水泵及附属机件，定期起动消防水泵，防止长期不运行发生故障。

3）定期检查消火栓的完好情况，注意有无土埋、漏水、打不开等情况，并随时排除故障。

4）灭火器要存放在通风干燥处，在室外放置的灭火器要有保护装置，必须保持灭火器无锈蚀、堵塞，做到夏季防暴晒，冬季防冻。干粉灭火器要每季度检查一次，如发现外表缺件或有破损现象时，要及时报告进行更换。

5）消防器材的日常维修、保养要有专人负责管理。消防器材使用后要立即进行保养、补充。

自 学 指 导

本章学习重点：石油库、汽车加油站、液化石油气加气站和轻烃储配站的防火要求。

1. 石油库防火：石油库防火防爆技术措施；石油库消防监督管理。

2. 汽车加油站防火：汽车加油站防火防爆技术措施；汽车加油站消防安全管理。

3. 液化石油气加气站防火：液化石油气加气站防火防爆技术措施；液化石油气加气站消防安全管理。

4. 轻烃储配站防火：轻烃储配站防火防爆技术措施；轻烃储配站消防安全管理。

复习思考题

一、填空题

1. 石油库根据生产操作、火灾危险程度、经营管理等特点可以分为______区、______区、辅助生产区和行政管理区。

2. 储存甲类和乙 A 类油品的地上立式油罐，应选用______油罐或______油罐。

3. 浮顶油罐宜设______倍数泡沫灭火系统；当采用中心软管配置泡沫混合液的方式时，亦可设________倍数泡沫灭火系统。

4. 单罐容量不小于________ m^3 或罐壁高度不小于________ m 的油罐，应设固定式消防冷却水系统。

5. 加油站火灾事故的 60% ~70% 发生在卸油作业中。常见的事故有____________、________和卸油中遇明火。

6. 总容积为 $90m^3 < V \leqslant 150m^3$，单罐容积 $\leqslant 50m^3$ 的加油站属于________级加油站。

7. 当加油站采用油气回收系统时，汽油罐的通气管管口除应装设________外，尚应装设呼吸阀。

8. 液化石油气罐的出液管道和连接槽车的液相管道上，应设置________阀。

9. 在加油加气合建站和城市建成区内的加气站，地上 LPG 储罐应集中单排布置，储罐与储罐之间的净距不应小于________的直径。

10. 液化天然气气化站内总平面应分区布置，生产区宜布置在站区全年________频率风向的上风侧或上侧风侧。

二、选择题

1. 对于浮顶油罐或内浮顶油罐，其防火堤内的有效容量，不应小于油罐组内（　　）的容量。

A. 一个最大油罐　　B. 一个最大油罐容量的一半　　C. 所有油罐　　D. 两个油罐

2. 直径大于 20m 的地上固定顶油罐（包括直径大于 20m 的浮盘为浅盘或浮舱用易熔材料制作的内浮顶油罐）的消防冷却水最小供给时间应为（　　）。

A. 6h　　B. 4h　　C. 2h　　D. 1h

3. 根据《汽车加油加气站设计与施工规范》(GB 50156—2012)，一级加油站的总容积为（　　）m^3。

A. $90 < V \leqslant 150$　　B. $150 < V \leqslant 210$　　C. $V \leqslant 90$　　D. $120 < V \leqslant 180$

4. 汽车加油站通气管管口高出地面的高度不应小于（　　）。

A. 6m　　B. 4m　　C. 3m　　D. 2m

5. 加气站的工艺设备与站外建（构）筑物之间，宜设置高度不低于（　　）的不燃烧体实体围墙。

A. 4m　　B. 2.5m　　C. 3m　　D. 2.2m

6. 储罐之间的净距不应小于相邻储罐直径之和的（　　），且不应小于 1.5m。

A. 1/2　　B. 1/3　　C. 1/4　　D. 1/5

三、简答题

1. 石油库储罐的类型有哪几种，主要适用于什么样的场所？

2. 石油库主要消防设施的种类及其作用是什么？

3. 汽车加油站火灾的主要原因有哪些？

4. 汽车加油站管线布置方面有哪些防火防爆的措施？

5. 液化石油气的火灾危险性有哪些？

6. 液化石油气加气站有哪些重要的防火防爆用阀门？

7. 压缩天然气的火灾危险性有哪些？

8. 液化天然气气化站消防用水量有什么要求？

第六章　危险化学品事故应急处置

学习目标

1. 应了解、知道的内容：

危险化学品事故处置的防护装备；

稀释驱散的实施；

堵漏技术；

实施洗消的任务；

液化石油气、氯气、液化天然气、氨气的理化性质。

2. 应理解、清楚的内容：

危险化学品事故现场警戒的类型；

确定现场警戒范围的依据；

现场控制措施；

液化石油气、氯气、液化天然气、氨气泄漏事故的处置要点。

3. 应掌握、会用的内容：

危险化学品事故处置的一般程序；

防护标准；

警戒区的划分；

引火点燃的必备条件；

常用的洗消剂；

液化石油气、氯气和氨气的危险特性。

自学时数　8 学时

老师导学

本章概述了危险化学品事故应急处置程序、处置技术和常见危险化学品事故应急处置要点。危险化学品事故处置危险性大，风险高，因此在本章的学习中，要着重掌握危险化学品事故处置中的人员防护、事故现场警戒区的划分、引火点燃处置的必备条件。掌握常用洗消剂的应用范围和选择原则，掌握液化石油气、氯气和氨气的危险特性，清楚液化石油气、氯气、液化天然气、氨气泄漏事故的处置要点。要注重应用，能够把危险化学品事故处置技术与实际结合，将处置技术应用到实际的事故处置中。

第一节　危险化学品事故应急处置程序和技术

危险化学品事故应急处置是指危险化学品事故发生后消除或尽量减轻事故危害的一切应有的措施。危险化学品事故处置的一般程序是防护、撤离疏散、侦检、警戒、救生、现场控制、堵漏、灭火、救护、洗消和清理。

一、防护

防护是指在危险化学品泄漏现场处置的人员进行既能保护皮肤，又能保护呼吸道、消化道等不受伤害的各种措施。

（一）防护标准

参加应急处置的人员首先要做好自身防护，根据泄漏危险化学品的危险特性及划定的危险区域，确定相应的防护等级；防护等级划分见表6-1，防护标准见表6-2。

表6-1 防护等级划分

毒性＼危险区	重度危险区	中度危险区	轻度危险区
剧毒/高毒	一级	一级	二级
中毒	一级	二级	二级
低毒	二级	三级	三级

表6-2 防护标准

级别	形式	皮肤防护		呼吸防护
		防化服	防护服	
一级	全身	内置式重型防化服	全棉防静电内外衣	正压式空气呼吸器
二级	全身	封闭式防化服	全棉防静电内外衣	正压式空气呼吸器或全防型滤毒罐
三级	呼吸	简易防化服	战斗服	简易滤毒罐、面罩或口罩、毛巾等防护器材

（二）防护装备

消防员个人防护装备是指消防员在应急救援作业或训练中用于保护自身安全的基本防护装备和特种防护装备。

1. 内置式重型防化服

内置式重型防化服适用于消防员在危险化学品、碱类化学物品及有害气体等缺氧现场环境的全身防护，不适用于在火场区域与火直接接触。内置式重型防化服如图6-1所示。

2. 全封闭式防化服

全封闭式防化服适于在弥漫着有毒和强腐蚀性介质的环境中进行事故处置工作，用于保护工作人员的呼吸循环系统和皮肤免受有毒和强腐蚀性介质对人体的侵害。全封闭式防化服如图6-2所示。

3. 半封闭式防化服

半封闭式防化服由防化服、防化手套及呼吸系统保护器材组成。适用于在有酸和碱类化学物品事故现场穿着的防护服装，不适用于在有毒气的事故现场或进入火场的防化服。半封闭式防化服如图6-3所示。

4. 简易防化服

简易防化服适用于短时间轻度污染场所，可以防止液态化学品喷射污染和粉尘污染。简易防化服如图6-4所示。

图 6-1　内置式重型防化服

图 6-2　全封闭式防化服

图 6-3　半封闭式防化服

图 6-4　简易防化服

5. 正压式空气呼吸器

正压式空气呼吸器适用于有毒或有害气体环境、含烟尘等有害物质及缺氧等环境，为使用者提供有效的呼吸保护。由气瓶总成、减压器总成、供气阀总成、面罩总成四部分结构组成。正压式空气呼吸器如图 6-5 所示。

6. 过滤式防毒面具

过滤式防毒面具由防毒面罩和滤毒罐组成。消防过滤式综合防毒面具（简称防毒面具）是指消防员在执行灭火救援任务时，在空气中的氧气浓度不低于 17% 的场所中，为防止一氧化碳、氰化氢等有害气体及烟雾、热气流的侵害而佩戴的个人呼吸防护装具。过滤式防毒面具如图 6-6 所示。

图 6-5　正压式空气呼吸器

图 6-6　过滤式防毒面具

二、撤离疏散

在发生危险化学品事故的现场若不能准确判断危险化学品的种类、毒性及污染浓度时，应组织现场人员迅速撤离污染区，安排好警戒，严格控制人员进出事故现场。

三、侦检

侦检即侦察检测，是利用主观识别或使用检测器材（分析仪器）发现、鉴别危险化学品种类或危险特性，测定污染范围和程度的技术。通过侦检可及时查明造成事故的危险化学品的种类或危险特性，测定扩散和浓度分布情况，实时监测污染区域边界危险化学品的浓度变化，查明导致危险化学品事故的客观条件，检测现场洗消效果。根据危险化学品的性质和浓度分布，确定危险区域的范围、人员疏散的数量、防护等级和处置的技战术。

（一）侦察

1. 询情

询问被困人员情况，容器储量、泄漏（燃烧）时间、部位、形式、火势范围，周边单位、居民、地形等情况，消防设施、工艺措施、到场人员处置意见。

2. 危险化学品的识别

1）根据事故现场存留的标签、货运清单、发票等相关文字或图形资料查找或判明危险化学品的种类和名称。

① 根据 UN 编号（联合国危险货物运输编号）识别。

② 根据危险化学品的危险性标志识别。例如易燃气体的危险性标志如图 6-7 所示。

③ 根据危险化学品的安全标签识别，如图 6-8 所示。

图 6-7 易燃气体的危险性标志

图 6-8 危险化学品的安全标签

2）根据事故现场存留的容器识别。《危险货物运输包装类别划分方法》（GB/T 15098—2008）和《危险货物运输包装通用技术条件》（GB 12463—2009）都对危险化学品的包装进行了规定。通常事故现场存留的容器是一条重要线索，储存箱、桶、缸通常都装有危险化学品。

3）根据中毒症状识别。例如硫化氢的中毒症状有流泪、眼部烧灼疼痛、怕光、结膜充血；剧烈的咳嗽，胸部胀闷，恶心呕吐，头晕、头痛，随着中毒加重，出现呼吸困难，心慌，颜面青紫，高度兴奋，狂躁不安，甚至引起抽风，意识模糊，最后陷入昏迷，人事不省，发生“电击样”死亡。

4）根据相关人员的陈述。从事故现场出来的人员或幸存者的亲身所见、所闻和所感（泄漏物、不正常的颜色、气味、烟雾或蒸气）。根据现场的特殊气味、颜色、异常状态等物理、化学性质可判别危险化学品的种类。如氯气是黄绿色刺激性气体，氯化氢气体为白色刺激性气体，氨气为无色有刺激性恶臭的气体，硫化氢为无色有臭鸡蛋气味的气体，氢氰酸液体无色有苦杏仁味等。

5）利用计算机辅助查询系统进行模糊查询。在事故现场，可综合各种零散信息或现场情况，利用计算机辅助查询系统进行模糊查询，主要包括气味、颜色、状态，眼、呼吸道等器官或系统的症状表现等信息，现场掌握的信息越多，则模糊识别的正确率就越高。计算机辅助查询系统模糊查询界面如图 6-9 所示。

（二）仪器检测

使用专用检测仪器，测定危险化学品的种类、浓度，确定出重度伤害区，同时取样化验分析。并测定现场的风速、风向等气象数据，以确定扩散范围。

四、警戒

危险化学品事故现场警戒是维持事故现场处置秩序，防止事故范围扩大和程度加剧，保

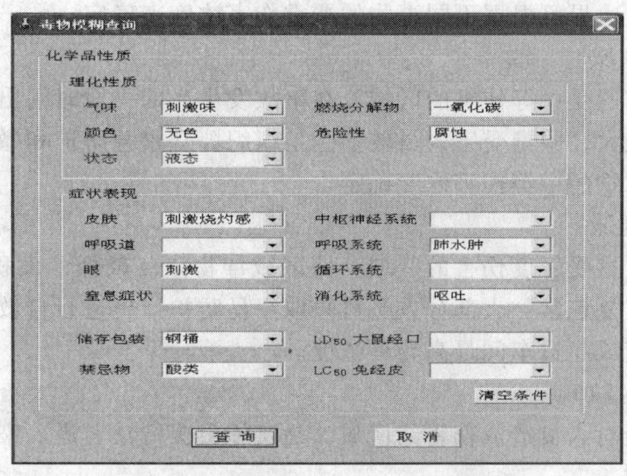

图 6-9 计算机辅助查询系统模糊查询界面

障处置工作顺利进行而采取的处置措施。目的在于控制非处置人员、车辆进入事故现场，确保处置工作顺利进行。

(一) 现场警戒的类型

1. 防爆炸类警戒

防爆炸类警戒是指当液化石油气、甲烷、乙烯等易燃气体或汽油、酒精等易燃液体发生泄漏，有可能引发爆炸的场所的警戒。警戒目的是防止发生爆燃或爆炸造成人员伤害。管制内容包括禁绝一切着火源，切断电源，管制交通；进入警戒区的人员禁止穿着易产生静电、火花的化纤面料服装和带有铁钉的鞋子等。

2. 防中毒类警戒

防中毒类警戒是指当发生不燃的有毒气体泄漏，或其他有毒物质泄漏的现场的警戒，氯气泄漏事故现场的警戒就属此类型警戒。警戒目的是防止人员中毒造成伤亡。管制内容包括控制无关人员进入，进入警戒区的人员（包括处置人员）必须按要求做好安全防护。

3. 防毒防爆类警戒

防毒防爆类警戒是指既有毒又可能发生爆炸的气体或液体蒸气泄漏扩散场所的警戒，氨气泄漏事故现场的警戒就属此类型警戒。警戒目的是防止人员中毒，同时防止发生爆炸或燃烧事故。管制内容包括禁绝着火源、切断电源、管制交通；进入警戒区的人员禁止穿着易产生静电、火花的化纤面料服装和带有铁钉的鞋子，并且必须做好安全防护。

(二) 警戒区的划分

根据询情、侦检情况确定警戒区域，将警戒区域划分为重危区、中危区、轻危区和安全区，并设立警戒标志，在安全区视情况设立隔离带。合理设置出入口，严格控制各区域进出人员、车辆、物资。警戒区划分如图 6-10 所示。

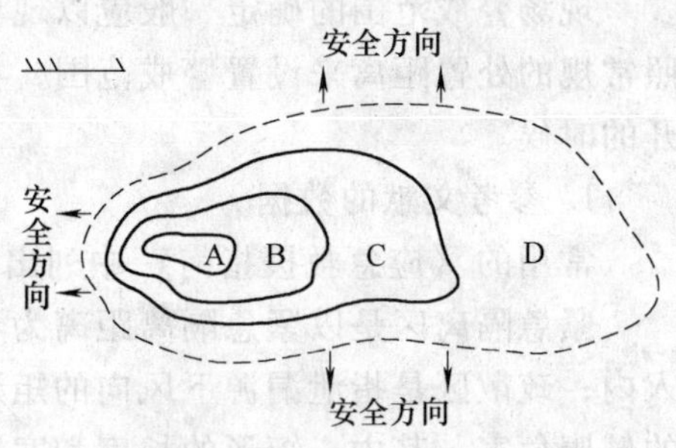

图 6-10 警戒区划分

1. 重危区（A 区域）

重危区是指事故中心区，即泄漏毒源附近地域。该区域面积较小但泄漏物浓度高，处置人员需严格进行防护。该区域的边界可根据不同毒物的严重伤害浓度来确定。

2. 中危区（B 区域）

中危区是指人员遭受中等伤害的区域，在事故发生后的一段时间出现。该区域毒物浓度已经降低，但面积较大，中毒受害人员较多，是组织公众紧急防护和撤离的重点区域。该区域可根据各种不同毒物的中等伤害浓度确定。

3. 轻危区（C 区域）

轻危区是指人员遭受轻度伤害的区域。该区域毒物浓度较低，面积大，受害人员更多，但经及时医治即可恢复正常，大部分人员可采取简易防护措施进行自救互救。该区域的边界浓度为轻度伤害浓度或超过车间最高容许浓度。

4. 安全区（D 区域）

安全区是指不会对人员造成伤害的区域，是实施救援行动、进入染毒区作业之前的人员集结和作战准备区域。

（三）确定现场警戒范围的依据

事故现场警戒范围的确定应坚持“科学合理、留有余地”的原则。

1. 以仪器检测的结果为依据

发生有毒气体或可燃气体与液体蒸气的泄漏，应实施浓度检测，以此来确定重危区、中危区、轻危区和安全区域。警戒范围确定以后还要继续定时检测，以对警戒范围作出调整，即扩大警戒区或缩小警戒区。

2. 以气象条件和泄漏程度为依据

对于气体泄漏事故，泄漏口及其压力的大小决定着泄漏量的多少。泄漏口大且压力大，其泄漏量就大，扩散的范围也就会大。另外，在泄漏现场，风力决定着气体泄漏扩散的距离，而风向决定了气体扩散的方向，风力和风向影响着气体扩散的范围。

3. 以指挥员的现场判断为依据

应急救援人员到达事故现场以后，在一些不需要仪器检测或没有配备检测设备，以及正在进行检测、结果尚未得出的情况下，往往凭指挥员的实践经验，并针对现场的灾害程度和气象条件，大致确定警戒范围。

4. 以爆炸物飞散的距离为依据

爆炸是较为严重的灾害事故。爆炸发生后可根据爆炸物飞散的距离，再适当增加一些余地来确定现场警戒的范围。

（四）确定现场警戒范围的参考值

现场警戒范围的确定一般应以现场灾情、指挥员经验或检测结果为依据，但有时可以按照常规的处置距离来设置警戒范围，特别是救援力量刚刚抵达事故现场，检测等行动还未展开的时候。

1. 参考文献的数据

常用的《应急救援指南》中列出的警戒距离分为两种，如图 6-11 所示。

紧急隔离区是以紧急隔离距离为半径的圆，是泄漏源周围的区域，非事故处置人员不得入内；疏散区是指泄漏源下风向的矩形区域，该区域内如果不进行防护则可能使人受到严重的健康危害。其中，矩形的长度和宽度称疏散距离。以氨气为例，其紧急隔离距离和疏散距离见表 6-3。

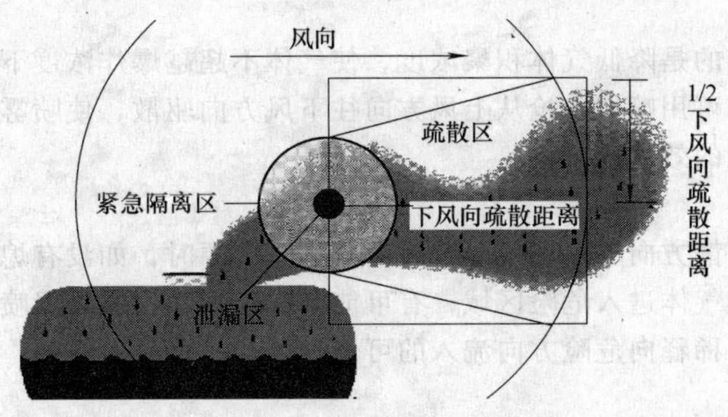

图 6-11　警戒距离

表 6-3　氨气的紧急隔离距离和疏散距离

小泄漏（≤0.2m³）			大泄漏（>0.2m³）		
紧急隔离距离/m	下风向撤离范围/km		紧急隔离距离/m	下风向撤离范围/km	
	白天	夜间		白天	夜间
30	0.1	0.2	150	0.8	2.3

2. 可燃气体泄漏先期警戒区域

地下空间一般以可燃气体泄漏点为中心，半径 100m 范围作为先期警戒区域。地上以可燃气体泄漏点为中心，可在半径 150m 的范围作先期警戒区域。

3. 检测可燃气体浓度设定先期警戒区域

对现场可燃气体的浓度进行检测，以泄漏可燃气体浓度达到其爆炸浓度下限的 30% 的区域作为先期警戒范围。当可燃气体浓度达到下限的 30% 时，可视为爆炸危险区域。如丙烷的爆炸极限为 2.1% ~9.5%，那么下限的 30% 则为 0.6%。

五、救生

组成救生小组，携带救生器材迅速进入现场。采取正确的救助方式，将所有遇险人员转移至安全区域。对救出人员进行登记、标识和现场急救，将伤情较重者送交医疗急救部门救治。

六、现场控制

现场控制是指在危险化学品泄漏事故中，能降低泄漏扩散、抑制危害程度、减少人员伤亡的控制手段，包括关阀断料、稀释驱散、倒罐输转、引火点燃等措施。

（一）关阀断料

危险化学品发生泄漏事故，第一个要考虑的处置措施就是只要条件许可，首先要实施关阀断料，这是最根本、最有效的控制泄漏、消除灾害的措施。

（二）稀释驱散

稀释驱散的目的是降低灭火救援现场的有害物质浓度，改善处置区域环境，防止可能发生的险情，减轻灾害程度。

1. 稀释性驱散

稀释性驱散的目的是降低气体积聚浓度，使气体不超越爆炸浓度下限，同时兼有驱散的作用。一般情况下，可用喷雾水枪从上风方向往下风方向驱散，使喷雾水作用力和风力同时发挥作用以加强驱散的效果。

2. 阻截性驱散

当可燃气体在扩散方向上存在难以及时消除的着火源时，如没有熄灭的炉火或没有关闭的电源等，一旦可燃气体进入危险区域，有可能会引起爆炸。应设置喷雾水枪阻击可燃气体的扩散势头，阻止并稀释向危险方向流入的可燃气体。

3. 变向性驱散

当泄漏的可燃气体或液体蒸气向正在运行的高温高压化工装置区域或存有火源隐患的危险区域扩散时，可设置喷雾水枪，将扩散的可燃气体或液体蒸气推挤改变方向，驱散至险情较小的区域或方向。当泄漏的有毒气体或毒害性物质扩散飘移向人员密集场所或区域移动时，可设置喷雾水枪以较强的喷雾水流，把有害物质推挤改变方向，向人员稀少的空旷地带驱散。

（三）倒罐输转

倒罐是把储罐或槽车中的物料转移到另外的储罐、槽车或其他容器中的措施。输转是通过各种方法（包括倒罐）将物料从危险区域转输到安全部位或能够回收处理所转物料的地方，以减轻事故现场险情的处置行动。

1. 倒罐输转的作用

倒罐输转是处置危险化学品泄漏事故的有效措施，尤其是在控制现场险情、加快处置速度、清除现场隐患和减少事故损失上起着重要的作用。

（1）控制现场险情　储罐或槽车等容器发生泄漏后，采取堵漏措施无效或无法实施堵漏，储罐或槽车在短时间内又无法安全转移，泄漏物质向周围不断扩散蔓延，储罐或槽车内物质存留量较大，无论是扩散物质发生险情，还是危害储罐、槽车本身，都将发生严重的事故。此时，在现场采取控制措施的同时，采取倒罐输转的方法把泄漏储罐或槽车中存留的大部分物质安全倒罐，输转到安全储存地，就能从根本上控制泄漏现场的险情。

（2）加快处置速度　有毒气体或可燃气体泄漏后，在无法实施堵漏的情况下，一般会采取现场控制、稀释驱散、化解中和、引火点燃等消极措施，使罐槽内存留物质缓慢释放，直至泄漏完毕。这种处理方法有一定的保险系数，但处置时间很长，特别是在交通要道处，会长时间影响交通运输，造成交通严重堵塞。因此，及时将罐槽内存留物质倒罐输转将大大减少现场的泄漏量，加快现场处置速度，缩短现场处置的时间。

（3）清除现场隐患　当一些危险化学品在运输途中因交通事故等原因而流散于地面，其毒性能使周边人员中毒，其燃爆性能使灾情扩大，其重大污染能影响环境时，到达事故现场的处置人员应根据危害程度和现场情况，组织人员使用输转吸附器将流散物质吸入输转盛液桶，然后封盖桶口，将输转桶送至处理场所处置。这样就避免了现场可能出现的事故隐患，防止了次生灾害事故的发生。

（4）减少事故损失　如果泄漏储罐、槽车内的物质无法倒罐输转，而堵漏又无法进行，罐槽内存留物质将逐渐缓慢流散，由于控制水流的掺和，流经地面又进入阴沟、低洼处或在地面聚积，流淌的油气或其他物质都将作为废料而没有使用价值。

2. 倒罐输转的实施

容器发生泄漏以后，倒罐输转能最大限度地降低事故现场的危害程度和经济损失。但由于受现场环境和灾情程度的影响，倒罐输转工作开展起来难度很大，操作不妥还会出现续发险情。因此处置中必须科学决策、谨慎操作。

（1）利用压力差进行倒罐　不同的容器内压力和液位有较大的差距时，可以利用这种压力差和液位差将泄漏容器中的物料输转到另外一个容器中去。

1）若储罐场内某个储罐泄漏，在无法堵漏时，可以将该储罐的物料输向邻近的空罐；或先把邻近罐内物料输完，再把泄漏罐内物料输入。

2）当槽车泄漏时，可开一辆空槽车靠近事故车，利用压力差倒罐，在压力和液面平衡后，输转车开至安全区域处理，再开一辆空车来倒罐，以最大限度地把事故槽车中的物料输转出来。

（2）利用输转泵进行倒罐

1）泄漏储罐或槽车泄漏，现场无法实施堵漏，附近有电源可供使用时，可使用电动输转泵进行倒罐。泄漏的是可燃气体或易燃液体时，要采用防爆电动泵输转。电动输转泵的优点是不论液位高低都能输转，而且能使泄漏罐抽取到理想存量。

2）在高速公路等没有电源可供使用的地方，可采用机动输转泵实施倒罐。

（四）引火点燃

引火点燃是在危险化学品泄漏现场为避免发生更大的危害（如爆炸），在安全可靠的前提下主动点燃泄漏物，使其在泄漏口处稳定燃烧；或者为了避免有毒气体扩散，伤害更多的人员，采取主动引燃泄漏物，通过燃烧改变有毒气体成分，从而降低毒性，控制危害加重的措施。

1. 引火点燃的必备条件

（1）泄漏场所已控制才能点燃

1）泄漏处已用喷雾水枪控制，或已做了简单的堵塞处理，泄漏量不是很大，现场无法实施堵漏。周边区域经检测，浓度在安全许可范围以内，这种情况可以点燃。

2）泄漏物已扩散到一定范围，但泄漏处已用喷雾水枪控制，周边区域也用喷雾水枪稀释驱散。经检测泄漏气体的浓度已降到爆炸下限的30%以下，泄漏处又无法实施堵漏时，可以点燃缓慢烧完。

3）泄漏处已经着火燃烧，如球罐裂口处，无法实施堵漏，泄漏处喷雾水枪已冷却控制，周边没有扩散气体。此时如裂口处火焰被水流冲灭，可以重新点燃。

（2）环境安全条件许可才能点燃

1）井喷产生硫化氢扩散，短时间内井喷无法制止，气体扩散危及大量人员生命，井架附近已架设放喷管，可及时予以点燃。

2）为了加快燃烧速度，在储罐开口泄漏燃烧的情况下，可从储罐排污管接出管道，通往偏僻安全区域，架空点燃。

3）液化石油气槽车发生交通事故，如果无法堵漏，保护控制稳定燃烧需要很长时间，交通堵塞时间不宜过长，周边没有建筑和其他设施，可以用炸药引爆，以便在短时间内解决问题，恢复交通。

（3）避免更大危害才能点燃

1）储罐、槽车等容器发生泄漏，既无法堵漏，又不能倒罐输转，也不能及时转移至安全地带，如果不点燃形成稳定燃烧，有可能造成更大的危害，此时可以采取一系列控制措施，在喷雾水枪对泄漏口的围控之下组织点燃。

2）无法堵漏且不点燃可能长时间泄漏，将疏散更多的人员，加大对疏散人员的安置压力，还会造成重大的社会影响，在采取安全控制措施的条件下可以点燃。

3）无法堵漏且不点燃将扩大泄漏范围，对周边环境有重大影响，或出现重大污染事故以及出现其他严重后果，在采取安全控制措施的条件下可以点燃。

2. 点燃准备和点火方法

（1）点燃准备　进一步确认和检查警戒区域，清理警戒区内的无关人员和车辆。在泄漏点周围设置水幕。在泄漏点周边设喷雾水枪稀释驱散，并进行气体检测，确认环境的安全条件。在泄漏点设喷雾水枪围控，堵截泄漏气体扩散。选择安全可靠的点火方法，检查点火工具和相关器材。确认行动小组的个人防护，检查掩护小组的准备工作。

（2）点火方法　铺设导火索，从远距离点火引燃。使用点火绳，浸沾汽油后从远距离点火引燃。用信号枪发射信号弹，抛落到泄漏处引燃。点燃鞭炮抛向泄漏处引燃，或用烟花射向泄漏处（适合于井喷处）点燃。用长杆火把点燃，安放炸药引爆。

3. 引火点燃的注意事项

在危险化学品泄漏现场采取引火点燃措施风险巨大，情况复杂，操作困难，稍有不慎就会事与愿违，因此必须充分注意并把握相关事宜。

（1）无法控制泄漏扩散不能点燃

1）凡是液化石油气等可燃气体泄漏没有得到控制，现场扩散有大量的爆炸性混合物或者点燃会引发整个区域发生爆炸等情况，都禁止实施引火点燃措施。

2）引火点燃的目标只能是点燃泄漏处或预先安排的泄漏点（井喷放空管或储罐导燃管等），点燃后只能在限定的部位燃烧，而不能成为区域性的爆燃或爆炸。

（2）最不利条件下才能引火点燃　引火点燃的前提条件是无法实施堵漏、倒罐输转或转移到安全地带，只要能够采取措施解决就不需引火点燃。没有其他更好的办法时，才能引火点燃。

（3）加强引火点燃的现场保护

1）点火以前应设水幕、喷雾水枪对现场已泄漏的可燃气体实施稀释驱散，确保点燃时不发生大面积爆燃。

2）点火人员应在上风或侧风方向靠近泄漏点，穿戴好个人防护装备，加强个人防护，必要时派出喷雾水枪掩护点火行动。

七、堵漏

堵漏是采用特制夹具、顶压器具、密封材料等对正在发生的泄漏进行快速止漏的特殊技术手段。

（一）堵漏方法

根据现场泄漏情况研究制订堵漏方案，并严格按照堵漏方案实施。所有堵漏行动必须采取防爆措施，确保安全。关闭前置阀门，切断泄漏源。根据泄漏对象，对不溶于水的液化气体，可向罐内适量注水，抬高液位形成水垫层，缓解险情，配合堵漏。堵漏方法见表 6-4。

表 6-4 堵漏方法

部位	形式	方法
罐体	砂眼	螺钉加黏合剂旋进堵漏
	缝隙	使用外封式堵漏袋、电磁式堵漏工具组、粘贴式堵漏密封胶（适用于高压）、潮湿绷带冷凝法或堵漏夹具、金属堵漏锥堵漏
	孔洞	使用各种木楔、堵漏夹具、粘贴式堵漏密封胶（适用于高压）、金属堵漏锥堵漏
	裂口	使用外封式堵漏袋、电磁式堵漏工具组、粘贴式堵漏密封胶（适用于高压）堵漏
管道	砂眼	使用螺钉加黏合剂旋进堵漏
	缝隙	使用外封式堵漏袋、金属封堵套管、电磁式堵漏工具组、潮湿绷带冷凝法或堵漏夹具堵漏
	孔洞	使用各种木楔、堵漏夹具、粘贴式堵漏密封胶（适用于高压）堵漏
	裂口	使用外封式堵漏袋、电磁式堵漏工具组、粘贴式堵漏密封胶（适用于高压）堵漏
阀门		使用阀门堵漏工具组、注入式堵漏胶、堵漏夹具堵漏
法兰		使用专用法兰夹具、注入式堵漏胶堵漏

（二）堵漏技术

1. 钢带堵漏

钢带堵漏适用于法兰直径小于 600mm、法兰片间隙小于 10mm，压力一般不超过 4MPa 的泄漏事故处置。钢带堵漏如图 6-12 所示。

2. 内封式堵漏袋堵漏

适用于直径 7～140cm 的管道断开的泄漏事故。内封式堵漏袋如图 6-13 所示。

3. 外封式堵漏袋堵漏

适用于小型的罐、管道、圆柱铁桶等的 10～90cm 直径裂缝。外封式堵漏袋堵漏如图 6-14 所示。

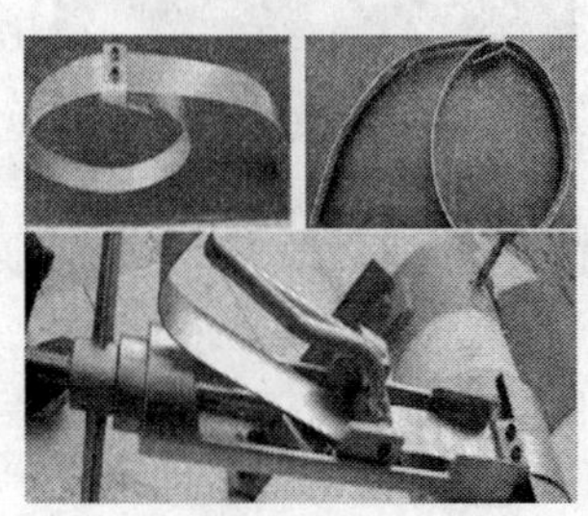

图 6-12 钢带堵漏

图 6-13 内封式堵漏袋

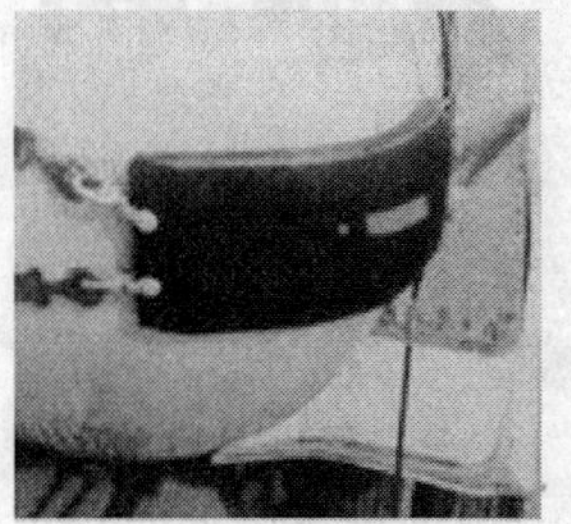

图 6-14 外封式堵漏袋堵漏

4. 捆绑式堵漏袋堵漏

适用于密封 5～48cm 直径管道，以及圆形容器的裂缝和密封储存油罐的长条裂缝的泄漏处置。捆绑式堵漏袋堵漏如图 6-15 所示。

5. 金属套管堵漏

适用于直径小于 21.3mm 管道的裂缝与小孔的泄漏处置，无需压缩空气，用 4～6 个内角圆柱头螺钉固定即可长期使用。金属堵漏套管如图 6-16 所示。

6. 堵漏枪堵漏

适用于油罐车、液化气槽车或储存罐裂缝的泄漏事故处置。堵漏枪如图 6-17 所示。

图 6-15　捆绑式堵漏袋堵漏

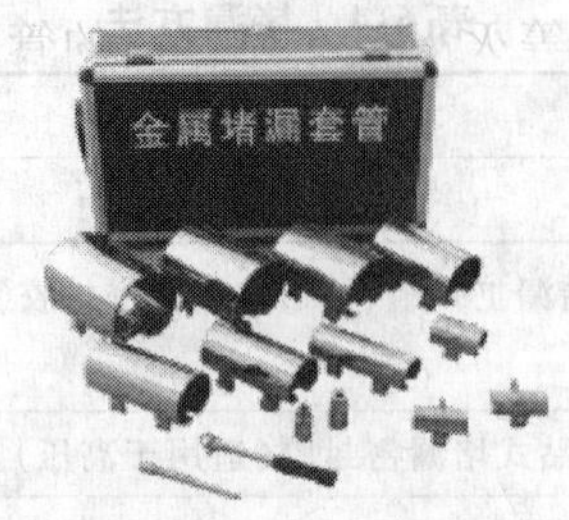

图 6-16　金属堵漏套管

图 6-17　堵漏枪

7. 嵌入式木楔堵漏

适用于各种容器产生的孔洞、裂口和小型管道断开引起低压泄漏事故的处置。嵌入式木楔如图 6-18 所示。

8. 高压注胶堵漏枪堵漏

适用于化工、化肥、炼油、煤气、发电、冶金等装置管道上的各种静密封点堵漏密封，如法兰、阀门、弯头、三通管等破损泄漏，以及储油塔、煤气罐（瓶）、变压器等泄漏。高压注胶堵漏枪如图 6-19 所示。

9. 磁压堵漏器堵漏

适用于酸、碱、盐、油、水汽、液化气、煤气、化工物品等泄漏时的堵漏。磁压堵漏器如图 6-20 所示。

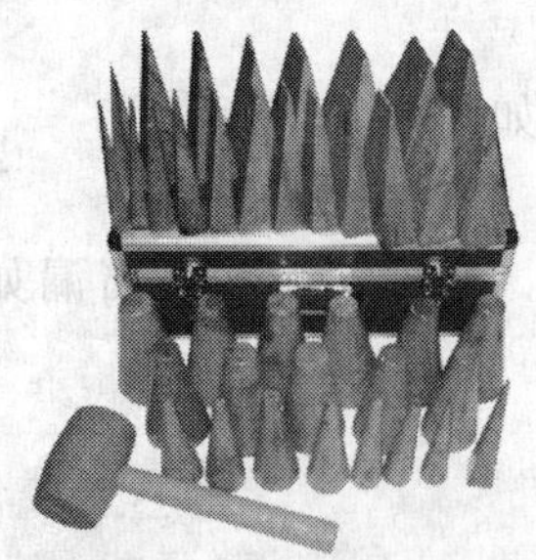
图 6-18　嵌入式木楔

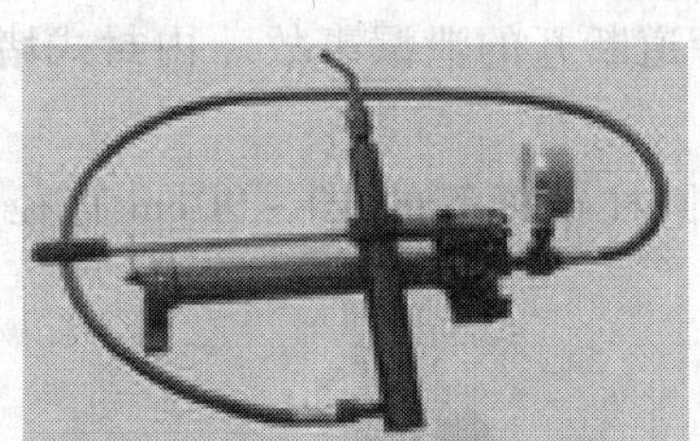
图 6-19　高压注胶堵漏枪

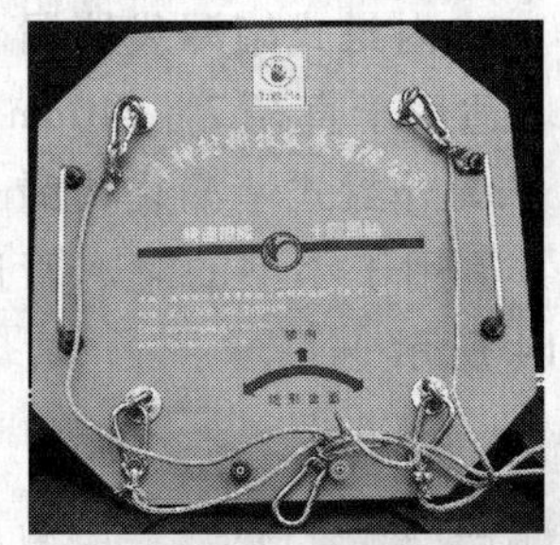
图 6-20　磁压堵漏器

八、灭火

（一）灭火条件

周围火点已彻底扑灭；外围火种等危险源已全部控制；着火罐已得到充分冷却；兵力、装备、灭火剂已准备就绪；物料源已被切断，且内部压力明显下降；堵漏准备就绪，并有把握在短时间内完成。

（二）灭火方法

（1）关阀断气法　关闭阀门，切断气源，自行熄灭。

（2）干粉抑制法　根据燃烧情况使用车载干粉炮、胶管干粉枪、推车或手提式干粉灭火器灭火。

（3）水流切封法　采用多支水枪并排或交叉形成密集水流面，集中对准火焰根部下方射水，同时向火头方向逐渐移动，隔断火焰与空气的接触使火熄灭。

（4）泡沫覆盖法　对流淌火喷射泡沫进行覆盖灭火。

（5）旁通注入法　将惰性气体等灭火剂在喷口前的管道旁通处注入灭火。

九、救护

将染毒者迅速撤离现场，转移到上风或侧上风方向空气无污染地区；有条件时应立即进行呼吸道及全身防护，防止继续吸入染毒；对呼吸、心跳停止者应立即进行人工呼吸和心脏按压，采取心肺复苏措施并给予氧气；立即脱去被污染者的服装；皮肤污染者用流动清水或肥皂水彻底冲洗；眼睛污染者用大量流动清水彻底冲洗。使用特效药物治疗、对症治疗，严重者送医院观察治疗。

十、洗消

洗消是消毒消除的总称，是指对染毒对象采取消毒、灭菌和消除的方法，使毒剂失去毒性以及将毒剂或物体表面上的放射性污染去除，达到标准程度以下所采取的措施。

（一）洗消在危险化学品事故处置中的作用

在危险化学品泄漏事故的处置现场，针对染毒的范围和程度，及时有效地组织洗消是减少现场事故危害、顺利完成事故处置任务的重要环节。具有降低现场毒性，减少人员伤亡，缩小警戒区域，保护生态环境等重要作用。

（二）实施洗消的任务

1. 人员的洗消

对染毒区作业人员、染毒的群众、警戒区内工作人员（警戒人员、记者、医务人员等）的洗消。

2. 车辆装备的洗消

对事故现场投入处置行动的车辆及其器材装备，原来停留在警戒区域内的车辆，有染毒可能的应予全部洗消。

3. 环境的洗消

对染毒空气、地面、水域、建（构）筑物、树木、植被的洗消。

（三）常用的洗消剂

常用的洗消剂包括使有毒化学品失去毒性的化学洗消剂和通过溶洗、吸附把毒物从物体表面除去的物理洗消剂两类。此外，一些简易的洗消剂也有相当的洗消能力。

1. 化学洗消剂

（1）含有效氯的化合物　一类为次氯酸盐，如次氯酸钙（漂粉精）、次氯酸钠、漂白粉及三合二[$3Ca(OCl)_2 \cdot 2Ca(OH)_2$]等；另一类为氯胺类，如一氯胺、二氯胺和二氯异三聚氰酸钠等。主要通过氧化、氯化作用来达到洗消的目的。一般有效氯含量越高，消毒能力越强。

（2）碱性化合物　可破坏或催化有毒化合物，也可水解、中和酸性的有毒化合物。但要防止碱性物质本身的腐蚀作用和对人员皮肤的刺激，如氢氧化钠、氢氧化钙、氨水等。

2. 物理洗消剂

（1）溶剂　常用的溶剂有水、酒精、汽油等，可直接通过擦洗把毒物从物体表面除去。

(2) 吸附剂　吸附性较强的粉末，如活性炭粉、漂白土粉、活性白土，在染毒物体表面可把毒物（液）吸附掉。

3. 简易洗消

用草木灰、肥皂水等含有碱性成分的液体来消毒，也可用大量清水冲洗、稀释。

（四）洗消剂的选择

洗消剂的选择原则是既要消毒及时、彻底，有良好的消毒效果，又不损坏染毒物品和设备，尽快恢复其使用价值。一般可根据下述情况选择：

1. 有毒有害物质的性质和状态

如是毒性强又较持久的油状毒物，必须立即用化学洗消剂（如有效氯含量较高的化合物或碱性化合物）进行局部消毒，破坏毒物的毒性，然后用大量清水冲洗。如是气态毒物，一般不需组织专门消毒，可对该区域临时封锁，依靠自然条件（如日晒、风吹等）使有毒气体逸散消失。

2. 染毒物品、设施的性质及染毒程度

对于染毒的金属、水泥结构的生产设施，可喷洒洗消剂进行消毒。精密仪器可用有机溶剂擦拭。对一些多孔性的疏松材料，根据毒物渗入程度，适当延长洗消剂停留的时间。一些棉、木制品如无保留必要，可采用火烧或深埋等方法处理。如是漂浮在水面的油状化学物质，除可用拦油绳等围栏回收外，还可用吸附毯等进行水面吸附。

不论哪一种洗消方法、哪一类洗消剂，均要防止洗消污水流入城市公共设施和下水道，必须单独处理至无毒无害才能排放。在执行洗消任务过程中，人员要注意自我防护，并避免交叉染毒。

十一、清理

用喷雾水、蒸汽、惰性气体（如氮气、二氧化碳）清扫现场内事故罐、管道、低洼、沟渠等处，确保不留残气（液）；清点人员、车辆及器材；撤除警戒，做好移交，安全撤离。

十二、警示

进入现场必须正确选择行车路线、停车位置、作战阵地；不准盲目灭火，防止引发再次爆炸；冷却时严禁向火焰喷射口射水，防止燃烧加剧；当储罐火灾现场出现罐体震颤、啸叫、火焰由黄变白、温度急剧升高等征兆时，指挥员应果断下达紧急避险命令，参战人员应迅速撤出或隐蔽；严禁处置人员在泄漏区域内下水道等地下空间顶部、井口处滞留；严密监视液相流淌、气相扩散情况，防止灾情扩大；注意风向变换，适时调整部署。

第二节　常见危险化学品事故应急处置

一、液化石油气泄漏事故处置

（一）基本特性

1. 标识

中文名：液化石油气（主要成分是丙烷、丙烯、丁烷、丁烯）；UN 编号：1075。

2. 理化性质

参见第五章第三节，此处不再论述。

（二）危险特性

参见第五章第三节，此处不再论述。

（三）疏散距离

液化石油气发生泄漏后，作为紧急预防措施，应在泄漏区四周隔离至少100m；大泄漏，首先考虑下风向撤离至少800m；如果火场中有储罐、槽车时，应向四周隔离1600m；而且，也可考虑首次就向四周撤离1600m。

（四）处置要点

1. 防护

进入重危区的人员必须实施二级以上防护，并采取水枪掩护。现场作业人员的防护等级不得低于三级，并且注意防爆。

2. 侦检

1）通过侦检，掌握泄漏区域气体浓度和扩散方向。

2）查明泄漏容器储量、泄漏部位、泄漏速度，以及安全阀、紧急切断阀、液位计、液相管、气相管、罐体等情况。

3）查明储罐区储罐数量和总储存量、泄漏罐储存量和邻近罐储存量，以及管线、沟渠、下水道布局走向。

4）了解事故单位已经采取的处置措施、内部消防设施配备及运行、先期疏散抢救人员等情况。

5）查明拟定警戒区内的单位情况、人员数量、地形地物、电源、火源及交通道路情况。

6）掌握现场及周边的消防水源位置、储量和给水方式。

3. 疏散警戒

1）疏散泄漏区域和扩散可能波及范围内的无关人员。

2）根据侦检情况确定警戒范围，并划分重危区、轻危区、安全区，设置警戒标志和出入口。严格控制进入警戒区特别是重危区的人员、车辆和物资，进行安全检查，做好记录。

3）根据动态检测结果，适时调整警戒范围。

4. 禁绝火源

切断事故区域内的强弱电源，熄灭火源，停止高热设备，落实防静电措施。进入警戒区人员严禁携带、使用移动电话和非防爆通信、照明设备，严禁穿戴化纤类服装和带金属物件的鞋，严禁携带、使用非防爆工具。禁止机动车辆（包括无防爆装置的救援车辆）和非机动车辆随意进入警戒区。

5. 生命救助

组成救生小组，携带救生器材进入重危区和轻危区。采取正确的救助方式将遇险人员疏散、转移至安全区。对救出人员进行登记、标识，移交医疗急救部门进行救治。

6. 稀释防爆

1）启用事故单位喷淋泵等固定、半固定消防设施。

2）使用喷雾水枪、屏封水枪，设置水幕或蒸汽幕，驱散积聚、流动的气体，稀释气体浓度，防止形成爆炸性混合物。

3）采用雾状射流形成水幕墙，防止气体向重要目标或危险源扩散。

4）液化石油气若呈液相沿地面流动，可采用中倍数泡沫覆盖，降低其蒸发速度，缩小气云范围。操作时要防止因泡沫强力冲击而加快液化石油气的挥发速度。

5）对于聚集于建筑物和地沟内的液化石油气可打开门窗或地沟盖板，通过自然通风吹散，同时还可采用防爆机械送风进行驱散。

6）禁止用直流水直接冲击罐体和泄漏部位，防止因强水流冲击而造成静电积聚、放电引起爆炸。

7. 关阀堵漏

1）生产装置或管道发生泄漏、阀门尚未损坏时，可协助技术人员或在技术人员指导下，使用喷雾水枪掩护，关闭阀门，制止泄漏。

2）罐体、管道、阀门、法兰泄漏，采取相应堵漏方法实施堵漏。

3）通过液相阀向罐内适量注水，抬高液位，形成罐内底部水垫层，缓解险情，配合堵漏。

4）法兰盘、液相管道裂口泄漏，在寒冷地区和季节可采用冻结止漏，即用麻袋片等织物强行包裹法兰盘泄漏处，浇水使其冻冰从而制止或减少泄漏。

8. 倒罐输转

1）烃泵倒罐。在确保现场安全的条件下，利用车载式或移动式烃泵直接倒罐。实施现场倒罐和异地倒罐时，必须要由专业技术人员实施操作，消防人员予以保护。

2）惰性气体置换。使用氮气等惰性气体，通过气相阀加压，将事故罐内的液化石油气置换到其他容器或储罐。

3）压力差倒罐。利用水平落差产生的自然压力差将事故罐的液化石油气导入其他容器、储罐或槽车，降低危险程度。

4）实施倒罐作业时，管线、设备必须做到良好接地。

9. 主动点燃

实施主动点燃，必须具备可靠的点燃条件。在经专家论证和工程技术人员参与配合下，严格安全防范措施，谨慎、果断实施。

10. 洗消

无需洗消。

11. 现场清理

用喷雾水、蒸汽或惰性气体清扫现场内事故罐、管道、低洼地、下水道、沟渠等处，确保不留残液（气）。

（五）行动要求

1）正确选择停车位置和进攻路线。消防车要选择上风方向的入口、通道进入现场，停靠在上风方向的适当位置。进入危险区的车辆必须戴防火罩。使用上风方向的水源，从上风、侧上风方向选择进攻路线，并设立水枪阵地。指挥部应设置在安全区。

2）行动中要严防引发爆炸。进入危险区作业人员的防护措施要到位，并使用喷雾水枪进行掩护。在雷电天气下，慎重采取行动。

3）设立现场安全员，确定撤离信号，实施全程动态仪器检测。一旦现场气体浓度接近爆炸浓度极限，事态未得到有效控制，危及救援人员安全时，要及时发出撤离信号。

4）对液化石油气容器和泄漏区域保持不间断的冷却稀释。

5）严禁作业人员在泄漏区域的下水道或地下空间的顶部、井口处、储罐两端等处滞留，防止爆炸冲击造成伤害。

6）调集一定数量的消防车在泄漏区域附近集结待命。一旦发生爆炸燃烧事故，立即出动，控制火势，消除险情。

二、氯气泄漏事故处置

（一）基本特性

1. 标识

中文名：氯，氯气。英文名：Chlorine。分子式：Cl_2；相对分子质量：70.91。UN 编号：1017。

2. 理化性质

参见第二章第二节。

（二）危险特性

参见第二章第二节。

（三）疏散距离

氯气泄漏后，人员疏散隔离的距离见表 6-5。

表 6-5　氯气泄漏人员疏散距离

小泄漏（≤0.2m^3）			大泄漏（>0.2m^3）		
紧急隔离距离/m	下风向撤离范围/km		紧急隔离距离/m	下风向撤离范围/km	
	白天	夜间		白天	夜间
60	0.4	1.6	600	3.5	8

（四）处置要点

1. 防护

进入重危区实施一级防护，并采取水枪掩护；进入轻危区，人员实施二级防护；凡在现场参与处置人员，最低防护不得低于三级。

2. 侦检

1）氯气为黄绿色刺激味气体，能引起植物叶子组织破坏而产生枯黄、掉落、卷叶等病态。

2）通过侦检，掌握泄漏区域气体浓度和扩散方向。

3）查明遇险人员数量、位置和营救路线。

4）查明泄漏区域内是否有能与氯气发生剧烈反应的危险化学品情况。

3. 警戒疏散

1）疏散泄漏区域和扩散可能波及范围内的无关人员。

2）根据侦检情况，确定警戒范围，并划分重危区、轻危区、安全区，设置警戒标志和出入口。严格控制进入警戒区特别是重危区的人员、车辆和物资，进行安全检查，做好记录。

3）根据动态检测结果，适时调整警戒范围。

4. 现场急救

皮肤接触：立即脱去被污染衣物，用大量流动水冲洗，就医。如果冻伤，将患部浸泡在38～42℃的温水中复温，不要涂搽。不要使用热水或热辐射。使用干燥、清洁的敷料包扎。

眼睛接触：立即提起眼睑，用大量流动清水或生理盐水冲洗，就医。

吸入：迅速脱离现场至空气新鲜处。保持呼吸道通畅，如呼吸困难，给输氧。

5. 转移危险物品

对事故现场和可能扩散区域内能够与氯气发生化学反应的乙炔、氢气等危险化学品和易燃可燃物体，能转移的立即转移，难以转移的应采取有效保护措施，防止发生激烈反应或爆炸。

6. 稀释降毒

1）启用事故单位喷淋泵等固定、半固定消防设施。

2）以泄漏点为中心，在储罐、容器的四周设置水幕或喷雾水枪喷射雾状水进行稀释降毒。

3）采用雾状射流形成水幕墙，防止气体向重要目标或危险源扩散。

4）稀释不宜使用直流水，以节约用水、增强稀释降毒效果。

7. 关阀堵漏

1）生产装置或管道发生泄漏、阀门尚未损坏时，可协助技术人员或在技术人员指导下，使用喷雾水枪掩护，关闭阀门，制止泄漏。

2）罐体、管道、阀门、法兰泄漏，采取相应的堵漏方法实施堵漏。

8. 倒罐输转

不能有效堵漏时，应控制减少泄漏量，采取烃泵倒罐、惰性气体置换、压力差倒罐等方法将其导入其他容器或储罐。

9. 化学中和

储罐、容器壁发生少量泄漏，可在消防车水罐中加入碳酸氢钠、氢氧化钙等碱性物质向罐体、容器喷射，以减轻危害；也可将泄漏的氯气导入碳酸氢钠等碱性溶液中，加入等容量的次氯酸钠进行中和，形成无危害或微毒废水。

10. 浸泡水解

运输途中体积较小的液氯钢瓶发生损坏或废旧钢瓶发生泄漏，又无法制止外泄时，可将钢瓶浸入氢氧化钙等碱性溶液中进行中和，也可将钢瓶浸入水中稀释降毒，做好后续处理工作。要严防流入河流、下水道、地下室或密闭空间，防止造成污染。

11. 洗消

1）在危险区和安全区交界处设置洗消站。

2）洗消对象。轻度、中度、重度中毒人员在送医院治疗前必须进行洗消，现场参与抢险人员和救援器材装备在救援行动结束后要全部进行洗消。

3）洗消方法

①化学洗消法：用碳酸氢钠、氢氧化钙、氨水等碱性溶液喷洒在染毒区域或受污染物体表面，进行化学中和，形成无毒或低毒物质。

② 物理洗消法：用吸附垫、活性炭等具有吸附能力的物质，吸附回收后转移处理。

③ 简易排毒法：对染毒空气可喷射雾状水进行稀释降毒或用水驱动排烟机吹散降毒，也可对污染区实施暂时封闭，依靠日晒、雨淋、通风等自然条件使有毒物质消失。

4）洗消和处置用水排放必须经过环保部门检测，防止造成二次污染。

12. 现场清理

用喷雾水、蒸汽或惰性气体清扫现场内事故罐、管道、低洼地、下水道、沟渠等处，确保不留残液（气）。

（五）行动要求

1）在泄漏区域的上风方向设置指挥部和停放救援车辆，并保持适当距离。应从上风、侧上风方向选择进攻路线，设置水枪阵地。

2）进入警戒区作业的人员要严格按照防护等级进行个人防护，并使用喷雾水枪对救援人员进行掩护。

3）设立现场安全员，确定撤离信号，实施全程动态仪器检测。一旦发现险情加剧、难以控制，危及救援人员安全时，要果断进行安全撤离。

三、液化天然气泄漏事故处置

（一）基本特性

1. 标识

中文名：天然气（含甲烷的；压缩的）；UN 编号：1971。

2. 理化性质

外观与形状：无色、无臭。相对密度（水=1）：约 0.45（液化）；沸点：-160℃。

（二）危险特性

1）危险性类别：第 2.1 项，易燃气体。

2）燃烧爆炸危险性。易燃，爆炸极限为 5.0%～14.0%。与空气混合能形成爆炸性混合物，遇明火、高热极易燃烧爆炸；若遇高热，容器内压增大，有开裂和爆炸危险。燃烧温度为 2020℃。

3）扩散性。天然气由液态变为气态体积扩大 600 倍，迅速扩散。

（三）疏散距离

液化天然气泄漏后，作为紧急预防措施，应在泄漏区四周隔离至少 100m；大泄漏，首先考虑下风向撤离至少 800m；如果火场中有储罐、槽车时，应向四周隔离 1600m；而且，也可考虑首次就向四周撤离 1600m。

（四）处置要点

1. 防护

进入重危区的人员必须实施二级防护，并采取水枪掩护。现场作业人员防护等级不得低于三级，注意防爆。

2. 侦检

1）通过侦检，掌握泄漏区域气体浓度和扩散方向。

2）查明泄漏容器储量、泄漏部位、泄漏强度、扩散范围、罐体等情况。

3）查明储罐区储罐数量和总储存量、泄漏罐储存量和邻近罐储存量以及管线、沟渠、下水道布局走向。

4）查明拟定警戒区内的单位情况、人员数量、地形地物、电源、火源、交通道路等情况。

6）掌握现场及周边的消防水源位置、储量和给水方式。

7）分析评估泄漏扩散的范围、可能引发爆炸燃烧的危险因素及其后果等情况。

3. 警戒疏散

1）疏散泄漏区域和扩散可能波及范围的无关人员。

2）根据侦察检测情况，确定警戒范围，并划分重危区、轻危区、安全区，设置警戒标志和出入口。严格控制进入警戒区特别是重危区的人员、车辆和物资，进行安全检查，做好记录。

3）根据动态检测结果，适时调整警戒范围。

4. 禁绝火源

切断事故区域内的强弱电源，熄灭火源，停止高热设备，消除警戒区内一切可能引起爆炸燃烧的条件。进入警戒区人员严禁携带、使用移动电话和非防爆通信、照明设备，严禁穿戴化纤类服装和带金属物件的鞋，严禁携带、使用非防爆工具。禁止机动车辆（包括无防爆装置的救援车辆）和非机动车辆随意进入警戒区。

5. 生命救助

组成救生小组，携带救生器材进入重危区和轻危区。采取正确的救助方式，将遇险人员疏散、转移至安全区。将伤情较重的人员送交医疗急救部门救治。

6. 稀释驱散

1）启用事故单位喷淋泵等固定、半固定自动消防设施。

2）以泄漏点为中心，在储罐、容器、管道周围设置开花、喷雾水枪进行稀释驱散。

3）稀释不宜使用直流水，以节约用水、增强稀释效果。

7. 关阀堵漏

1）协助储罐或管道所属公司技术人员关闭供气阀门。

2）罐体、管道、阀门、法兰泄漏，采取相应的堵漏方法实施堵漏。

8. 倒罐输转

不能有效堵漏时，应控制减少泄漏量，采取“倒罐输转”的方法将其导入其他容器、储罐或槽车。实施倒罐作业时，管线、设备必须良好接地。

9. 洗消

无需洗消。

10. 现场清理

用喷雾水、蒸汽或惰性气体清扫现场内事故罐、管道以及低洼地、下水道、沟渠等处，确保不留残气。

（五）行动要求

1）在泄漏区域的上风或侧风方向设置指挥部和停放救援车辆，并保持适当距离。进入危险区的车辆必须戴防火罩。

2）严格按照防护等级进行个人防护，并使用喷雾水枪对现场人员进行掩护。

3）设立现场安全员，确定撤离信号，实施全程动态仪器检测，及时掌握灾情发展变化情况。一旦发现险情加剧、难以控制，危及救援人员安全时，要果断进行安全撤离。

四、氨气泄漏事故处置

（一）基本特性

1. 标识

中文名：氨；氨气；阿摩尼亚。英文名：Ammonia。分子式：NH_3。相对分子质量：17.03。UN 编号：1005。

2. 理化性质

外观与性状：无色有刺激性恶臭的气体；熔点：-78℃；相对密度（水=1）：0.82（-79℃，8.7MPa）；沸点：-33℃；相对密度（空气=1）：0.6；饱和蒸气压：1013kPa（26℃）；溶解性：易溶于水、乙醇、乙醚；临界温度：132.5℃；临界压力：11.40MPa。

（二）危险特性

参见第二章第二节。

（三）疏散距离

氨气泄漏后，人员疏散隔离距离见表 6-3。

（四）处置要点

1. 防护

在处理液态氨泄漏时应穿棉衣裤，佩戴防冻伤防护用品；进入重危区，人员实施一级防护，并采取水枪掩护；进入轻危区，人员实施二级防护；凡在现场参与处置人员，最低防护不得低于三级，并且注意防爆。

2. 侦检

1）氨气有辛辣刺激性臭味，能引起植物叶子形成褐黑色伤斑。

2）通过侦检，掌握泄漏区域气体浓度和扩散方向。

3）泄漏情况侦察，确定泄漏位置、泄漏原因和泄漏程度。

4）侦察环境，确定危险区域内有无火源或潜在火源，周围人员分布情况。

3. 警戒疏散

1）根据侦检的结果，划定现场警戒区域。

2）严格控制各区域进出人员、车辆，并逐一登记。对交通要道、路口、街区等实施交通管制。

3）实施必要的人员疏散，迅速将警戒区及污染区内与事故应急处理无关的人员向上风方向转移，不要在低洼处滞留。

4. 禁绝火源

切断事故区域内的强弱电源，熄灭火源，停止高热设备，消除警戒区内一切可能引起爆炸燃烧的条件。进入警戒区人员严禁携带、使用移动电话和非防爆通信、照明设备，严禁穿戴化纤类服装和带金属物件的鞋，严禁携带、使用非防爆工具。禁止机动车辆（包括无防爆装置的救援车辆）和非机动车辆随意进入警戒区。

5. 现场急救

皮肤接触：立即脱去被污染的衣服，用2%硼酸液或大量流动清水彻底冲洗，要特别注意清洗腋窝、会阴等潮湿部位。如果冻伤，将患部浸泡保持在 38～42℃的温水中复温，不要涂搽。

眼睛接触：立即提起眼睑，用大量流动清水或生理盐水彻底冲洗至少15min，就医。

吸入：迅速脱离现场至空气新鲜处，保持呼吸道通畅，如呼吸困难，给输氧。

6. 稀释降毒

1）启用事故单位喷淋泵等固定、半固定消防设施。

2）以泄漏点为中心，在储罐、容器的四周设置水幕或喷雾水枪喷射雾状水进行稀释降毒。

3）采用雾状射流形成水幕墙，防止气体向重要目标或危险源扩散。

7. 关阀堵漏

1）生产装置或管道发生泄漏、阀门尚未损坏时，可协助技术人员或在技术人员指导下，使用喷雾水枪掩护，关闭阀门，制止泄漏。

2）罐体、管道、阀门、法兰泄漏，采取相应的堵漏方法实施堵漏。

8. 倒罐输转

1）烃泵倒罐。在确保现场安全和单位技术人员的参与下，利用车载式或移动式烃泵直接倒罐。烃泵倒罐可分为现场倒罐和异地倒罐两种。

2）惰性气体置换。使用氮气等惰性气体，通过气相阀加压，将事故罐内的氨气置换到其他容器或储罐。

3）利用压力差倒罐。利用水平落差产生的自然压力差将事故罐的氨气导入其他容器、储罐或槽车，降低危险程度。

4）实施倒罐作业时，管线、设备必须做到良好接地。

9. 化学中和

储罐、容器壁发生少量泄漏，可将泄漏的液氨导流至稀盐酸溶液中进行中和，形成无危害或微毒废水。

10. 浸泡水解

运输途中体积较小的液氨钢瓶发生泄漏，又无法制止外泄时，可将钢瓶浸入稀盐酸溶液中进行中和，也可将钢瓶浸入水中。

11. 洗消处理

1）在危险区和安全区交界处设置洗消站。

2）洗消对象：现场参与救援人员和救援器材装备在救援行动结束后要全部进行洗消。

3）洗消方法：

① 化学洗消法：用稀盐酸等酸性物质溶于水中喷洒在染毒区域或受污染物体表面，进行化学中和，形成无毒或低毒物质。

② 物理洗消法：用吸附垫、活性炭等具有吸附能力的物质，吸附回收后转移处理。

③ 简易排毒法：对染毒空气可喷射雾状水进行稀释降毒或用水驱动排烟机吹散降毒，也可对污染区实施暂时封闭，依靠日晒、雨淋、通风等自然条件使有毒物质消失。

4）洗消和处置用水排放必须经过环保部门检测，防止造成二次污染。

12. 现场清理

用喷雾水、蒸汽或惰性气体清扫现场内事故罐、管道、低洼地、下水道、沟渠等处，确保不留残液（气）。

（五）行动要求

1）在泄漏区域的上风方向设置指挥部和停放救援车辆，并保持适当距离。应从上风、侧上风方向选择进攻路线，设置水枪阵地。进入危险区的车辆必须戴防火罩。

2）进入警戒区的人员严格按照防护等级进行个人防护，并使用喷雾水枪对现场人员进行掩护。

3）设立现场安全员，确定撤离信号，实施全程动态仪器检测，及时掌握灾情发展变化情况。一旦发现险情加剧、难以控制，危及救援人员安全时，要果断进行安全撤离。

自学指导

本章学习重点：危险化学品事故应急处置一般程序；常见危险化学品事故应急处置。

1. 危险化学品事故应急处置一般程序：现场控制；堵漏；灭火；救护；洗消。

2. 常见危险化学品事故应急处置：液化石油气泄漏处置；氯气泄漏处置；液化天然气泄漏处置；氨气泄漏处置。

复习思考题

一、填空题

1. 危险化学品事故现场警戒包括______、防中毒类警戒、______三种类型。

2. 危险化学品事故现场警戒区可划分为______、中危区、______、和______。

3. 危险化学品事故现场控制包括______、稀释驱散、______、______等措施。

4. 液化石油气泄漏现场的警戒类型属于______，氯气泄漏现场的警戒类型属于______，氨气泄漏现场的警戒类型属于______。

5. 漂白粉及三合二都是______洗消剂，氢氧化钙和氨水都是______洗消剂，水和酒精都属于______洗消剂，活性炭粉和漂白土粉都属于______洗消剂。

二、简答题

1. 简述危险化学品事故处置的一般程序。

2. 简述在危险化学品事故现场侦检中如何进行危险化学品的识别。

3. 简述在液化石油气、氯气和氨气泄漏事故现场中处置人员应分别如何进行防护。

4. 危险化学品事故现场引火点燃的必备条件有哪些？

参考文献

[1] 赵庆贤，邵辉．危险化学品安全管理［M］．北京：中国石化出版社，2005.

[2] 蒋军成．危险化学品安全技术与管理［M］．2版．北京：化学工业出版社，2009.

[3] 全国危险化学品管理标准化技术委员会（SAC/TC 251）．GB 6944—2012 危险货物分类和品名编号［S］．北京：中国标准出版社，2012.

[4] 全国危险化学品管理标准化技术委员会（SAC/TC 251）．GB 12268—2012 危险货物品名表［S］．北京：中国标准出版社，2012.

[5] 全国危险化学品管理标准化技术委员会．GB 15258—2009 化学品安全标签编写规定［S］．北京：中国标准出版社，2009.

[6] 全国危险化学品管理标准化技术委员会．GB190—2009 危险货物包装标志［S］．北京：中国标准出版社，2009.

[7] 全国化学标准化技术委员会．GB 16483—2008 化学品安全技术说明书 内容和项目顺序［S］．北京：中国标准出版社，2009.

[8] 全国危险化学品管理标准化技术委员会．GB 12463—2009 危险货物运输包装通用技术条件［S］．北京：中国标准出版社，2009.

[9] 全国危险化学品管理标准化技术委员会．GB 13690—2009 化学品分类和危险性公示通则［S］．北京：中国标准出版社，2009.

[10] 全国安全生产标准化技术委员会化学品安全标准化分技术委员会．GB 18218—2009 危险化学品重大危险源辨识［S］．北京：中国标准出版社，2009.

[11] 杨守生，马良．危险化学品防火［M］．北京：中国人民公安大学出版社，2005.

[12] 周长江，王同义，王安山，等．危险化学品安全技术管理［M］．北京：中国石化出版社，2004.

[13] 郑端文．危险品防火［M］．北京：化学工业出版社，2004.

[14] 中国安全生产科学研究院．腐蚀品安全手册［K］．北京：中国劳动社会保障出版社，2008.

[15] 崔克清．危险化学品安全总论［M］．北京：化学工业出版社，2005.

[16] 傅智敏．工业企业防火［M］．北京：中国人民公安大学出版社，2008.

[17] 马良，杨守生．危险化学品消防［M］．北京：化学工业出版社，2005.

[18] 霍然，杨振宏，柳静献．火灾爆炸预防控制工程学［M］．北京：机械工业出版社，2012.

[19] 舒中俊，徐晓楠．工业火灾预防与控制［M］．北京：化学工业出版社，2010.

[20] 杜兰萍，王子岗，马良，等．中国消防手册（第五卷）［M］．上海：上海科学技术出版社，2007.

[21] 公安部天津消防研究所．GB 50016—2006 建筑设计防火规范［S］．北京：中国计划出版社，2006.

[22] 中国石油化工集团公司．GB 50074—2002 石油库设计规范［S］．北京：中国计划

出版社，2002.

[23] 中华人民共和国住房和城乡建设部. GB 50737—2011 石油储备库设计规范 [S]. 北京：中国建筑工业出版社，2011.

[24] 中华人民共和国住房和城乡建设部. GB 50156—2012 汽车加油加气站设计与施工规范 [S]. 北京：中国计划出版社，2012.

[25] 中华人民共和国住房和城乡建设部. GB 50028—2006，城镇燃气设计规范 [S]. 北京：中国建筑工业出版社，2006.

后　记

经全国高等教育自学考试指导委员会同意，由全国高等教育自学考试指导委员会电子电工与信息类专业委员会负责消防管理专业教材的审定工作。

《危险化学品储运防火》由中国人民武装警察部队学院舒中俊教授担任主编，杨守生教授和李蕾讲师为副主编，参编人员有杨永斌讲师、邵建章教授，以及安徽省铜陵市公安消防支队操基连高级工程师和云南省昆明市公安消防支队戴睿工程师。全书由舒中俊统稿。

全国高等教育自学考试指导委员会电子电工与信息类专业委员会组织了本书的审稿工作。中国人民武装警察部队学院马良副教授担任主审，北京市公安消防总队防火部李建春高级工程师、湖北省公安消防总队防火部高级工程师朱惠军参加审稿，并提出修改意见，谨向他们表示诚挚的谢意。

全国高等教育自学考试指导委员会电子电工与信息类专业委员会最后审定通过了本书。

全国高等教育自学考试指导委员会
电子电工与信息类专业委员会
2013 年 6 月